경제 빅데이터 분석을 위한 R

경제 빅데이터 분석을 위한 R

우석진 지음

MEDIA JIPHIL
(주)지필미디어

경제 빅데이터 분석을 위한 R

발 행 일 2020년 2월 28일
저 자 우석진
발 행 인 김성남
발 행 처 (주)지필미디어

주 소 경기도 파주시 문발로 132 조에아울렛 402호
전 화 (031) 957-4504
팩 스 (031) 957-4503
이 메 일 book@jiphil.co.kr
홈페이지 www.jiphil.co.kr
등록번호 제 312-1997-000043호 (1997년 07월 16일)

I S B N 979-11-86674-659 93310
가 격 30,000원

머리말
PREFACE

4차산업혁명과 함께 빅데이터의 시대가 어느새 다가왔다. 예전 지식인들이 사서삼경을 외었듯이, 미적분학을 공부했듯이, 이제는 데이터를 직접 분석하고 해석할 수 있는 능력이 필요한 시대가 되었다. 원하든 원하지 않든 지식인들은 빅데이터를 다룰 수 있는 능력이 필수인 시대가 되어 버렸다. 아래 사람에게 시키고 결과물만 받아보면 되었던 시대가 지나가고 있다.

예전 기억을 돌이켜 보면 통계학을 공부할 때에는 이론을 중심으로 먼저 공부하고 간단한 실습을 해보는 방식으로 배웠다. 실습 내용을 가지고 본격적인 데이터 분석을 하기에 충분치 않았다. 통계학, 계량경제학 관련 과목을 10개 가까이 들었는데도 조금 복잡한 회귀분석 하나 하기에도 어려웠다.

데이터 분석에 있어 이론적 요소가 필수적인 것은 사실이다. 하지만, 모든 학습자를 동일한 방식으로 가르치는 것이 효과적이지 않을 수 있다. 오히려 실습을 중심으로 데이터 분석의 감을 익히고, 이론적 학습으로 보완하는 방식이 좋을 수 있다. 특히 수학적 기반이 약한 학생들을 대상으로 가르칠 때는 충분한 실습을 통해서 데이터와 친숙해진 이후에 이론적인 부분을 보완하면 수용성이 좀 더 높아지는 것을 관찰한 바 있다. 지난 10여년 동안 명지대학교와 한국은행, 한국조세재정연구원, 한국개발연구원, 한국고용정보원 등 다양한 강의를 통해서 발전시켜온 필자의 교육 방식이다. 이 책은 그러한 정신 하에서 집필되었다.

문제는 실습을 어떤 도구를 이용해서 진행하는 것이 좋을지 결정하는 것이다. 통계나 계량분석 실습에는 Stata 같은 통계패키지가 들이는 노력 대비 효율적이다. 필자도 지난 10여 년간 Stata를 이용해서 강의를 진행한 바 있다. Stata를 이용해서 한 학기 동안 배울 수 있는 양과 비교하면 프로그래밍 언어를 통해서 배울 수 있는 양은 삼분의 일 정도 밖에 되지 않는다. 통계패키지는 코딩 문법이 쉽고 직관적이어서 내용을 중심으로 배울 수 있는 반면, 프로그래밍 언어는 아무래도 문법과 알고리듬을 익히는데 상당히 많은 시간이 소요되기 때문이다.

그럼에도 불구하고 데이터사이언스를 공부하기 위해서는 R이나 Python 같은 언어를 익히는 것이 필요한 과정이 되었다. 다양한 이유가 있다. 먼저, 이른바 빅데이터라고 불리는 자료들

중에 비정형 자료가 많아졌다. 정형 자료는 기존 패키지들도 비교적 잘 처리할 수 있다. 하지만 기존 패키지들의 경우 비정형 자료에 대한 전처리는 거의 어렵다. 특히, 최근에는 기존에 많이 사용되지 않았던 텍스트 같은 자료도 분석대상이 되기 때문에 기존의 통계패키지만 이용해서는 분석의 대상이 한정될 수밖에 없다. 따라서 다양한 형태의 자료를 분석하려고 하면 통계패키지를 넘어서 프로그래밍 언어를 배우는 것이 필요하다. 둘째, 인공지능 관련 연구의 성과를 이용하기 위해서도 프로그래밍 언어가 필요하다. 최근 기계학습, 강화학습, 심화학습 등 인공지능 기법을 이용한 데이터 분석 방법이 발달하고 있다. 이러한 분야의 발달 성과를 데이터 분석에 활용하기 위해서는 프로그래밍 언어를 배우는 것이 필요하다. 인공지능의 성과들이 R이나 Python으로 개발되고 있기 때문에 해당 언어를 습득하지 않고서는 인공지능 분야의 성과를 흡수하기 어렵게 되었다. 마지막으로 시각화 부분에서 통계패키지들의 성능이 뒤처지는 것이 사실이다. 자료를 시각적으로 구현할 수 있는 부분, 그렇고 웹상에서 사용자와 상호작용할 수 있도록 구축할 수 부분도 통계패키지보다는 프로그래밍 언어가 훨씬 앞서가고 있다. 시각화가 자료를 이용한 결과물의 상당 부분을 차지하고 있기 때문에 R이나 Python으로 넘어가는 것은 자연스러운 선택의 과정이다.

남은 부분은 R을 배울 것인가, 아니면 Python을 배울 것인가를 결정하는 일이다. 필자가 명지대학교에 개설한 응용데이터사이언스 과정에서는 둘 다 배울 것을 필수로 하고 있다. 분석할 자료의 성질에 따라 분석에 사용할 언어가 정해질 뿐, 사전적으로 한 언어가 다른 언어보다 낫다고 보기는 어렵기 때문이다. 마치 "엄마가 좋아, 아빠가 좋아"라는 것과 유사한 질문이다. 다만, 분석자의 방점이 어디에 있느냐에 따라서 무엇을 먼저 배우는 것이 좋겠느냐는 질문에는 답을 할 수 있다. 예를 들어, 필자의 경우 인문사회계 학부생 및 대학원생을 대상으로 계량분석방법을 강의를 하고 있는데, 이런 경우 R이 Python 보다는 좀 더 낫다. R이 통계학 분야에서 발달해왔기 때문에 논문이나 보고서에 활용할 수 있는 다양한 추정 방법들이 상당수 개발되어 있다. 높은 수준의 추정방법을 바로 적용할 수 있다. 만약 그게 아니라, 자료분석을

머리말
PREFACE

앱개발에 사용하거나 다른 개발자들과 협업을 할 때에는 범용 언어인 Python으로 출발하는 것이 좋다. 이미 Python이 컴퓨터 언어 시장의 절반 이상을 점유하고 있기 때문에 R보다는 Python으로 작업하는 것이 다른 개발자들과 의사소통하는데 좀 더 수월하기 때문이다. 물론, 주변 사람들이 어떤 언어를 사용하는지 보고 결정하는 것이 좋다. 물어볼 사람이 많으면 좀 더 쉽게 해당 언어를 배울 수 있기 때문이다.

이 책은 필자가 지난 몇 년간 명지대학교 빅데이터분석론에 사용하였던 강의노트와 이미 출판된 "경제분석을 위한 Stata"에 기반하여 제작되었다. 해당 강의는 인문사회계 문과 학생들을 대상으로 하였기 때문에 기술적인 부분들은 될 수 있으면 피하는 대신 직관적인 설명으로 대체하려고 하였다. 통계학, 계량경제학, R에 사전 지식이 없는 학생들도 R을 이용해서 실습을 진행하면 R 뿐만 아니라 경제분석에서 사용되는 계량 방법론을 배울 수 있게 구성하였다. 프로그래밍 언어를 배우는 가장 좋은 방법은 연습문제를 많이 푸는 것이 아니라 실제 자료를 이용하여 프로젝트를 진행해보는 것이다. 여기에서는 이러한 환경이 가능하도록 실습 위주로 책을 구성하였다.

필자의 강의를 들으면서 많은 의견을 제시해주었던 명지대학교 학생들이 무엇보다 큰 도움이 되었다. 무엇보다도 한국연구재단의 지원을 받아 진행된 SSK 연구 프로젝트를 통해 얻은 결과물들도 큰 도움이 되었음을 밝힌다(NRF-2016S1A3A2924375). 그리고 ㈜지필미디어의 김성준 부장님의 격려와 독촉도 이 책을 마무리하는데 원동력이 되었다.

마지막으로 늘 응원해주는 사랑하는 아내 현정과, 이제 고등학교와 중학교에 입학하는 정현과 정민이에게 고마운 마음을 전한다. 그리고 우리 가족 모두 이 교재로 데이터 사이언스를 같이 공부할 수 있는 날이 오길 기대해본다.

서대문구 명지대 인문캠퍼스

우석진

차례
CONTENTS

차례
CONTENTS

01

R의 설치와 프라이머

1. 시작
2. 연산
3. 행렬
4. R에서 프로그래밍하기
5. 자료 관리하기

1. 시작

① R의 설치

R은 아래의 CRAN(Comprehensive R Archive Network) 사이트에서 다운받아 설치할 수 있다.

http://cran.r-project.org

R 설치에 앞서, 이후 작업 시 오류 발생을 예방하기 위해 다음과 같은 예방적 조치를 취해야 한다.

- 컴퓨터 및 사용자 이름은 가급적 영문으로 한다.
- 폴더 이름도 영어로 지정하되 특수문자나 공백을 사용하지 않는다.
- 해당 사이트에서 최신 버전의 R 설치 파일을 다운받는다.
- 아래의 화면에서 운영체제에 적절한 설치 버전을 선택한다. 이 책에서는 윈도우용 R을 기준으로 설명한다. 화면의 메뉴 중 [Download R for Windows]를 클릭한다.

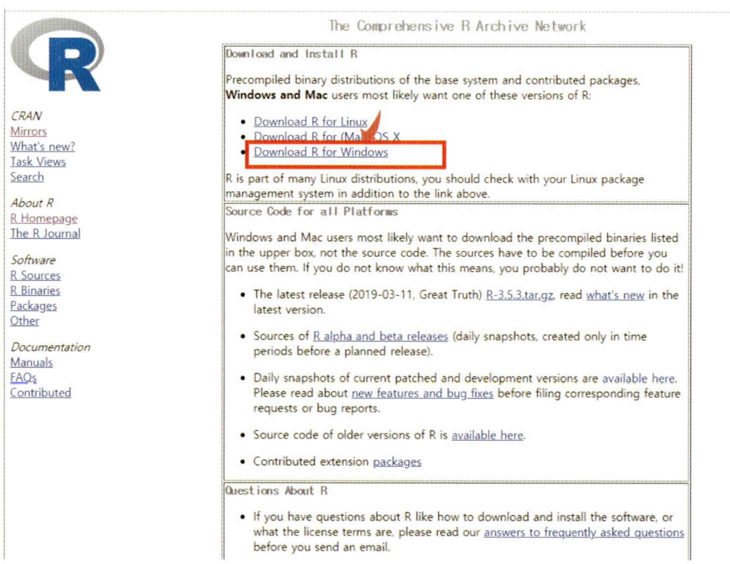

[Download R for Windows]를 클릭하면 아래와 같은 화면이 뜬다. 화면 가운데 메뉴 중 [base]를 클릭한다.

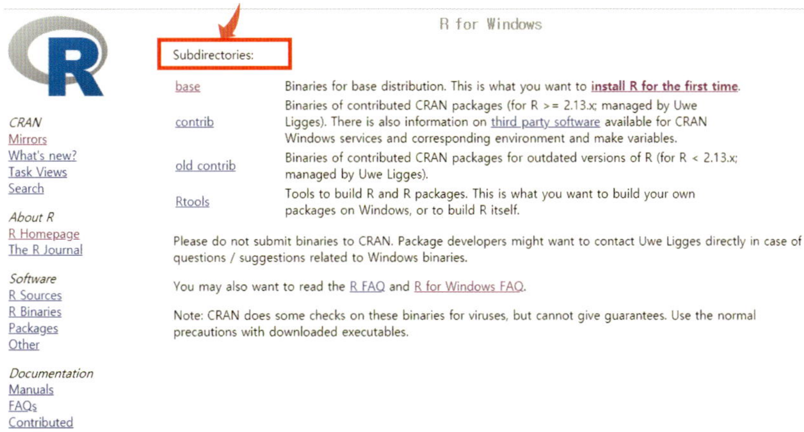

그러면 R의 최신 버전을 다운받을 수 있는 아래의 화면이 나온다. 오른쪽 상단의 [Download R X.X.X for Windows]를 클릭하여 저장한다. 저장된 파일을 실행하면 R이 설치된다.

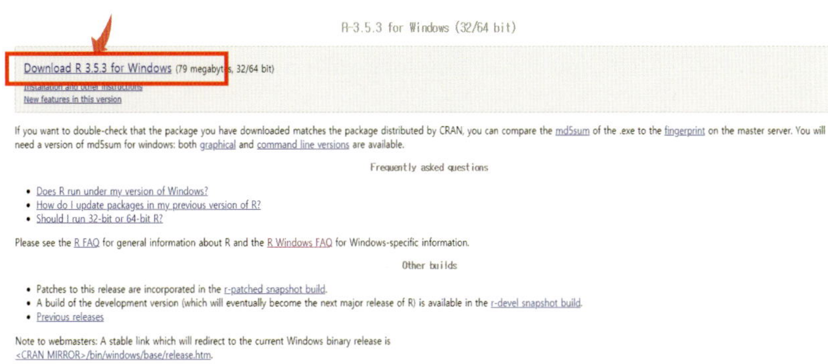

설치된 R을 실행하면 다음과 같은 초기 창이 뜬다. R을 사용할 수 있는 콘솔 화면이다.

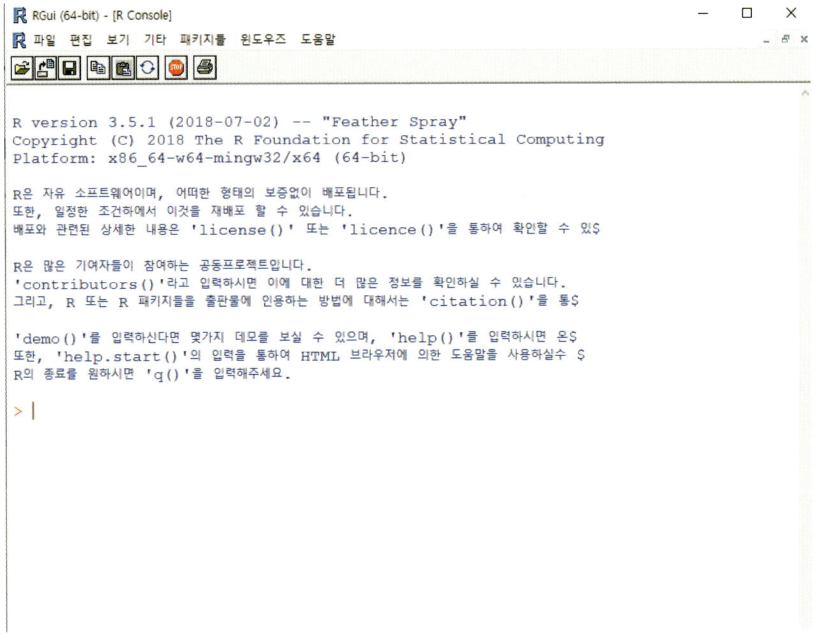

이 화면에서 기본적인 분석 작업을 실행할 수 있다. 하지만, 이 창에서 작업을 실행하는 연구자는 거의 없고, 대부분 R 전용 에디터인 Rstudio를 이용해 작업한다. Rstudio는 일종의 통합개발환경(IDE, Integrated Development Environment)이다. SPSS나 Stata처럼 사용자들이 R을 좀 더 쉽고 편리하게 사용할 수 있는 환경을 제공한다. Rstudio에서 작업을 수행하면 코딩, 패키지 관리 등이 쉽고 편리하다.

이제 Rstudio를 설치해보자.

② R studio의 설치

R studio를 설치하기 전에 앞의 절차대로 R이 이미 설치되어 있어야 한다. R studio는 다음 사이트에서 다운받을 수 있다.

https://www.rstudio.com

사이트에 접속하면 아래와 같은 화면이 뜬다.

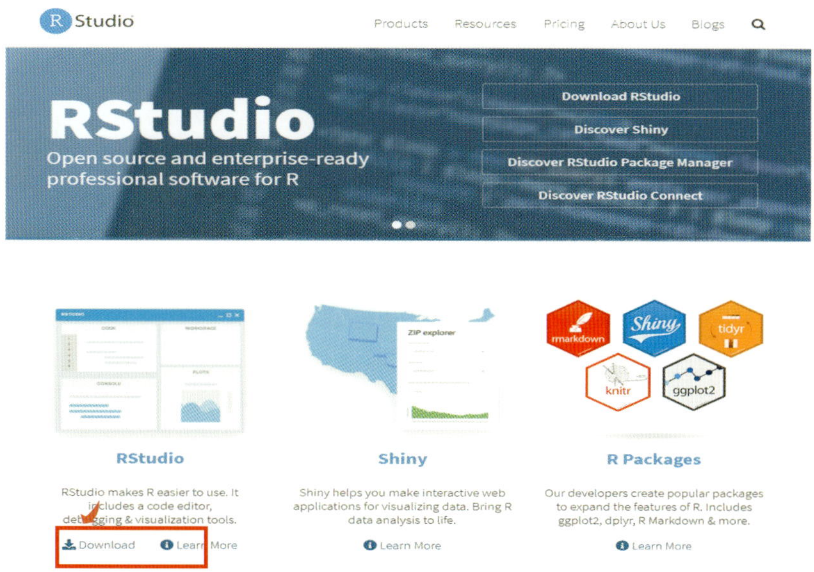

화면에서 Rstudio를 클릭하면 다음과 같이 데스크탑(desktop) 혹은 서버(server) 버전 선택 여부를 묻는 화면이 나온다.

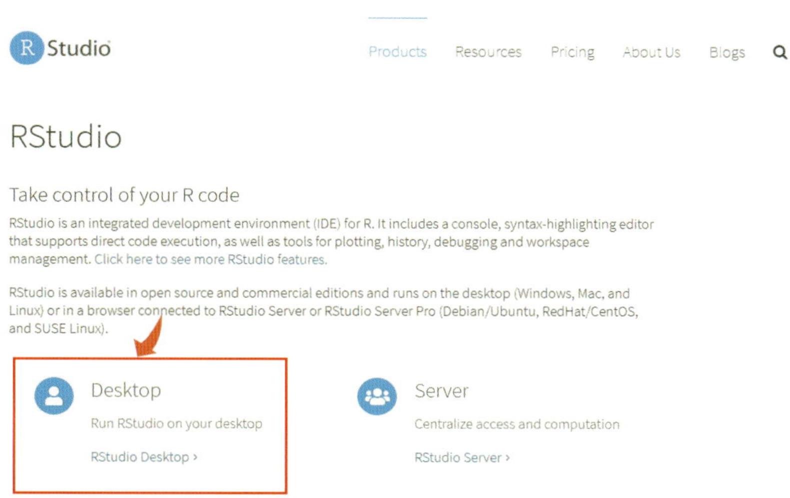

[desktop]을 선택하면 아래의 화면으로 이동한다.

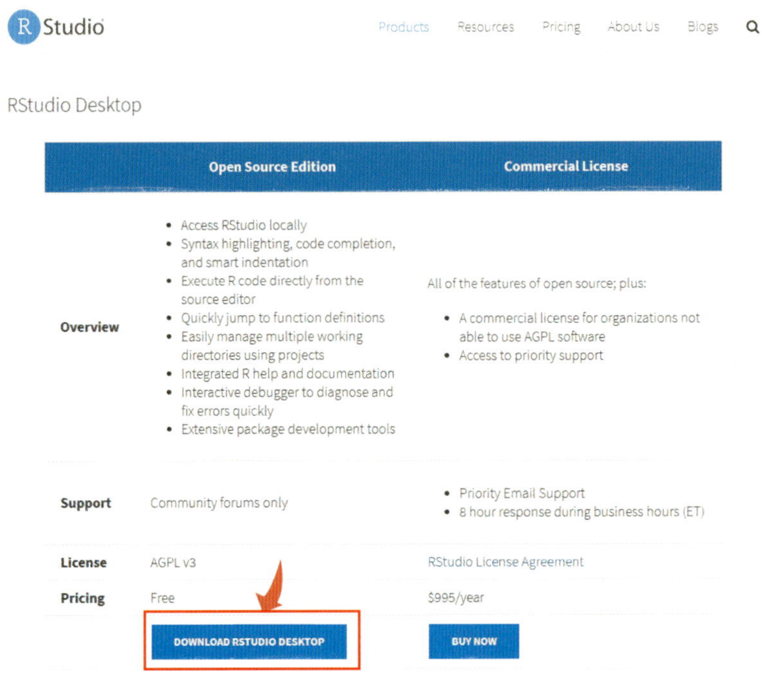

화면에서 오픈 소스인 [download Rstudio desktop]을 클릭하여 Rstudio를 다운받아 설치한다.

Rstudio를 실행하면 다음과 같은 창이 생성된다. 창은 4개의 영역으로 구성되어 있다. (1)번 창은 자료를 살펴보고, 코딩할 수 있는 코드 에디팅 창, (2)번 창은 환경 및 기존에 입력한 명령어 등을 확인할 수 있는 workspace and history 창, (3)번 창은 명령어를 입력할 수 있는 콘솔 창, (4)번 창은 그래프, 실치된 패키지, 파일, 도움말을 볼 수 있는 창이다.

작업은 주로 코딩을 위한 창 (1)과 콘솔 창 (3)에서 이루어진다.

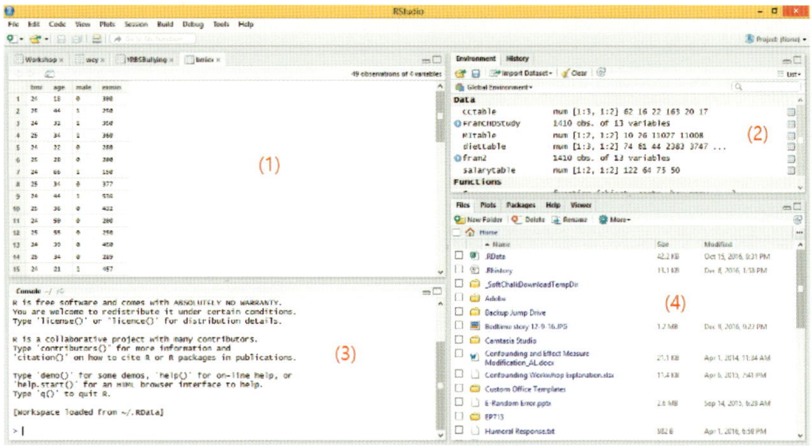

저자를 비롯한 다수의 R 사용자들은 R studio를 자신의 취향에 맞게 설정해 사용한다. 파란색을 좋아하는 저자의 경우, 아래와 같이 화면 색상은 파란색, 창의 배치는 (1), (3), (2), (4) 순으로 변경해 사용한다.

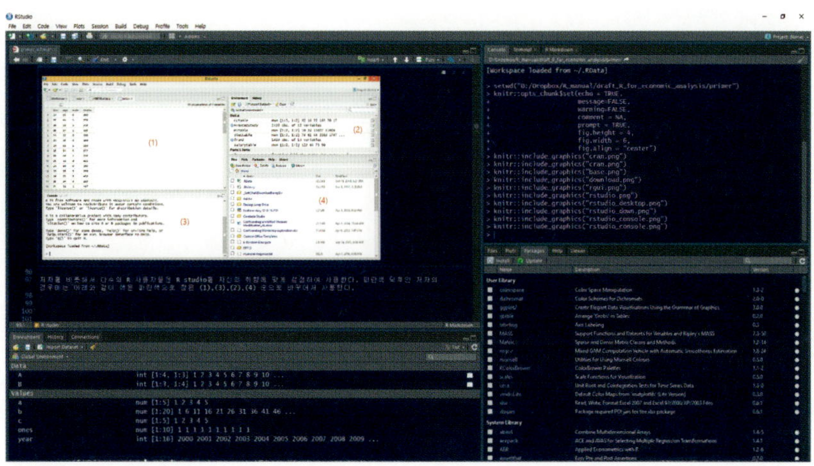

2. 연산

이제 R의 기본적인 연산에 대해서 알아보자.

① 기본 연산

R은 기본적으로 계산기 기능을 제공한다. 4칙 연산을 기본으로 제곱, 세제곱 같은 연산도 수행할 수 있다. 예컨대, 덧셈 연산은 "+" 연산자를 사용하여 아래와 같이 수행한다. 콘솔 창에 1+1을 입력하고 enter 키를 누르면 다음과 같은 연산 결과를 얻을 수 있다.

```
> 1+1
[1] 2
> 2+2
[1] 4
```

뺄셈 역시 "-" 연산자를 사용하여 덧셈과 마찬가지 방법으로 수행한다.

```
> 5-3
[1] 2
```

곱셈은 연산자 "*"을 이용하여 할 수 있다.

```
> 2*3
[1] 6
```

나눗셈은 "/" 연산자를 이용한다.

```
> 4/2
[1] 2
```

거듭제곱은 숫자 6에 붙어 있는 "^" 연산자를 이용한다. 예를 들어 2의 3제곱근은 아래와 같이 구할 수 있다.

```
> 2^3
[1] 8
```

간단한 함수 연산도 할 수 있다. 로그, 지수, 제곱근, 삼각함수, 최대/최소값 연산 등을 수행할 수 있다.

예를 들어 밑(base)이 10인 $\log_{10}10$의 값은 아래와 같이 구한다.

```
> log(10, base = 10)
[1] 1
```

밑이 특별히 지정되지 않은 경우는 자연로그가 계산된다.

```
> log(10)
[1] 2.302585
```

지수함수는 다음과 같이 계산한다.

```
> exp(1)
[1] 2.718282
```

② 벡터

R에서 가장 자주 사용되는 기본 단위는 벡터(vector)이다. 나중에 소개할 함수들도 대부분 벡터 기반으로 만들어진 경우가 많다.

벡터는 c() 함수를 통해 만들어진다. 여기에서 c는 영어 'combine'의 약자이다.

다음의 예와 같이 벡터를 만들 수 있다.

```
> c(1, 2, 3, 4, 5)
[1] 1 2 3 4 5
```

이렇게 만들어진 벡터를 특정 변수에 저장할 수 있다. 저장은 "<-" 혹은 "=" 연산자를

사용하여 수행한다. <- 은 오른쪽 값을 왼쪽 변수에 넣으라는 기호이다.

예컨대, 위에서 만든 벡터를 변수 a에 담고자 하는 경우 아래와 같이 입력한다.

```
> a <- c(1, 2, 3, 4, 5)
```

이렇게 하면, 벡터 a가 (1,2,3,4,5) 벡터값을 갖는다. print()를 이용해 이렇게 만들어진 벡터는 확인할 수 있다.

```
> print(a)
[1] 1 2 3 4 5
```

벡터의 길이는 length()를 이용해 확인할 수 있다. 아래와 같이 입력하면 벡터의 길이가 5임을 확인할 수 있다.

```
> length(a)
[1] 5
```

이렇게 생성된 벡터 a를 이용하여 스칼라 변수처럼 다양한 연산을 할 수 있다. 아래 연산은 아래의 벡터 값에 2를 곱하고 3을 더하는 연산으로 결과는 다음과 같다. 이때 벡터 연산은 벡터의 요인별로 수행한다.

```
> 2*a + 3
[1]  5  7  9 11 13
```

벡터에 함수를 적용할 수도 있다. 예를 들어, log(a)를 하면 벡터 값마다 자연로그를 취한 값들이 산출된다.

```
> a
[1] 1 2 3 4 5
> log(a)
[1] 0.0000000 0.6931472 1.0986123 1.3862944 1.6094379
```

③ 부분 벡터

자료 분석을 수행하다 보면, 전체 벡터가 아니라 벡터의 일부분만 필요한 경우가 있다. 이런 경우 벡터의 일부분인 부분 벡터를 추출할 필요가 있다. 이때에는 "[ ]"를 사용한다.

예를 들어 앞에서 만들어 놓은 벡터 a의 1, 3번째 값을 다음과 같이 추출할 수 있다. a는 (1, 2, 3, 4, 5)의 값으로 구성된 벡터이고, a[c(1,3)]은 첫 번째와 세 번째 값을 추출한 것이다.

```
> a
[1] 1 2 3 4 5
> a[c(1, 3)]
[1] 1 3
```

한편, 해당 인덱스에 마이너스 부호를 붙이면, 해당 값만 제외하고 추출된다. 예를 들어, a[-c(1,3)]는 a 벡터의 값 중 1, 3번째 값만 제외하고 추출하라는 뜻이다.

```
> a[-c(1,3)]
[1] 2 4 5
```

④ 패턴이 일정한 벡터

계량 분석을 하다 보면 특정 패턴을 가진 벡터가 필요한 경우가 있다. 이런 경우 rep(), seq() 등을 이용하면 쉽게 반복되는 패턴을 가진 벡터를 생성할 수 있다.

예를 들면 다음과 같이 1로만 구성된 일벡터를 만들 수 있다.

```
> ones <- rep(1, 10)
> print(ones)
 [1] 1 1 1 1 1 1 1 1 1 1
```

seq() 함수를 이용하면 수열로 구성된 벡터를 생성할 수 있다. 1부터 100까지 5씩 증가하는 수열인, 1, 6, 11, …, 91, 96으로 구성된 벡터가 만들어진다.

```
> b <- seq(from = 1,
+          to   = 100,
+          by   = 5)
> print(b)
 [1]  1  6 11 16 21 26 31 36 41 46 51 56 61 66 71 76 81 86 91 96
```

시계열의 경우에는 연도 변수를 만들 필요가 있는데, 다음과 같이 쉽게 수행할 수 있다.

```
> year <- 2000:2018
> print(year)
 [1] 2000 2001 2002 2003 2004 2005 2006 2007 2008 2009 2010 2011 2012
2013
[15] 2014 2015 2016 2017 2018
```

벡터를 이어 붙일 수도 있다. 예컨대 위의 벡터 ones와 벡터 b를 다음과 같이 붙일 수 있다.

```
> c(ones, b)
 [1]  1  1  1  1  1  1  1  1  1  1  1  6 11 16 21 26 31 36 41 46 51 56 61
[24] 66 71 76 81 86 91 96
```

3. 행렬

행렬(matrix)은 벡터의 모음이라고 이해할 수 있다. 먼저, 1부터 12까지의 수열 벡터를 생성한 후 nrow = 4를 지정하면 아래와 같이 4×3 행렬을 만들 수 있다.

```
> A <- matrix(1:12, nrow = 4)
> print(A)
     [,1] [,2] [,3]
[1,]    1    5    9
[2,]    2    6   10
[3,]    3    7   11
[4,]    4    8   12
```

동일한 수열에 nrow = 3으로 바꾸면 3×4 행렬을 생성할 수 있다.

```
> B <- matrix(1:12, nrow = 3)
> print(B)
     [,1] [,2] [,3] [,4]
[1,]    1    4    7   10
[2,]    2    5    8   11
[3,]    3    6    9   12
```

행렬은 행과 열, 그리고 해당 위치에 들어가는 값으로 구성되어 있다. 행렬의 차원은 dim(), 행의 수는 nrow(), 열의 수는 ncol() 함수를 이용한다.

예를 들어, 행렬 A의 차원은 다음과 같다. 아래 값에 따르면 행렬 A의 차원은 4×3이다.

```
> dim(A)
[1] 4 3
```

행의 개수를 확인하고 하는 경우 다음과 같이 입력한다.

```
> nrow(A)
[1] 4
```

열의 개수를 알고자 하는 경우 다음과 같이 입력한다.

```
> ncol(A)
[1] 3
```

행렬 A의 인자 는 A[i,j]로 추출할 수 있다. 전체 행은 A[i,], 전체 열은 A[, j]로 표시할 수 있다.

다음과 같이 하부 행렬을 만들어보자. 먼저 행렬 A는 아래와 같다.

```
> print(A)
     [,1] [,2] [,3]
[1,]    1    5    9
[2,]    2    6   10
[3,]    3    7   11
[4,]    4    8   12
```

위 행렬 A에서 1, 2행과, 1, 3열을 추출하여 하부 행렬 A1을 아래와 같이 생성하자.

```
> A.1 <- A[c(1,2),c(1,3)]
> print(A.1)
     [,1] [,2]
[1,]    1    9
[2,]    2   10
```

A1은 첫 번째와 세 번째 행 및 열을 추출해 만든 정방행렬(square matrix)이다.

행렬식(determinant)을 계산해보자. det() 함수를 이용하면 행렬식을 계산할 수 있다. det()로 구한 행렬 A.1의 행렬식 값은 -8이다. 행렬 A.1의 행렬식의 값은 0이 아니기 때문에 역행렬이 존재한다.

```
> det(A.1)
[1] -8
```

뒤에 좀 더 자세히 설명하겠지만 회귀분석 추정법 중 최소 자승 추정법(least square estimation)을 수행하기 위해서는 역행렬 계산이 필요하다. 역행렬은 solve() 함수를 이용해 구할 수 있다.

A.1의 역행렬 A.i는 다음과 같다.

```
> A.i <- solve(A.1)
> print(A.i)
      [,1]   [,2]
[1,] -1.25  1.125
[2,]  0.25 -0.125
```

이렇게 구해진 역행렬이 정확한지 확인하려면, 원래 행렬 A.1과 곱해 대각 행렬의 인자는 1의 값을, 나머지 비대각 행렬 인자는 0의 값을 갖는 단위행렬(identity matrix)이 되는지 확인하면 된다.

행렬의 곱은 "%*%"이다.

```
> A.1 %*% A.i
     [,1] [,2]
[1,]    1    0
[2,]    0    1
```

위 행렬 곱은 순서를 바꿔도 결과는 동일하다.

```
> A.i %*% A.1
     [,1] [,2]
[1,]    1    0
[2,]    0    1
```

① 패턴이 있는 행렬

경제 분석을 위한 계량 분석에서는 일정한 패턴을 가지고 있는 행렬이 자주 사용된다. 예를 들어, 일반화된 회귀분석(generalized least square)의 분산-공분산 행렬(variance-covariance matrix)은 일정한 패턴을 갖거나, SUR(seeming unrelated regression) 모형의 경우에도 일정한 패턴을 갖는 행렬을 사용해야 한다.

R에서는 이러한 패턴을 가진 행렬을 비교적 쉽게 생성할 수 있다.

예컨대, 대각선에 위치한 값이 1이고, 대각선에 위치하지 않는 값은 0인 대각 행렬은 함수 diag()를 이용하여 생성할 수 있다. diag(1, 5, 5)는 대각원소의 값은 1이면서 대각 행렬을 생성한다.

```
> D <- diag(1, 5, 5)
> print(D)
     [,1] [,2] [,3] [,4] [,5]
```

```
[1,]    1    0    0    0    0
[2,]    0    1    0    0    0
[3,]    0    0    1    0    0
[4,]    0    0    0    1    0
[5,]    0    0    0    0    1
```

좀 더 일반적으로는 다음과 같이 대각 행렬을 생성할 수 있다.

다음과 같이 벡터를 만들어보자. (1,2) 값을 갖는 벡터가 세 번 연속으로 생성된다.

```
> rep(c(1, 2), 3)
[1] 1 2 1 2 1 2
```

이번에는 반복되는 값을 아래와 같이 벡터로 지정해보자. 그러면 앞의 값 1이 세 번, 뒤의 값 2가 세 번 반복된 벡터가 만들어진다.

```
> rep(c(1, 2), c(3, 3))
[1] 1 1 1 2 2 2
```

위의 값을 대각선 값으로 갖는 대각 행렬은 다음과 같이 생성할 수 있다.

```
> diag(rep(c(1, 2), c(3, 3)))
     [,1] [,2] [,3] [,4] [,5] [,6]
[1,]    1    0    0    0    0    0
[2,]    0    1    0    0    0    0
[3,]    0    0    1    0    0    0
[4,]    0    0    0    2    0    0
[5,]    0    0    0    0    2    0
[6,]    0    0    0    0    0    2
```

diag()의 경우, 행렬이 들어가면 해당 행렬의 대각 행렬의 값을 추출할 수 있다. 예컨대 행렬 A.1은 아래와 같은 행렬이다.

```
> A.1
     [,1] [,2]
[1,]    1    9
[2,]    2   10
```

A.1의 대각선에 위치한 값이 1과 10임을 확인할 수 있다.

```
> diag(A.1)
[1]  1 10
```

나아가 하삼각 행렬(lower triangular matrix), 상삼각 행렬(upper triangular matrix)도 구할 수 있다. 하삼각 행렬은 upper.tri() 함수를 반대로 이용한다. upper.tri()는 상삼각에 속하는지 여부를 판별하는 논리값(TRUE 혹은 FALSE)을 반환한다. 따라서 상삼각에 속하는 값을 0으로 바꾸면 하삼각 행렬을 만들 수 있다.

먼저 상삼각에 속하는지의 여부를 확인하자. 상삼각에 속하는 값만 TRUE이고, 나머지 값은 FALSE임을 알 수 있다.

```
> upper.tri(A.1)
      [,1]  [,2]
[1,] FALSE  TRUE
[2,] FALSE FALSE
```

위 값에 속하는 경우 0으로 바꿔주면 하삼각 행렬이 만들어진다.

```
> A.L <- A.1
> A.L[upper.tri(A.L)] <- 0
> A.L
     [,1] [,2]
[1,]    1    0
[2,]    2   10
```

유사한 방법으로 상삼각 행렬을 만들 수 있다.

```
> A.U <- A.1
> A.U[lower.tri(A.U)] <- 0
> A.U
     [,1] [,2]
[1,]    1    9
[2,]    0   10
```

한편 여러 개의 행렬 또는 벡터를 하나의 행렬로 묶을 수 있다. 일반적으로 rbind(), cbind() 함수를 사용한다. rbind()는 행으로 묶고, cbind()는 열로 묶게 된다.

예를 들어 1벡터와 A.1 행렬을 하나로 묶을 수 있다. 열로 묶을 때는 cbind()를 사용한다.

```
> cbind(1, A.1)
     [,1] [,2] [,3]
[1,]    1    1    9
[2,]    1    2   10
```

행으로 묶을 때는 rbind()를 이용한다.

```
> rbind(1, A.1)
     [,1] [,2]
[1,]    1    1
[2,]    1    9
[3,]    2   10
```

4. R에서 프로그래밍하기

R은 객체지향(object-oriented) 프로그래밍 언어이다. 자료에 기반하여 간단히 프로그래밍을 할 수 있어 통계학, 계량경제학 모형을 이용하여 추정할 때 유용하다. 최근에는 R 대신 Python 등의 언어가 많이 사용되기도 한다. 그럼에도 불구하고 빅데이터를 이용한 자료 분석에 있어서 R은 여전히 비교우위가 있다.

아래 그림은 1995년에서 2016년까지 구글 스칼라에서 검색된 학술 연구에서 사용되는 통계 패키지 및 언어의 사용 빈도를 보여준다. 가장 많이 사용된 통계 패키지는 단연 SPSS이지만, 최근 들어 빠르게 그 빈도가 줄어들고 있다. 마찬가지로 SAS도 그 사용 빈도가 감소하고 있다. 반면 R은 지속적으로 증가하고 있고, 그에는 못 미치지만 Stata의 사용 빈도 또한 꾸준히 증가하고 있다.

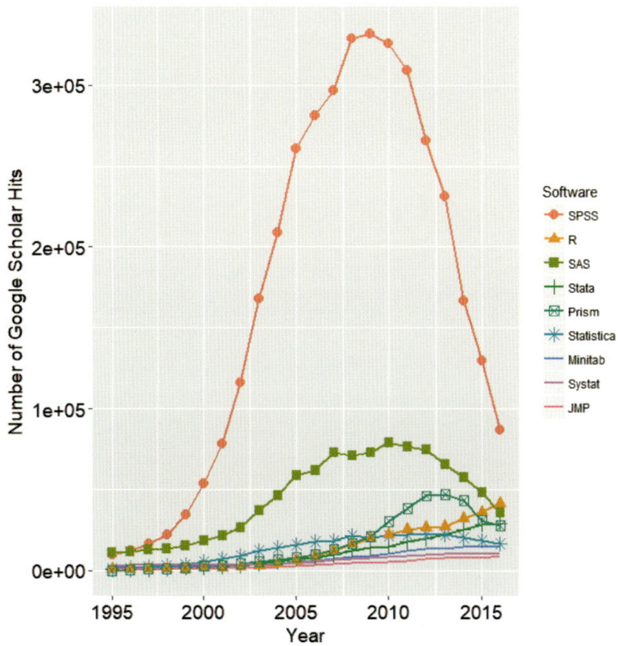

통계 패키지 및 언어 사용 빈도

① 벡터의 모드

R에서 가장 단순한 자료 형태는 앞에서 소개한 벡터이다. 한 가지 주의할 점은 벡터 안에 포함된 값들은 모두 동일한 모드(mode)를 가지고 있어야 한다는 것이다.

모드는 크게 보면 숫자(numeric), 문자(character), 논리(logical)로 구분할 수 있다.

예를 들어, 벡터 x가 다음과 같은 값을 가진다고 하자.

```
> x <- c(1:5)
> print(x)
[1] 1 2 3 4 5
```

벡터 x는 기본적으로 1,2,…,5의 수를 갖는 숫자 벡터이다. x가 어떤 모드인지는 mode() 함수를 통해 아래의 방법으로 확인할 수 있다. 아래 결과에 따르면 x는 numeric이다.

```
> mode(x)
[1] "numeric"
```

character 벡터는 문자, 즉 a, b, c, d, e 등의 값을 포함하는 벡터이다. 문자 벡터의 값은 쌍따옴표 ""로 지정한다.

```
> y <- c("a", "b", "c", "d", "e")
> print(y)
[1] "a" "b" "c" "d" "e"
```

모드는 아래와 같이 mode() 함수를 통해 알 수 있다. 아래와 같이 벡터 y는 character임을 확인할 수 있다.

```
> mode(y)
[1] "character"
```

이런 문자 벡터는 다양한 용도로 사용이 가능하다. 자료 그 자체로 사용할 수도 있고, 벡터나 행렬의 레이블로도 사용 가능하다.

예를 들어, 다음과 같이 names() 함수를 이용해 위에서 생성한 벡터 x의 이름으로도 사용할 수 있다.

```
> names(x) <- y
> print(x)
a b c d e
1 2 3 4 5
```

다음으로 논리(logical) 벡터가 있다. 논리 벡터의 경우 벡터의 특정 값이 특정 조건을 만족시키는지 여부를 나타내는 벡터이다. 벡터의 값들이 조건을 만족시키면 TRUE, 만족시키지

못하면 FALSE의 값을 갖는다.

예컨대, 앞에서 생성했던 벡터 x의를 이용해 $x > 3$의 조건을 만족시키는지 여부를 나타내는 논리 벡터를 만들어보자. 백터 x의 첫 세 개 값은 3보다 크지 않기 때문에 FALSE의 값을, 마지막 두 개의 값은 3보다 크기 때문에 TRUE의 값을 갖는 논리 벡터 z가 아래와 같이 생성된다.

```
> z <- x>3
> print(z)
    a     b     c     d     e
FALSE FALSE FALSE  TRUE  TRUE
```

mode() 함수를 이용해 z의 모드 값을 확인하면 logical임을 알 수 있다.

```
> mode(z)
[1] "logical"
```

이러한 모드를 이용하여 벡터의 일부를 추출해낼 수 있다.

예를 들어, 벡터 x의 첫 번째부터 세 번째 까지의 값들을 추출한다고 하자. 이 경우 다음과 같이 인덱스를 정해준다. 예를 들어 벡터 x의 1~3까지의 값들을 추출하여 x.s1이라는 하부 벡터를 아래와 같이 생성할 수 있다.

```
> x.s1 <- x[1:3]
> print(x.s1)
a b c
1 2 3
```

위와 같은 방법 외에도 레이블을 이용해 추출할 수도 있다. 레이블 이름인 a,b,c 를 인덱스로 지정하여 해당 값들을 추출할 수 있다.

```
> x.s2 <- x[c("a","b","c")]
> print(x.s2)
a b c
1 2 3
```

논리 값을 이용할 수도 있다. 앞에서 만들어 놓은 x>3인 경우에 해당하는 논리 벡터 z를 다음과 같이 활용할 수 있다. 그러면 x>3 조건을 만족하는 4,5값만 추출된다.

```
> x.s3 <- x[z]
> x.s3
d e
4 5
```

다음과 같이 조건식을 인덱스로 사용할 수도 있다.

```
> x[x>3]
d e
4 5
```

이렇게 특정 조건을 만족시키는 자료를 추출하는 작업은 계량 분석에서 매우 유용하게 사용할 수 있다.

② 리스트

리스트(list)는 데이터를 보관할 수 있도록 기존의 벡터를 확장한 또 하나의 벡터라고 이해할 수 있다. 기존 벡터가 단순히 값만 가지고 있다면, list는 그 외의 정보들도 포함할 수 있다. list 는 다양한 모드의 벡터, 행렬, 데이터 프레임(data frame), 함수, 혹은 list 자체를 값으로 가질 수 있다. 따라서 R에서 다루는 많은 자료들은 list의 형태로 저장된다.

다음의 예를 통해 list의 기능을 살펴보자. 표준 정규 분포를 따르는 표본을 생각해보자.

먼저, 벡터를 이용해 표본을 생성한다. 표준 정규 분포를 따르는 난수는 rnorm() 함수를 사용해 생성한다. set.seed()는 난수 생성 전에 시드를 정해주는 함수이다. 난수 생성 시 시드를 정해주지 않으면 동일한 난수를 생성할 수 없게 된다. 시드가 다르면 수행할 때마다 다른 난수가 생성된다. 따라서 난수 생성 시 시드를 고정해주는 것이 필요하다.

rnorm(10)은 표준 정규 분포를 따르는 10개의 난수를 추출한다. 이렇게 추출된 난수를 list.normal이라는 벡터에 저장한다. 그리고 print()를 이용하여 어떤 난수가 생성되었는지 확인한다.

```
> set.seed(123456)
> list.normal <- rnorm(10)
> print(list.normal)
 [1]  0.83373317 -0.27604777 -0.35500184  0.08748742  2.25225573
 [6]  0.83446013  1.31241551  2.50264541  1.16823174 -0.42616558
```

벡터로 생성된 list.normal에는 위에서 생성된 난수만 저장된다.

그런데 생성된 값 외에 좀 더 많은 정보가 필요할 경우가 있다. 예컨대, 난수를 어떤 분포에서 이 표본을 생성했는지, 분포의 모수로 어떤 값들을 사용했는지 등에 대한 정보가 필요할 수 있다.

이런 경우 다음과 같이 list()를 이용할 수 있다.

```
> list.normal <- list(sample = rnorm(10),
+                     dist   = "normal",
+                     param  = list(mean = 0,
+                                   sd   = 1)
+                     )
```

위 list.normal은 크게 보면 sample, dist, param으로 구성되어 있다. sample은 10개의 난수를 담고 있는 numeric이다. dist는 어떤 분포에서 난수가 생성되었는지를 입력하는 character이다. 구체적으로는 "normal"이라고 기록함으로써 난수가 정규 분포에서 추출되었음을 추후에도 알 수 있다. param은 다시 list이다. 평균은 0, 표준편차는 1이라고 입력해 두었다.

list.normal은 다음과 같다.

```
> print(list.normal)
$sample
 [1] -0.99612975 -1.11394990 -0.05573154  1.17443240  1.05321861
 [6]  0.05760597 -0.73504289  0.93052842  1.66821097  0.55968789

$dist
[1] "normal"

$param
$param$mean
[1] 0

$param$sd
[1] 1
```

위 list의 각 요소를 추출하기 위해서는 "$"를 이용한다. 예컨대, sample은 다음과 같이 추출할 수 있다.

```
> list.normal$sample
 [1] -0.99612975 -1.11394990 -0.05573154  1.17443240  1.05321861
 [6]  0.05760597 -0.73504289  0.93052842  1.66821097  0.55968789
```

dist 역시 동일한 방식으로 추출할 수 있다.

```
> list.normal$dist
[1] "normal"
```

param도 같은 방식으로 추출할 수 있다.

```
> list.normal$param
$mean
[1] 0

$sd
[1] 1
```

한 걸음 더 나아가 param 리스트 내에 mean 만 따로 추출할 수도 있는데, "$"를 추가해 주면 된다.

```
> list.normal$param$mean
[1] 0
```

sd도 유사하게 추출할 수 있다.

```
> list.normal$param$sd
[1] 1
```

③ 논리 비교

논리적 비교는 자료 분석에서 매우 중요하다. 예컨대, 성별, 학력, 경력별 임금을 차등으로 계산하는 경우, 일정 조건을 만족시키는 자료만 추출할 필요가 있다.

기본적으로 <, <=, >, >=, ==, != 등의 연산자를 사용한다. 그리고 두 개의 조건이 동시에 만족되어야 할 때는 "&", 하나의 조건만 만족해야 할 때에는 "|"를 사용한다. 조건의 반대는 "!"를 사용한다.

다음과 같은 벡터를 생성해보자. x는 표준 정규 분포를 따르는 10개의 난수로 구성된 벡터이다.

```
> set.seed(123456)
> x <- c(rnorm(10))
> print(x)
 [1]  0.83373317 -0.27604777 -0.35500184  0.08748742  2.25225573
 [6]  0.83446013  1.31241551  2.50264541  1.16823174 -0.42616558
```

다음과 같이 $0 < x < 1.0$조건을 만족시키는지 여부를 확인할 수 있다. 그러면 네 번째와 아홉 번째 값이 조건에 해당하여 TRUE 값을 취하고, 나머지 값은 조건을 만족하지 않으므로 FALSE 값을 취한다.

```
> x > 0  & x <1.0
 [1]  TRUE FALSE FALSE  TRUE FALSE  TRUE FALSE FALSE FALSE FALSE
```

이런 작업을 좀 더 쉽게 할 수 있게 해주는 함수가 which() 함수이다. 앞의 분석 결과와 동일하게 1, 4, 6번째 벡터 값이 $0 < x < 1.0$조건을 만족시킨다는 결과를 확인할 수 있다.

```
> which(x > 0  & x < 1.0)
[1] 1 4 6
```

이 외에도 all(), any(), all.equal() 등의 함수를 이용하면 벡터의 값이 조건을 만족시키는지 여부를 쉽게 확인할 수 있다.

④ 타입의 변환

R에서는 변수 혹은 벡터의 타입을 강제로 전환할 수 있다.

우선 벡터가 어떤 타입인지 확인해보자. 벡터의 타입은 is.foo() 함수를 통해 확인할 수 있다.

예를 들어, is.numeric(x) 함수는 numeric 인지 여부를 확인해준다. 아래 코드와 같이 입력하여 x가 numeric 인지 여부를 확인하면 TRUE를 반환한다.

```
> is.numeric(x)
[1] TRUE
```

다시 character인지 확인하기 위해 아래와 같이 입력하면 FALSE를 반환한다.

```
> is.character(x)
[1] FALSE
```

numeric 타입의 벡터 x를 character로 전환하기 위해서는 as.foo() 함수를 이용한다. 예를 들어, 아래와 같이 as.character() 함수를 사용하면 속성이 character로 전환된다.

```
> x.c <- as.character(x)
> print(x.c)
 [1] "0.833733170755138"  "-0.276047773214867" "-0.355001838033406"
 [4] "0.0874874238042033" "2.25225573054322"   "0.834460129133672"
 [7] "1.31241550858861"   "2.50264540789068"   "1.16823174338441"
[10] "-0.426165577414356"
```

is.character()를 이용해 확인하면, 새로 만든 x.c가 character 타입으로 전환된 것을 확인할 수 있다.

```
> is.character(x.c)
[1] TRUE
```

한편, 벡터에 서로 다른 두 타입의 값이 포함된 경우는 하나의 타입으로 강제 배정된다. 예컨대, 벡터 값이 1과 "a"의 경우 모두 character로 전환된다.

```
> c(1,"a")
[1] "1" "a"
```

논리값과 숫자가 한데 묶였을 때는 numeric으로 전환된다. 이때 TRUE의 경우는 1의 값을 갖는다.

```
> c(1>0, 2)
[1] 1 2
```

반대로 FALSE의 경우는 0의 값을 갖는다.

```
> c(1 < 0, 2)
[1] 0 2
```

한편, 논리 변수와 문자가 함께 나열되면 character로 강제 배정된다.

```
> c(1<0, "a")
[1] "FALSE" "a"
```

⑤ 난수의 생성

R에서는 난수 생성기(random number generator)를 이용하여 난수를 생성할 수 있다. 다양한 분포로부터 난수를 생성할 수 있도록 함수가 제공된다.

난수 생성 시 seed를 정하면 동일한 난수가 생성되고, seed를 정하지 않으면 생성할 때마다 서로 다른 난수가 생성된다. 난수 생성 이전에 set.seed() 함수를 이용하여 seed를 고정하자.

```
> set.seed(123456)
```

10개의 난수를 표준 정규 분포로부터 추출하기 위해 rnorm() 함수를 이용해보자.

```
> rnorm(n = 10)
 [1]  0.83373317 -0.27604777 -0.35500184  0.08748742  2.25225573
 [6]  0.83446013  1.31241551  2.50264541  1.16823174 -0.42616558
```

표준 정규분포는 평균 0, 표준편차 1을 갖는 분포이다.

평균이 2, 표준편차 2인 정규 분포를 따르는 난수 10개를 생성해보자. rnorm() 함수에 mean = 2, sd = 2라는 모수를 정해준다.

```
> rnorm(n = 10, mean = 2, sd = 2)
 [1]  0.007740497 -0.227899807  1.888536919  4.348864796  4.106437221
 [6]  2.115211941  0.529914210  3.861056846  5.336421937  3.119375772
```

$\chi^2(5)$의 분포에서 난수를 추출하는 경우 rchisq() 함수를 사용하는 데, 이 경우 자유도 df를 정해주어야 한다. 여기서는 df = 5라고 정하였다.

```
> rchisq(n = 10, df = 5)
 [1]  2.151676  2.617552  4.554062  5.415413  2.882554  7.679095
10.729626
 [8]  7.261021 11.975253  1.866654
```

한편 주어진 자료에서 표집을 할 수도 있다. 예컨대 다음과 같은 표본이 있다고 하자. 표본 s는 1부터 10까지의 정수이다.

```
> s <- c(1:10)
> print(s)
 [1]  1  2  3  4  5  6  7  8  9 10
```

sample() 함수를 이용하여 표집할 수 있다. 모집단을 s 로 하여 5개의 표본을 표집하려면 size = 5를 입력한다.

```
> set.seed(123456)
> sample(s, size = 5)
[1] 10  1  6  7  5
```

이미 추출된 숫자를 복원 추출할 것인지, 비복원 추출할지는 replace를 이용하여 정할 수 있다. replace = TRUE를 입력하면 복원 추출한다. 아래 추출된 표본 중에 1이 두 번 반복 추출되었음을 확인할 수 있다.

```
> set.seed(1234567)
> sample(s,
+        size    = 5,
+        replace = TRUE)
[1] 1 5 1 2 7
```

한편, 각 숫자들이 추출될 수 있는 확률도 지정해줄 수 있다. 빨간색(red)과 파란색(blue) 중에서 다섯 번을 복원 추출하되, red가 나올 가능성을 0.7, blue가 나올 가능성을 0.3으로 지정하였다.

```
> set.seed(1234567)
> sample(c("red", "blue"),
+        size    = 5,
+        replace = TRUE,
+        prob    = c(0.7, 0.3))
[1] "red"  "blue" "blue" "red"  "blue"
```

실제 추출을 하니 red가 다섯 번 중 두 번, blue가 다섯 번 중 세 번 추출되었다.

⑥ if 구문과 for 루프

R도 다른 프로그래밍 언어와 마찬가지로 if/else 구문과 for 루프를 사용할 수 있다. 조건문이나 반복 작업을 수행할 때 if/for 구문이 매우 유용하다.

if 구문은 기본적으로 다음의 형식으로 표현된다.

```
> if (cond) {
+   expr1
+ } else {
+   expr2
+ }
```

위 구문의 경우 cond에 해당하는 조건이 만족되면 expr1를 실행하고, cond가 만족되지 않으면 expr2를 실행한다.

다음의 예를 통해 if 구문을 살펴보자. 먼저, 표준 정규 분포를 따르는 확률 변수 20개를 포함하는 확률 벡터 x.r 을 다음과 같이 생성하자.

```
> set.seed(1234567)
> x.r <- rnorm(n = 20)
> print(x.r)
 [1]  0.156703769  1.373811191  0.730670244 -1.350800927 -0.008514961
 [6]  0.320981863 -1.778148409  0.909503835 -0.919404336 -0.157714831
[11]  1.101997389  1.541591519 -0.378214646 -0.498569850 -0.541296172
[16]  0.541922134 -1.457507049  0.116960440 -0.140720588  0.044345695
```

여기에 50%의 확률로 x.r의 합을 계산하거나 다른 50%의 확률로 평균을 계산해보자.

```
> set.seed(1)
>
> if (rnorm(1) > 0) {
+   print("The sum is ")
+   sum(x.r)
+ } else {
+   print("The mean is ")
+   mean(x.r)
+ }
[1] "The mean is "
[1] -0.01962018
```

위의 예에서는 rnorm(1)이 음수로 실현되어 벡터 x의 평균을 계산하였다.

한편, for 루프는 반복 계산에 유용하다. 아래의 예를 통해 for 루프를 사용해보자.

여기에서 year는 순차적으로 2010, 2011 등의 값을 가지며, 해당 값이 루프 안으로 들어가 명령을 실행한다.

```
> for (year in c(2010,2011,2012,2013,2014,2015)){
+   print(paste("The year is", year))
+ }
[1] "The year is 2010"
[1] "The year is 2011"
[1] "The year is 2012"
[1] "The year is 2013"
[1] "The year is 2014"
[1] "The year is 2015"
```

다음의 예는 for 루프와 if 구문이 섞인 것이다. i는 1에서 10까지의 숫자로, 순차적으로 루프 안으로 들어간다. 이렇게 들어간 i를 2로 나누어 나머지가 있으면 다음 루프로 가고, 나머지가 없으면 그 값을 print()한다. 이렇게 하면 1에서 10 사이의 짝수를 프린트한다.

```
> for (i in 1:10) {
+   if (i %% 2){
+     next
+   }
+     print(i)
+ }
[1] 2
[1] 4
[1] 6
[1] 8
[1] 10
```

한편, 홀수는 위의 for 루프에서 if 구문의 반대 연산을 지시하는 "!"를 추가하면 된다.

```
> for (i in 1:10) {
+   if (!i %% 2){
+     next
+   }
+     print(i)
+ }
[1] 1
[1] 3
[1] 5
[1] 7
[1] 9
```

R에서는 루프를 사용하지 않는 것이 바람직하다. R에서는 lapply 혹은 sapply와 같은 벡터화된 함수들이 있다. 될 수 있으면 for 루프 보다는 apply류의 함수를 사용하는 것이 실행 속도 측면에서 낫다.

iris 자료를 이용하여 numeric 성질을 가진 열만 추출하는 for-loop를 짜보자. 먼저, iris 자료를 읽어들이자.

```
> data("iris")
```

iris의 열의 갯수 만큼 for 루프를 돌린다. iris 각 열의 타입이 numeric인 경우, 빈 벡터인 iris_num에 해당 열을 cbind()를 이용하여 옆으로 붙여나간다. 이렇게 완성된 행렬을 data.fram() 함수를 이용해 데이터 프레임으로 선언하면 iris_num은 numeric 컬럼들로만 구성된 데이터 프레임이 된다.

```
> # Using for-loop
> # to filter numeric columns
>
>
> iris_num <- NULL
> for( i in 1:ncol(iris)){
+   if(is.numeric(iris[, i])) {
+     iris_num <- cbind(iris_num, iris[, i])
+   }
+ }
>
> iris_num <- data.frame(iris_num)
```

head() 함수를 이용하여 이렇게 만들어진 iris_num이 어떤 형태인지 확인할 수 있다.

```
> head(iris_num)
   X1  X2  X3  X4
1 5.1 3.5 1.4 0.2
2 4.9 3.0 1.4 0.2
3 4.7 3.2 1.3 0.2
4 4.6 3.1 1.5 0.2
5 5.0 3.6 1.4 0.2
6 5.4 3.9 1.7 0.4
```

이와 같이 긴 for 루프는 다음과 같이 sapply 함수를 이용하여 한 줄로 다시 쓸 수 있다. sapply(iris, is.numeric)은 iris의 각 열마다 해당 열이 numeric인지 여부를 확인하는 작업을 하고, TRUE인 경우인 열만 추출하여 iris_num에 저장한다.

```
> # Do the same operation with one line command using sapply function
> iris_num <- iris[, sapply(iris, is.numeric)]
```

이렇게 만들어진 iris_num은 역시 head() 함수를 이용하여 확인하면, 앞에서 구한 것과 동일한 결과임을 알 수 있다. 관측치가 큰 빅데이터의 경우 for 루프는 시간이 오래 걸리는 반면, apply() 류의 함수들은 상대적으로 빠른 시간 내에 자료를 처리할 수 있다. 좀 더 자세한 내용은 나중에 소개한다.

```
> head(iris_num)
  Sepal.Length Sepal.Width Petal.Length Petal.Width
1          5.1         3.5          1.4         0.2
2          4.9         3.0          1.4         0.2
3          4.7         3.2          1.3         0.2
4          4.6         3.1          1.5         0.2
5          5.0         3.6          1.4         0.2
6          5.4         3.9          1.7         0.4
```

⑦ 함수 만들기

함수(function)를 필요에 따라 만들어두면 프로그래밍할 때 매우 편리하다. 기본적으로 R의 함수는 함수의 이름(function.name), 함수의 인자(arguments), 그리고 함수의 내용(body) 등 세 부분으로 구성된다. body에는 함수의 산출물로 무엇을 내보낼지에 관한 내용이 포함된다.

```
function.name <- function(arguments) {
  computations on the arguments
  body
  return(output)
}
```

다음과 같은 예를 이용해 간단한 함수를 만들어보자.

함수 이름은 normalize라고 하자. 이 함수는 x의 평균을 빼고, 표준편차로 나누어 표준화시켜주는 함수이다. 함수의 계산 순서는 아래와 같다.

- x라는 함수의 인자를 받는다.
- x에서 x의 평균 mean(x)를 빼서 numerator 라는 변수에 저장한다.

- x의 표준편차 sd(x)를 이용해서 계산하고 denominator라는 변수에 저장한다.
- 위에서 계산한 numerator를 denominator로 나누면 정규화가 되고, 이 값을 normalize에 저장한다.
- return()을 이용하여 함수의 값으로 normalize를 보고한다.

위에서 설명한 대로 함수를 작성하면 아래와 같다.

```
> normalize <- function(x){
+   # step 1: create the numerator
+   numerator <- x-mean(x)
+
+   # step 2: create the denominator
+   denominator <- sd(x)
+
+   # step 3: divide nominator by denominator
+   normalize <- numerator/denominator
+
+   # return the value
+   return(normalize)
+ }
```

이렇게 정의된 함수가 어떻게 작동하는지 테스트하기 위해 아래와 같이 평균 5, 표준편차 3인 정규 분포를 따르는 벡터 f를 생성하자.

```
> f <- rnorm(n    = 10,
+            mean = 5,
+            sd   = 3)
> print(f)
 [1] 5.550930 2.493114 9.785842 5.988523 2.538595 6.462287 7.214974
 [8] 6.727344 4.083835 9.535344
```

이러한 f를 위에서 정의한 normalize() 함수를 적용해보자.

```
> f.s <- normalize(f)
> print(f.s)
 [1] -0.19325368 -1.40630006  1.48675110 -0.01965885 -1.38825771
 [6]  0.16828494  0.46687853  0.27343396 -0.77525552  1.38737730
```

normalize() 함수를 적용한 결과인 f.s가 표준화되었는지를 확인하기 위해 평균과 표준편차를 구해보자.

벡터 f.s의 평균은 8.326673e-17으로 실질적으로 0이라고 볼 수 있다.

```
> mean(f.s)
[1] 1.40144e-16
```

벡터 f.s의 표준편차는 1로 정확히 표준화되었음을 알 수 있다.

```
> sd(f.s)
[1] 1
```

5. 자료 관리하기

① 개요

R에서의 데이터 프레임(data frame)이 통계 패키지에서 자료라고 부르는 것에 해당한다. 데이터 프레임은 같은 길이의 벡터의 모임 혹은 factor의 모임이다. 따라서 데이터 프레임은 기본적으로 사각형의 모양을 가진다. 데이터 프레임의 행은 관측치, 열은 변수를 대표한다.

데이터 프레임의 특징은 다음과 같이 요약해볼 수 있다.

- 데이터 프레임은 행과 열의 집합이다.
- 각 열의 길이가 같으면 자료의 타입도 동일하다.
- 각 행의 길이가 같더라도 자료의 타입은 다를 수 있다.
- 데이터 프레임은 matrix와 list의 특성을 동시에 가질 수 있다.

• 데이터 프레임의 인덱싱은 "[ ]"를 사용한다.

데이터 프레임은 다음과 같이 생성할 수 있다.

data.frame() 함수를 이용한다. 기본적으로 벡터들을 모아 데이터 프레임으로 지정한다.

```
> rm(list = ls())
> x <- data.frame(x1 = 1:10,
+                 x2 = 11:20,
+                 x3 = 21:30)
```

class는 기본적으로 데이터 프레임을 가진다.

```
> class(x)
[1] "data.frame"
```

모드는 list 이다.

```
> mode(x)
[1] "list"
```

다른 예를 들어보자. R에서 자주 사용되는 자료를 하나 불러들이자. mtcars라는 자료로서 data()를 이용해 불러들일 수 있다. mtcars는 자동차에 대한 자료이고 data.frame의 특성을 가지고 있다.

```
> rm(list = ls())
> data("mtcars")
> str(mtcars)
'data.frame':   32 obs. of  11 variables:
 $ mpg : num  21 21 22.8 21.4 18.7 18.1 14.3 24.4 22.8 19.2 ...
 $ cyl : num  6 6 4 6 8 6 8 4 4 6 ...
 $ disp: num  160 160 108 258 360 ...
 $ hp  : num  110 110 93 110 175 105 245 62 95 123 ...
 $ drat: num  3.9 3.9 3.85 3.08 3.15 2.76 3.21 3.69 3.92 3.92 ...
```

```
 $ wt  : num  2.62 2.88 2.32 3.21 3.44 ...
 $ qsec: num  16.5 17 18.6 19.4 17 ...
 $ vs  : num  0 0 1 1 0 1 0 1 1 1 ...
 $ am  : num  1 1 1 0 0 0 0 0 0 0 ...
 $ gear: num  4 4 4 3 3 3 3 4 4 4 ...
 $ carb: num  4 4 1 1 2 1 4 2 2 4 ...
```

다음과 같이 자료를 관리할 수 있다. 예컨대 1~3행까지를 아래와 같이 추출할 수 있다.

```
> # select rows 1-3
> mtcars[1:3,]
               mpg cyl disp  hp drat    wt  qsec vs am gear carb
Mazda RX4     21.0   6  160 110 3.90 2.620 16.46  0  1    4    4
Mazda RX4 Wag 21.0   6  160 110 3.90 2.875 17.02  0  1    4    4
Datsun 710    22.8   4  108  93 3.85 2.320 18.61  1  1    4    1
```

mtacrs의 1~3행과 1, 4열을 아래와 같이 추출할 수 있다.

```
> # select rows 1-3 and columns 1 and 4
> mtcars[1:3,c(3,5)]
              disp drat
Mazda RX4      160 3.90
Mazda RX4 Wag  160 3.90
Datsun 710     108 3.85
```

아래와 같이 논리 조건문을 걸어서 mpg가 30 이상인 관측치를 추출할 수 있다. [ ] 안에 mtcars$mpg>30을 넣어주면 된다.

```
> # Find the rows where the MPG column is greater than 30
> mtcars[mtcars$mpg > 30,]
                mpg cyl disp  hp drat    wt  qsec vs am gear carb
Fiat 128       32.4   4 78.7  66 4.08 2.200 19.47  1  1    4    1
Honda Civic    30.4   4 75.7  52 4.93 1.615 18.52  1  1    4    2
Toyota Corolla 33.9   4 71.1  65 4.22 1.835 19.90  1  1    4    1
Lotus Europa   30.4   4 95.1 113 3.77 1.513 16.90  1  1    5    2
```

mpg가 30보다 크고 cyl가 4기통인 자동차의 1~3열은 아래와 같이 추출할 수 있다.

```
> # select columns 1-3 for all rows
> # where MPG > 30 and cylinder is equal to 4
> mtcars[mtcars$mpg > 30 & mtcars$cyl == 4, 1:3]
                mpg cyl disp
Fiat 128       32.4   4 78.7
Honda Civic    30.4   4 75.7
Toyota Corolla 33.9   4 71.1
Lotus Europa   30.4   4 95.1
```

다음과 같이 tapply()를 적용하여 cyl별 mpg의 평균을 계산할 수도 있다.

```
> # Get the mean MPG by Transmission
> tapply(mtcars$mpg, mtcars$cyl, mean)
       4        6        8
26.66364 19.74286 15.10000
```

요즘에는 data.frame 외에도 data.table 패키지가 자주 사용된다. data.table의 경우 비교적 큰 데이터를 잘 다룰 수 있는데, data.frame과 유사하면서도 다루기 편리하다.

몇 가지 예를 들어보자. 아래와 같이 data.table 패키지를 부착하자. 그리고 앞에서 사용한 mtcars를 data.table()을 이용하여 data.table의 형태로 만들어 dt에 저장하자.

```
> library(data.table)
> dt <- data.table(mtcars)
```

이렇게 만들어진 dt의 클래스는 data.table과 data.frame의 속성을 모두 갖는다.

```
> class(dt)
[1] "data.table" "data.frame"
```

data.table인 경우 아래와 같은 연산을 수행할 수 있다. 컬럼에 함수를 결합하여 쉽게 mpg의 평균값을 산출할 수 있다.

```
> dt[,mean(mpg)]    # data.frame에서 가능하지 않다.
[1] 20.09062
```

앞에서 구했던 cyl별 mpg의 평균도 비교적 간단히 구할 수 있다. 앞의 data.frame의 경우 tapply()함수를 적용했었다.

```
> dt[, .(avg = mean(mpg)), by = cyl]
   cyl      avg
1:   6 19.74286
2:   4 26.66364
3:   8 15.10000
```

by를 다수의 변수로 확장할 수도 있다.

```
> dt[, .(avg = mean(mpg)), by = .(cyl, am)]
   cyl am      avg
1:   6  1 20.56667
2:   4  1 28.07500
3:   6  0 19.12500
4:   8  0 15.05000
5:   4  0 22.90000
6:   8  1 15.40000
```

한편, tidyverse 패키지에서 사용되는 tibble도 자주 사용되는 자료 형태이다. 자세한 내용은 vignette("tibble")을 살펴보라.

② dplyr 패키지

데이터 프레임을 다룰 때, 이전에는 R에 기본적으로 내장되어 있는 함수들을 주로 사용하였지만 요즘에는 일반적으로 dplyr 패키지에 포함되어 있는 함수들이 사용된다. 따라서 예전 명령어들을 익히기보다 요즘에 쓰는 dplyr 패키지에 포함되어 있는 명령어를 익히는 것이 훨씬 유익하다.

이를 위해 dplyr 패키지를 library() 함수를 이용하여 장착하자.

```
> library(dplyr)
```

dplyr 패키지는 자료를 편리하게 관리, 정열, 요약하며, 새로운 변수를 생성하고,다른 데이터 프레임을 병합(join)하기 위한 함수들을 모아 놓은 것이다.

많이 쓰는 함수들은 다음과 같다.

- select(): 변수 선택
- filter(): 관측치 필터링
- mutate(): 새로운 변수 생성
- arrange(): 자료의 순서 정리
- group_by(): 범주별로 정리
- summarise(): 요약 통계량 작성
- join(): 서로 다른 데이터 프레임의 병합

dplyr 패키지를 이용한 자료 관리에서 가장 중요한 것은 이른바 파이프(pipe)라고 불리는 "%>%"를 적절히 사용하는 것이다. 파이프 %>%는 기본적으로 앞 함수에서 구한 결과를 뒤의 함수로 넘겨주는 역할을 한다. 그래서 여러 개의 함수를 단계별로 이용해야 하는 경우 논리적 흐름에 따라 물 흐르듯이 자연스럽게 명령어의 조합을 구성할 수 있게 된다.

예컨대, 다음과 같은 filter() 함수를 생각해보자. 아래 filter() 함수의 경우 data를 이용해 특정 변수 variable 이 특정된 numeric_value를 갖는 관측치만을 골라내는 역할을 한다.

```
> filter(data, variable == numeric_value)
```

하지만 파이프 %>% 를 이용하는 경우, 그 논리적 순서는 다음과 같이 진행된다.

- data라는 자료를 불러내고
- 자료 중 variable이 특정 numeric_value를 갖는 관측치를 골라낸다.

```
> data %>%
+   filter(variable == numeric_value)
```

다음과 같이 dplyr 패키지를 장착하자. 혹시 dplyr 패키지가 설치되어 있지 않은 경우, intall.packages("dplyr")을 통해 dplyr 패키지를 설치하자.

```
> if (!require(dplyr)) install.packages('dplyr')
> rm(list = ls())
> library(dplyr)
```

그리고 다음과 같이 분석에 사용할 자료를 불러들이자.

```
> lfp <- read.csv("laborforce.csv",
+                 header = TRUE)
```

어떤 자료인지는 str()함수를 이용하여 확인할 수 있다. 이 자료는 지난 18년(2000~2017년) 동안 지역별 경제 활동 인구 규모에 관한 자료이다(kosis.kr). 단위는 천 명이다. 포함된 변수는 지역(region), 연도(year), 총 경제 활동 인구(total), 남성 경제 활동 인구(male), 여성 경제 활동 인구(female)이다.

```
> str(lfp)
'data.frame':   306 obs. of  5 variables:
 $ region: Factor w/ 17 levels "강원도","경기도",..: 9 8 6 12 5 7 11 2 1
17 ...
 $ year  : int  2000 2000 2000 2000 2000 2000 2000 2000 2000 2000 ...
 $ total : num  4918 1758 1148 1164 592 ...
 $ male  : num  2909 1028 667 716 345 ...
 $ female: num  2010 730 481 448 247 ...
```

select

select() 함수는 데이터 프레임 중 필요한 변수만을 골라내는 역할을 한다.

예를 들어, lfp 변수 중 total을 제외한 지역(region), 연도(year), 남성 규모(male), 여성 규모(female) 변수를 골라내자.

```
> lfp.sub <- lfp %>%
+   select(region, year, male, female)
> head(lfp.sub)
      region year male female
1 서울특별시 2000 2909   2010
2 부산광역시 2000 1028    730
3 대구광역시 2000  667    481
4 인천광역시 2000  716    448
5 광주광역시 2000  345    247
6 대전광역시 2000  360    249
```

같은 명령어를 다음과 같이 실행할 수도 있다. 포함될 변수명을 써주는 대신 제외할 변수명을 써주는 것이다.

```
> lfp.sub <- lfp %>%
+   select(-total)
> head(lfp.sub)
      region year male female
1 서울특별시 2000 2909   2010
2 부산광역시 2000 1028    730
3 대구광역시 2000  667    481
4 인천광역시 2000  716    448
5 광주광역시 2000  345    247
6 대전광역시 2000  360    249
```

이렇게 만들어진 lfp.sub는 다음과 같다. 변수 중 region, year, male, female 만을 포함한 다른 데이터 프레임이 만들어진 것이다.

처음 세 개의 관측치는 아래와 같다.

```
> head(lfp.sub, n = 3)
      region year male female
1 서울특별시 2000 2909   2010
2 부산광역시 2000 1028    730
3 대구광역시 2000  667    481
```

그리고 마지막 세 개의 관측치는 아래와 같다.

```
> tail(lfp.sub, n = 3)
          region year male female
304       경상북도 2018  870    619
305       경상남도 2018 1074    727
306 제주특별자치도 2018  208    172
```

filter

filter() 함수는 변수가 특정 조건을 만족시킬 때 해당 관측치를 골라내는 함수이다. 예를 들어, region이 서울특별시인 관측치만 골라내보자.

```
> lfp.seoul <- lfp %>%
+   filter(region == "서울특별시")
```

새로 만들어진 데이터 프레임 lfp.seoul은 region이 서울특별시인 관측치만을 골라낸 것이다.

```
> head(lfp.seoul, n = 5)
      region year total male female
1 서울특별시 2000  4918 2909   2010
2 서울특별시 2001  4973 2921   2053
3 서울특별시 2002  5024 2959   2065
4 서울특별시 2003  5043 2950   2093
5 서울특별시 2004  5159 2978   2181
```

filter() 함수 안에서는 아래와 같은 논리 연산자들을 사용할 수 있다.

```
<   Less than                      !=      Not equal to
>   Greater than                   %in%    Group membership
==  Equal to                       is.na   is NA
<=  Less than or equal to          !is.na  is not NA
>=  Greater than or equal to       &,|,!   Boolean operators
```

filter() 함수의 조건은 여러 개일 수 있다. 예컨대 서울특별시 자료 중 2010년 이후만 따로 골라낼 수 있다.

```
> lfp.seoul.2010 <- lfp %>%
+   filter(region == "서울특별시" &  year > 2009)
```

그러면 2010년 이후의 서울특별시 경제 활동 참가 인구를 구할 수 있다.

```
> head(lfp.seoul.2010, n = 5)
      region year total male female
1 서울특별시 2010  5308 3029   2280
2 서울특별시 2011  5395 3070   2325
3 서울특별시 2012  5371 3035   2336
4 서울특별시 2013  5355 3016   2339
5 서울특별시 2014  5449 3057   2392
```

group_by

group_by() 함수는 범주형 변수의 값별로 데이터 프레임을 정리해주는 역할을 한다. 예컨대, 연도별로 그룹핑하는 경우를 생각해보자.

```
> lfp.year <- lfp %>%
+   select(region, year, total) %>%
+   group_by(year)
```

이렇게 생성된 lfp.year는 다음과 같이 생겼다. 처음 여섯 개의 관측치는 아래와 같다.

```
> head(lfp.year)
# A tibble: 6 x 3
# Groups:   year [1]
  region      year total
  <fct>      <int> <dbl>
1 서울특별시  2000  4918
2 부산광역시  2000  1758
```

```
3 대구광역시  2000  1148
4 인천광역시  2000  1164
5 광주광역시  2000   592
6 대전광역시  2000   608
```

마지막 여섯 개의 관측치는 아래와 같다.

```
> tail(lfp.year)
# A tibble: 6 x 3
# Groups:   year [1]
  region          year total
  <fct>          <int> <dbl>
1 충청남도        2018  1216
2 전라북도        2018   940
3 전라남도        2018   988
4 경상북도        2018  1488
5 경상남도        2018  1801
6 제주특별자치도  2018   379
```

사실 group_by() 함수는 다른 함수들과 달리 특별히 눈에 띄는 역할을 하지는 않는다. 다만 group_by()에 지정된 변수에 의해 그룹핑되었을 뿐이다. 이러한 그룹핑을 통해 요약 통계량을 쉽게 구할 수 있다.

summarise

summarise() 함수는 요약 통계량을 구하는 함수이다. 연도별로 지역 수 N, 지역 평균 mean, 지역 합 sum이 계산할 수 있다.

```
> t.1 <- lfp %>%
+   select(region, year, total) %>%
+   group_by(year) %>%
+   summarise(N = n(), mean = mean(total), sum = sum(total)) %>%
+   ungroup()
>
> print(t.1)
```

```
# A tibble: 19 x 4
    year     N  mean   sum
   <int> <int> <dbl> <dbl>
 1  2000    16 1384. 22152
 2  2001    16 1407  22512
 3  2002    16 1436. 22981
 4  2003    16 1440. 23042
 5  2004    16 1472. 23546
 6  2005    16 1482. 23720
 7  2006    16 1502. 24024
 8  2007    16 1522. 24350
 9  2008    16 1535. 24553
10  2009    16 1536. 24582
11  2010    16 1560. 24956
12  2011    16 1587  25392
13  2012    16 1611. 25782
14  2013    16 1632. 26110
15  2014    16 1677. 26835
16  2015    16 1697. 27154
17  2016    16 1714. 27418
18  2017    17 1632. 27749
19  2018    17 1641. 27896
```

mutate

자료를 처리하다 보면 기존 변수들을 이용해 새로운 변수를 생성할 필요가 있다. mutate() 함수는 새로운 변수를 만들 때 사용할 수 있다.

예컨대, 전체 경제 활동 참가자 중 여성 비율이 어떻게 되는지를 나타내는 변수를 생성한다고 해보자. 먼저 새로운 변수 계산에 필요한 변수들을 select() 함수를 통해 골라낸다. 그리고 mutate() 함수를 통해 경제 활동 참가자 중 여성의 비율을 계산하여 이를 lfp.ratio.female 이라고 저장한다.

이렇게 새로 생성된 변수인 lfp.ratio.female을 연도별로 그룹핑하여 관측치, 평균, 표준편차를 계산한다. 이렇게 계산된 결과를 t.2 에 저장하고 출력한 것이 아래의 결과이다.

```
> t.2 <- lfp %>%
+   select(region, year, total, female) %>%
+   mutate(lfp.ratio.female = female/total*100) %>%
+   group_by(year) %>%
+   summarise(N            = n(),
+             ratio.female = mean(lfp.ratio.female),
+             sd           = sd(lfp.ratio.female)) %>%
+   ungroup()
>
> print(t.2)
# A tibble: 19 x 4
    year     N ratio.female    sd
   <int> <int>        <dbl> <dbl>
 1  2000    16         41.6  2.78
 2  2001    16         41.9  2.75
 3  2002    16         42.2  2.71
 4  2003    16         41.4  2.69
 5  2004    16         41.7  2.46
 6  2005    16         41.9  2.55
 7  2006    16         42.0  2.56
 8  2007    16         41.9  2.49
 9  2008    16         41.8  1.96
10  2009    16         41.7  2.08
11  2010    16         41.8  2.08
12  2011    16         41.7  1.97
13  2012    16         41.7  2.28
14  2013    16         41.6  2.40
15  2014    16         41.7  2.48
16  2015    16         42.0  2.22
17  2016    16         42.3  2.25
18  2017    17         42.3  2.15
19  2018    17         42.6  1.92
```

이렇게 dplyr 패키지를 이용하여 산출된 데이터 프레임을 이용하여 다음과 같이 간단한 그래프를 그려볼 수 있다.

그래프를 그리기 위해서는 R에 기본으로 장착된 기본 그래프 함수들을 이용하는 것도 좋지만, 요즘에는 일반적으로 ggplot2 패키지를 이용해 그래프를 그린다. 따라서 원래 그래프 함수들을 익히고 ggplot2를 따로 익히기보다는 처음부터 ggplot2 패키지에 포함된 함수들을 이용해 그래프를 익히는 게 효율적이다.

여기에서 간단히 ggplot2 패키지들을 이용해 그래프를 그려보자.

우선 ggplot2를 library() 함수를 이용하여 장착한다. dplyr의 자료 관리 함수들을 이용해 바-그래프 그리기에 필요한 자료를 위의 예처럼 생성하였다. 그렇게 주어진 자료를 ggplot() 함수로 패스하였다. 뒤에 자세히 설명하겠지만 x축은 연도, y축은 여성 비율이 되도록 aesthethics를 정해주었다. 그리고 geom_line() 함수를 이용하여 아래와 같은 선-그래프를 그리고, 표준오차 밴드를 geom_ribbon()을 이용하여 그렸다.

```
> library(ggplot2)
>
>
> lfp %>%
+   select(region, year, total, female) %>%
+   mutate(lfp.ratio.female = female/total*100) %>%
+   group_by(year) %>%
+   summarise(N            = n(),
+             ratio.female = mean(lfp.ratio.female),
+             sd           = sd(lfp.ratio.female)) %>%
+   ggplot(mapping = aes(x = year,
+                        y = ratio.female)) +
+   geom_point(size = 3) +
+   geom_line() +
+   geom_ribbon(aes(ymin = ratio.female - sd,
+                   ymax = ratio.female + sd),
+               alpha=0.2) +
+   xlim(min = 2000, max = 2017) +
+   ylim(min = 37, max = 45)
```

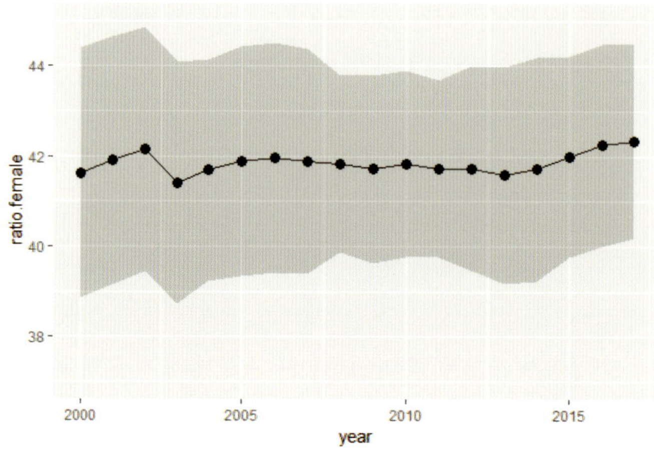

위와 같은 ggplot2 패키지를 이용한 그래프에 대한 보다 자세한 내용은 10장을 참조하라.

③ 자료 읽기와 쓰기

자료 분석을 위해서는 R로 자료를 불러들여야 한다. R에서 불러들일 수 있는 자료는 다음과 같이 크게 세 가지로 구분할 수 있다.

- txt, csv, html과 같은 텍스트 파일들
- STATA, SAS, SPSS 같은 통계 패키지 파일들
- 데이터베이스 등과 같은 소스에서 읽어들이기

경제 자료를 분석하기 위해 필요한 첫 번째 작업은 자료를 읽는 것이다. 자료는 다양한 형태로 저장되어 있다.

제일 간단한 형태는 txt 파일 혹은 csv 파일이다. txt 파일은 read.table() 함수를 이용해 읽을 수 있다. 자료를 읽기 전에 간단한 작업을 할 필요가 있는데, setwd() 함수를 이용해 자료가 있는 작업 폴더로 이동하는 것이다. 작업 폴더로 이동하지 않은 경우, 자료를 읽을 때마다 경로를 지정해주어야 한다.

read.table()의 경우 파일 이름, 첫 줄이 변수 이름인지 여부를 나타내는 header, 변수와 변수 사이가 어떤 기호로 구분되어 있는지를 나타내는 sep 등을 설정하였다.

```
> rm(list = ls())
> df.txt <- read.table("swimming_pools.csv",
+                      header = TRUE,
+                      sep = ",")
```

특별히 위 파일이 csv 파일이므로 read.csv() 함수도 동일하게 사용할 수 있다.

```
> df.csv <- read.csv("swimming_pools.csv",
+                    header = TRUE,
+                    sep = ",")
```

한편, readr 패키지도 많이 사용된다. 특히, 속도 측면에서 readr 패키지가 빠르기 때문에 큰 용량의 데이터를 로딩할 때 자주 사용된다.

```
> if (!require(readr)) install.packages('readr')
> library(readr)
```

그러면 read.csv 대신에 read_csv를 사용할 수 있다.

```
> df.csv2 <- read_csv("swimming_pools.csv")
> class(df.csv2)
[1] "spec_tbl_df" "tbl_df"      "tbl"         "data.frame"
```

다음으로는 엑셀 형태의 자료를 읽어 보자. 엑셀 형태의 자료를 불러들이기 위해서는 xlsx 패키지가 필요하다. 만약 xlsx 패키지가 설치되어 있지 않다면 install.packages("xlsx")를 통해 해당 패키지를 설치하자.

```
> if (!require(readxl)) install.packages('readxl')
> library(readxl)
```

read.xlsx() 함수를 이용하여 urbanpop.xlsx 파일을 불러들이자. 해당 파일은 8개 변수에 209개의 관측치가 있는 자료이다.

```
> df.xlsx <- read_excel("urbanpop.xlsx", sheet = 1)
```

이렇게 불러들인 자료 df.xlsx의 class는 데이터 프레임이다.

```
> class(df.xlsx)
[1] "tbl_df"     "tbl"        "data.frame"
```

한편 file.choose()를 이용하는 것도 하나의 방법이다. file.choose() 함수를 포함시키는 경우 윈도우 탐색 창을 이용해 읽어 들일 자료를 선택할 수도 있다.

```
> df.xlsx.2 <- read_excel(file.choose())
```

통계 패키지에서 생성된 자료를 R로 읽어 들이기 위해서는 적절한 패키지가 필요하다. STATA의 경우에는 foreign 패키지가 SAS와 SPSS의 경우에는 Hmisc 패키지를 사용하는 것이 적절하다.

예를 들어, STATA 파일인 확장자가 dta인 파일을 읽어들이자.

먼저 foreign 패키지를 장착하자. 하지만 최근 버전의 STATA 파일을 읽어 들이기 위해서는 haven 패키지를 이용하는 것이 좋다.

```
> if (!require(foreign)) install.packages('foreign')
> if (!require(haven)) install.packages('haven')
>
> library(foreign)
> library(haven)
> df.stata <- haven::read_dta("auto.dta")
```

haven 패키지 내의 read_sas, read_sav 등의 함수를 이용하면 SAS나 sav 파일도 읽어 들일 수 있다.

02

요약 통계량

1. 개요
2. 분포
3. 상관관계

1. 개요

연구자가 R로 자료를 읽어 들인 후 가장 먼저 해야 할 일은 자료의 특성을 파악하는 일이다. 실증 분석이란 연구자와 자료와의 끊임없는 대화의 과정이다. 연구자가 자료에게 궁금한 것을 물어보고 답을 자료로부터 듣는 과정이다. 자료의 특성에 대해 연구자가 파악하는 것은 계량 모형의 추정보다 선행되어야 한다. 그래야만 관심 변수의 특성에 따라 적절한 계량 모형을 설정할 수 있다.

자료를 읽어 들인 후에 가장 먼저 해야 할 작업은 R로 자료가 제대로 정리되었는지 확인하는 것이다. 연구자가 원하는 대로 자료가 잘 정리된 경우도 있다. 하지만 예상과 다르게 엉망인 경우도 있다. 특히, 고정 포맷 형태의 자료를 읽을 경우 변수 형태나 위치에 대한 지정이 잘못되어 숫자 변수가 문자 변수로 읽히는 경우가 빈번히 발생한다. 따라서 연구자는 자료를 읽고 나서는 자료가 제대로 되었는지 반드시 확인해야 한다. 자료를 제대로 읽는 것이 모든 실증 연구의 시작이다.

아래와 같은 read.csv()를 이용해 auto.csv 파일을 읽어 들이자.

```
> rm(list = ls())
> auto <- read.csv("auto.csv", header = TRUE)
```

혹은 readr 패키지를 사용할 수도 있다.

```
> auto2 <- readr::read_csv("auto.csv", col_names = TRUE)
```

자료를 읽어 들인 후, 편의를 위해 attach() 함수를 이용해 자료를 부착하자.

```
> attach(auto)
```

위와 같이 read.csv() 혹은 read_csv()를 이용해 불러들인 자료의 특성을 확인할 수 있는 명령어는 length(), View(), head(), summary() 등이다.

length()

먼저, length()는 관측치의 수를 확인할 수 있는 함수이다. 아래 함수 실행 결과를 보면, 12개의 변수가 있는 자료이다.

```
> length(auto)
## [1] 12
```

데이터 대신에 변수를 지정(자료 다음에 "$"를 붙여주면 자료에 포함된 변수를 지정할 수 있다)하면, 총 74개의 관측치가 있음을 확인할 수 있다.

```
> length(auto$make)
## [1] 74
```

View()

View()는 전체 auto.csv를 살펴볼 수 있는 명령어이다. View()를 실행하면 아래 그림과 같이 스프레드시트 형태로 자료를 살펴볼 수 있다.

```
> View(auto)
```

	make	price	mpg	rep78	headroom	trunk	weight	length	turn	displacement	gear_ratio
1	AMC Concord	4099	22	3	2.5	11	2930	186	40	121	3.5
2	AMC Pacer	4749	17	3	3.0	11	3350	173	40	258	2.5
3	AMC Spirit	3799	22	NA	3.0	12	2640	168	35	121	3.0
4	Buick Century	4816	20	3	4.5	16	3250	196	40	196	2.9
5	Buick Electra	7827	15	4	4.0	20	4080	222	43	350	2.4
6	Buick LeSabre	5788	18	3	4.0	21	3670	218	43	231	2.7
7	Buick Opel	4453	26	NA	3.0	10	2230	170	34	304	2.8
8	Buick Regal	5189	20	3	2.0	16	3280	200	42	196	2.9
9	Buick Riviera	10372	16	3	3.5	17	3880	207	43	231	2.9
10	Buick Skylark	4082	19	3	3.5	13	3400	200	42	231	3.0
11	Cad. Deville	11385	14	3	4.0	20	4330	221	44	425	2.2
12	Cad. Eldorado	14500	14	2	3.5	16	3900	204	43	350	2.1
13	Cad. Seville	15906	21	3	3.0	13	4290	204	45	350	2.2
14	Chev. Chevette	3299	29	3	2.5	9	2110	163	34	231	2.9
15	Chev. Impala	5705	16	4	4.0	20	3690	212	43	250	2.5
16	Chev. Malibu	4504	22	3	3.5	17	3180	193	31	200	2.7
17	Chev. Monte Carlo	5104	22	2	2.0	16	3220	200	41	200	2.7

Showing 1 to 18 of 74 entries

Vier() 실행 창

head()

하지만 실제 분석에서는 View()보다는 head()가 좀 더 유용하다. 간단히 자료를 살펴볼 수 있기 때문이다.

```
> head(auto)
##            make price mpg rep78 headroom trunk weight length turn
## 1   AMC Concord  4099  22     3      2.5    11   2930    186   40
## 2    AMC Pacer  4749  17     3      3.0    11   3350    173   40
## 3   AMC Spirit  3799  22    NA      3.0    12   2640    168   35
## 4 Buick Century  4816  20     3      4.5    16   3250    196   40
## 5 Buick Electra  7827  15     4      4.0    20   4080    222   43
## 6 Buick LeSabre  5788  18     3      4.0    21   3670    218   43
##   displacement gear_ratio  foreign
## 1          121       3.58 Domestic
## 2          258       2.53 Domestic
## 3          121       3.08 Domestic
## 4          196       2.93 Domestic
## 5          350       2.41 Domestic
## 6          231       2.73 Domestic
```

head(auto)에 의하면 auto 자료로 make, price, mpg, rep78 등의 변수와 처음 여섯 개의 관측치를 확인할 수 있다. 관측치를 좀 더 확인하고 싶으면 모수를 조정하면 된다. 예컨대, 처음 10개의 관측치를 확인하고 싶다면 아래와 같이 n=10 파라미터를 추가하면 된다.

```
> head(auto, n = 10)
##              make price mpg rep78 headroom trunk weight length turn
## 1     AMC Concord  4099  22     3      2.5    11   2930    186   40
## 2       AMC Pacer  4749  17     3      3.0    11   3350    173   40
## 3      AMC Spirit  3799  22    NA      3.0    12   2640    168   35
## 4   Buick Century  4816  20     3      4.5    16   3250    196   40
## 5   Buick Electra  7827  15     4      4.0    20   4080    222   43
## 6   Buick LeSabre  5788  18     3      4.0    21   3670    218   43
## 7      Buick Opel  4453  26    NA      3.0    10   2230    170   34
## 8     Buick Regal  5189  20     3      2.0    16   3280    200   42
## 9   Buick Riviera 10372  16     3      3.5    17   3880    207   43
## 10  Buick Skylark  4082  19     3      3.5    13   3400    200   42
##    displacement gear_ratio  foreign
## 1           121       3.58 Domestic
## 2           258       2.53 Domestic
## 3           121       3.08 Domestic
## 4           196       2.93 Domestic
## 5           350       2.41 Domestic
## 6           231       2.73 Domestic
## 7           304       2.87 Domestic
## 8           196       2.93 Domestic
## 9           231       2.93 Domestic
## 10          231       3.08 Domestic
```

n의 값을 음수로 지정하면, 그 만큼 빼고 자료를 보여준다. 예컨대, 아래와 같이 n = -70으로 입력하면, 처음 70개의 관측치를 제외한 나머지 관측치를 보여준다.

```
> head(auto, n = -70)
##             make price mpg rep78 headroom trunk weight length turn
## 1    AMC Concord  4099  22     3      2.5    11   2930    186   40
## 2      AMC Pacer  4749  17     3      3.0    11   3350    173   40
## 3     AMC Spirit  3799  22    NA      3.0    12   2640    168   35
```

```
## 4 Buick Century  4816  20     3      4.5    16   3250    196   40
##   displacement gear_ratio  foreign
## 1          121       3.58 Domestic
## 2          258       2.53 Domestic
## 3          121       3.08 Domestic
## 4          196       2.93 Domestic
```

head()가 앞의 관측치들을 보여준다면, tail()은 뒤의 관측치를 볼 수 있게 해준다.

```
> tail(auto, n = 6)
##             make price mpg rep78 headroom trunk weight length turn
## 69 Toyota Corona  5719  18     5      2.0    11   2670    175   36
## 70     VW Dasher  7140  23     4      2.5    12   2160    172   36
## 71     VW Diesel  5397  41     5      3.0    15   2040    155   35
## 72     VW Rabbit  4697  25     4      3.0    15   1930    155   35
## 73   VW Scirocco  6850  25     4      2.0    16   1990    156   36
## 74     Volvo 260 11995  17     5      2.5    14   3170    193   37
##    displacement gear_ratio foreign
## 69          134       3.05 Foreign
## 70           97       3.74 Foreign
## 71           90       3.78 Foreign
## 72           89       3.78 Foreign
## 73           97       3.78 Foreign
## 74          163       2.98 Foreign
```

69번 Toyota Corona에서 74번 Volvo 260에 대한 관측치를 보여준다.

str()

str()는 데이타 구조(structure)를 확인할 수 있는 명령어로 자료의 특성을 알려준다. 아래 결과에 따르면, auto 자료는 12개의 변수와 74개의 관측치로 구성되어 있음을 알 수 있다. 그리고 각 변수는 대체로 어떤 값들을 갖고 있는지 확인할 수 있다.

변수 중 make과 foreign은 factor 변수로 지정되어 있다. 즉, 특정 항목에 포함되는 경우에는 특정 값을 갖도록 되어 있는 범주형 변수인 것이다. 나머지 변수들은 정수 등으로 구성되어 있는 숫자(numeric) 변수들이다. 좀 더 구체적으로 make 변수는 factor 변수로 되어 있으며

74개의 다른 값을 갖고 있다. price는 정수로 4099, 4749, 3799 등의 값을 갖고 있다.

```
> str(auto)
## 'data.frame':    74 obs. of  12 variables:
##  $ make        : Factor w/ 74 levels "AMC Concord",..: 1 2 3 7 8 9 10
11 12 13 ...
##  $ price       : int  4099 4749 3799 4816 7827 5788 4453 5189 10372
4082 ...
##  $ mpg         : int  22 17 22 20 15 18 26 20 16 19 ...
##  $ rep78       : int  3 3 NA 3 4 3 NA 3 3 3 ...
##  $ headroom    : num  2.5 3 3 4.5 4 4 3 2 3.5 3.5 ...
##  $ trunk       : int  11 11 12 16 20 21 10 16 17 13 ...
##  $ weight      : int  2930 3350 2640 3250 4080 3670 2230 3280 3880 3400
...
##  $ length      : int  186 173 168 196 222 218 170 200 207 200 ...
##  $ turn        : int  40 40 35 40 43 43 34 42 43 42 ...
##  $ displacement: int  121 258 121 196 350 231 304 196 231 231 ...
##  $ gear_ratio  : num  3.58 2.53 3.08 2.93 2.41 ...
##  $ foreign     : Factor w/ 2 levels "Domestic","Foreign": 1 1 1 1 1 1
1 1 1 1 ...
```

위 변수 중 make는 자동차 제조사와 자동차 모형이 포함된 변수이다. typeof() 명령어를 통해 어떤 특성을 가진 변수인지 살펴보자.

```
> typeof(make)
## [1] "integer"
```

위 결과에 따르면, make는 정수(integer)이고, 제조사와 모델명이 factor 로 표시된다. 이를 문자로 바꾸기 위해 as.character() 함수를 사용하면 make 변수의 성질이 문자인 character로 바뀌어 있음을 확인할 수 있다.

```
> make <- as.character(make)
> typeof(make)
## [1] "character"
```

summary()

이번에는 요약 통계량을 간단히 살펴보자. summary() 명령어를 사용하면 된다.

아래 요약 통계 결과를 보면, 먼저 make는 문자(character) 변수임을 확인할 수 있다. 숫자 변수인 price는 최솟값 3291, 중간값 5006, 평균 6165, 최댓값 16906 임을 확인할 수 있다. 다른 변수들에 대한 값도 확인할 수 있다.

```
> summary(auto)
##           make        price             mpg            rep78
##  AMC Concord: 1   Min.   : 3291   Min.   :12.00   Min.   :1.000
##  AMC Pacer  : 1   1st Qu.: 4220   1st Qu.:18.00   1st Qu.:3.000
##  AMC Spirit : 1   Median : 5006   Median :20.00   Median :3.000
##  Audi 5000  : 1   Mean   : 6165   Mean   :21.30   Mean   :3.406
##  Audi Fox   : 1   3rd Qu.: 6332   3rd Qu.:24.75   3rd Qu.:4.000
##  BMW 320i   : 1   Max.   :15906   Max.   :41.00   Max.   :5.000
##  (Other)    :68                                   NA's   :5
##     headroom         trunk           weight        length
##  Min.   :1.500   Min.   : 5.00   Min.   :1760   Min.   :142.0
##  1st Qu.:2.500   1st Qu.:10.25   1st Qu.:2250   1st Qu.:170.0
##  Median :3.000   Median :14.00   Median :3190   Median :192.5
##  Mean   :2.993   Mean   :13.76   Mean   :3019   Mean   :187.9
##  3rd Qu.:3.500   3rd Qu.:16.75   3rd Qu.:3600   3rd Qu.:203.8
##  Max.   :5.000   Max.   :23.00   Max.   :4840   Max.   :233.0
##
##       turn        displacement     gear_ratio        foreign
##  Min.   :31.00   Min.   : 79.0   Min.   :2.190   Domestic:52
##  1st Qu.:36.00   1st Qu.:119.0   1st Qu.:2.730   Foreign :22
##  Median :40.00   Median :196.0   Median :2.955
##  Mean   :39.65   Mean   :197.3   Mean   :3.015
##  3rd Qu.:43.00   3rd Qu.:245.2   3rd Qu.:3.353
##  Max.   :51.00   Max.   :425.0   Max.   :3.890
##
```

한 가지 흥미로운 점은 rep78에는 NA's가 5라고 보고되고 있다는 것이다. R에서 NA는 결측치를 의미한다. 따라서 rep78은 총 74개의 값 중 5개의 결측치가 존재한다. complete.cases() 함수를 아래와 같이 이용하면 어떤 관측치들이 결측값을 갖고 있는지 쉽게 확인할 수 있다.

complete.cases()는 결측치가 없는 완전한 관측치인 경우를 걸러주는 일종의 필터 역할을 하기 때문에 앞에 "!"을 붙이면 결측치가 있는 경우를 골라낼 수 있다. "AMC Spirit", "Buick Opel", "Plym. Sapporo", "Pont. Phoenix", "Peugeot 604"는 rep78이 결측되어 있음을 확인할 수 있다.

```
> auto[!complete.cases(auto),]
##             make price mpg rep78 headroom trunk weight length turn
## 3     AMC Spirit  3799  22    NA      3.0    12   2640    168   35
## 7     Buick Opel  4453  26    NA      3.0    10   2230    170   34
## 45 Plym. Sapporo  6486  26    NA      1.5     8   2520    182   38
## 51 Pont. Phoenix  4424  19    NA      3.5    13   3420    203   43
## 64   Peugeot 604 12990  14    NA      3.5    14   3420    192   38
##    displacement gear_ratio  foreign
## 3           121       3.08 Domestic
## 7           304       2.87 Domestic
## 45          119       3.54 Domestic
## 51          231       3.08 Domestic
## 64          163       3.58  Foreign
```

summary() 함수를 이용하여 price 변수에 대해 좀 더 살펴보자. 특별히, 중간값과 평균값을 비교하면, 중간값은 5006으로 평균 6165보다 작다는 것을 확인할 수 있다.

```
> summary(price)
##    Min. 1st Qu.  Median    Mean 3rd Qu.    Max.
##    3291    4220    5006    6165    6332   15906
```

summary() 외에도 다양한 패키지를 사용할 수 있다. 예를 들면, Hmisc는 describe() 함수를 사용하여 관측 수, 결측치 수, 평균, 5~95 퍼센타일, 최솟값 5개, 최댓값 5개를 출력한다.

price는 74개, 결측치는 없으며 서로 다른 값을 갖고 있다. 평균은 6165, 5-퍼센타일, 즉 하위 5%에 해당하는 값은3780, 90-퍼센타일, 즉 상위 10%에 해당하는 값은 11081이다.

```
> if (!require(Hmisc)) install.packages('Hmisc')
> library(Hmisc)
> describe(price)
## price
##        n  missing distinct     Info     Mean      Gmd      .05      .10
##       74        0       74        1     6165     2903     3780     3913
##      .25      .50      .75      .90      .95
##     4220     5006     6332    11081    13157
##
## lowest :  3291  3299  3667  3748  3798, highest: 12990 13466 13594
14500 15906
```

이상의 분석을 통해 price 변수의 분포에 대해 대략적으로 파악할 수 있다. price 의 평균이 중간값보다 1,000 달러 정도 크기 때문에 오른쪽으로 꼬리가 긴 분포를 갖고 있음을 추측할 수 있다.

이번에는 가격(price)이 외제 차 여부에 따라 얼마나 차이 나는지 살펴보자. dplyr 이라는 library를 부착하자. 다음과 같은 순서대로 요약 통계량을 계산하자.

- 제일 먼저 auto라는 자료를 읽어 들이고
- 다음으로는 auto라는 자료를 group_by 함수에 넣어준다. 그러면 auto 자료를 대상으로 group_by 함수가 작동한다. group_by는 foreign 값에 따라 자료를 분류하고
- 그렇게 분류된 자료에 대해 요약 통계량인 관측치 수 n(), 평균을 계산하는 mean() 함수를 사용한다.

```
> library(dplyr)
> auto %>%
+   group_by(foreign) %>%
+   summarise(count  = n(),
+             price.mean   = mean(price, na.rm = TRUE),
+             price.median = median(price, na.rm = TRUE),
+             price.sd     = sd(price, na.rm = TRUE)) -> s1
>
> s1
## # A tibble: 2 x 5
```

```
##   foreign  count price.mean price.median price.sd
##   <fct>    <int>      <dbl>        <dbl>    <dbl>
## 1 Domestic    52      6072.        4782.    3097.
## 2 Foreign     22      6385.        5759     2622.
```

이렇게 계산된 표를 knitr패키지의 kable() 함수를 이용하여 아래와 같이 정리하였다.

```
> knitr::kable(s1,
+              digits = 1,
+              align = "c")
```

foreign	count	price.mean	price.median	price.sd
Domestic	52	6072.4	4782.5	3097.1
Foreign	22	6384.7	5759.0	2621.9

2. 분포

통계 분석의 궁극적 목표는 확률 변수의 분포 혹은 확률 변수들 간의 결합 분포를 파악하는 데 있다. 확률 변수의 분포를 비교적 쉽게 파악할 수 있는 방법은 1) 히스토그램(histogram)을 그려보거나, 2) 두 변수를 교차 분석(cross-tabulation)하거나, 3) 산포도(scatter diagram)를 그려보는 것이다. 이러한 분석을 R을 통해 진행해보자.

히스토그램

히스토그램은 확률 변수의 분포를 파악할 수 있는 가장 편리한 방법 중 하나이다.

히스토그램을 통해서 관측된 확률 변수의 분포를 가늠해볼 수 있다. 우리가 분석할 확률 변수의 분포를 확인하는 작업은 뒤에 소개할 회귀분석의 예비 분석으로서의 의미가 있다. 또한, 이상치(outliers)들이 있는 지도 확인할 수 있다. 이상치들이 있으면 평균 회귀모형의 적합도가 낮아지는 경향이 있다. 이상치가 있다면 어느 정도 있는지 확인할 필요도 있다. 실제 분석에서 이상치가 분석에 영향을 크게 줄 가능성이 있는 경우 회귀분석에서 극단치들을 제외하기도 한다.

가격 변수인 price의 히스토그램을 ggplot2 패키지의 geom_histogram()으로 그려보자. ggplot() 함수에 우리가 사용할 data 와 aesthetics를 정해주었다. data는 앞에서 불러들인 auto로 하고, x축은 price 로 정해주었다. 여기에 geom_histogram() 함수를 적용하였다. bin의 갯수는 18개로 하였다. bin을 18개로 한 큰 이유는 없다. 보기 좋게 하기 위해 투명도를 나타내는 alpha = 0.5를 적용하였다. 막대의 색깔은 검정색(black), 막대의 둘레는 회색(grey)으로 정하였다.

```
> ggplot(data = auto, mapping = aes(x = price)) +
+   geom_histogram(bins  = 18,
+                  alpha = 0.5,
+                  fill  = "black",
+                  col   = "grey")
```

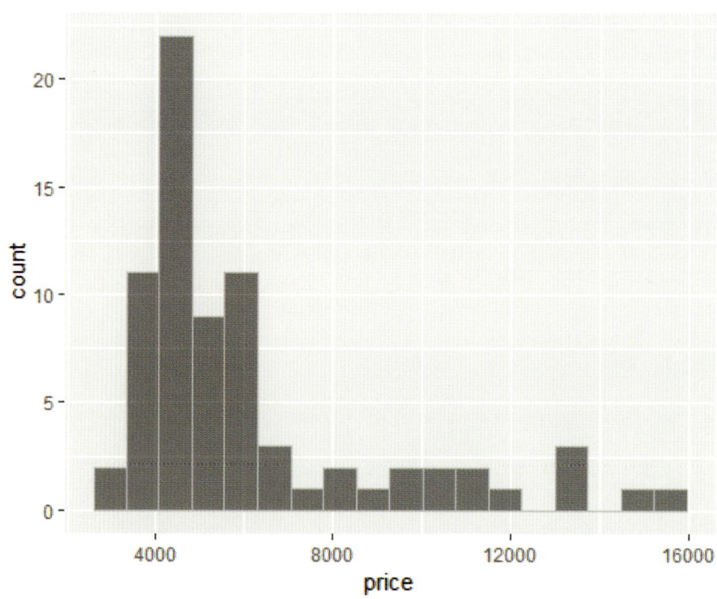

히스토그램

price에 대한 히스토그램을 foreign 변수 값에 따라 그릴 수도 있다. 또한 색깔 팔레트를 RColorBrewer 패키지를 통해 지정할 수 있다. 색상은 연구자 마음대로 고를 수 있지만 될 수 있으면 미리 색상 순서가 정해져 있는 팔레트를 이용하는 것이 좋다. 참고로 display.brewer.all() 함수를 이용하면 어떤 팔레트를 사용할 수 있는지 확인할 수 있다.

```
> RColorBrewer::display.brewer.all()
```

RColorBrewer의 팔레트

foreign 값마다 다른 히스토그램을 그리기 위해 aesthetics에 fill 속성을 넣고 변수로 foreign을 지정해주었다. 그리고 히스토그램 막대의 색깔을 지정하기 위해 scale_fill_brewer() 함수에 palette 값을 "Pastel2"로 정해주었다. 이 값은 위에 제시한 팔레트에서 적절히 선택하면 된다.

```
> library(RColorBrewer)
>
> ggplot(data = auto, mapping = aes(x =price, fill = foreign)) +
+   geom_histogram(binwidth = 600) +
+   scale_fill_brewer(palette = "Pastel2" )
```

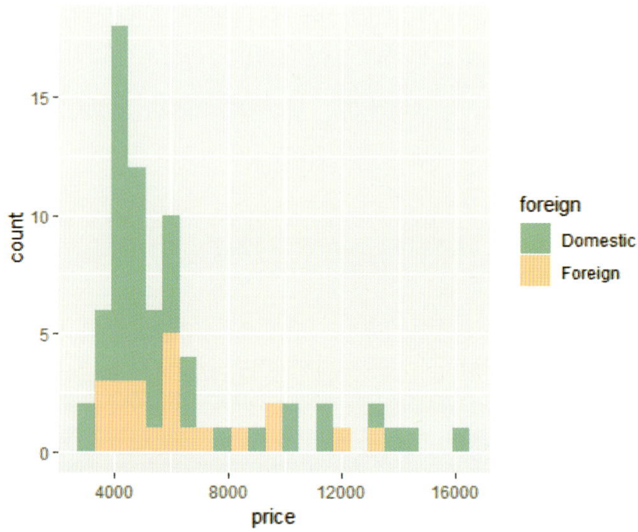

위 히스토그램들을 보면 price의 분포가 오른쪽으로 꼬리가 긴 특성이 있음을 알 수 있다. price의 중간값은 약 5000달러인데, 상대적으로 아주 비싼 자동차들이 일부 있어 price 분포의 오른쪽으로 치우쳐 보이는 것이다. 이런 현상 때문에 price의 평균이 6000달러 정도 되는 것이다.

이런 경우, price 변수를 그대로 분석하기보다는 변수 변환을 통해 다루기 수월한 분포로 변환하여 분석하는 것이 보통이다. 보통은 로그함수를 이용하여 로그-변환하여 분석한다. 로그-변환된 price의 분포는 정확히 보면 정규 분포는 아니지만, 이전과 비교해보면 극단치들이 상당히 감소했다는 사실을 확인할 수 있다.

auto 자료에 mutate() 함수를 이용하여 로그-변환된 logprice 변수를 만들었다. 그 다음으로는 ggplot()과 geom_historgram()을 이용하여 히스토그램을 그렸다. 위 그림과의 차이는 위 히스토그램이 빈도 수를 세로 축으로 하고 있는 반면, 아래 그림은 밀도(density)를 세로 축으로 한다. 이를 위해 geom_histogram() 안에 aes(y = ..density..)를 추가하였다.

```
> auto <- auto %>%
+   mutate(logprice = log(price))
>
> ggplot(data = auto, mapping = aes(logprice)) +
+   geom_histogram(aes(y = ..density..),
+                  alpha = 0.3,
+                  fill  = "blue",
+                  bins  = 20) +
+   xlab("log(price)")
```

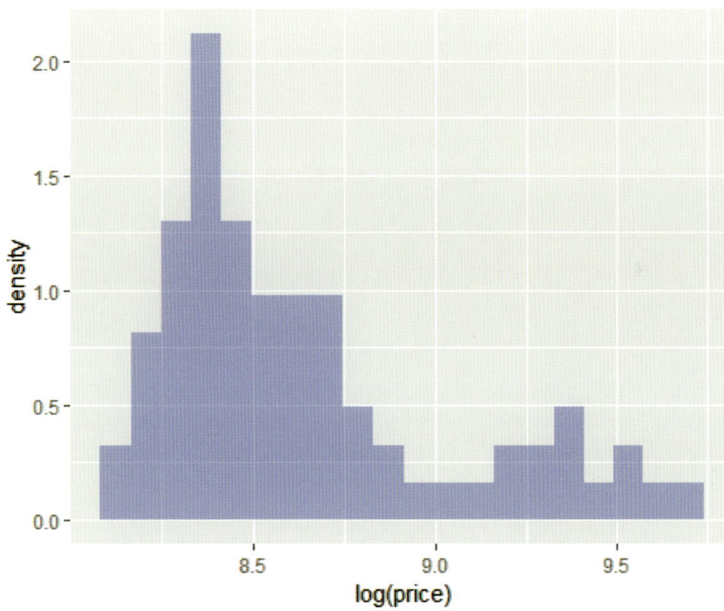

히스토그램이 테트리스 블록을 쌓아 놓은 모양이라면, kernel density는 히스토그램을 촘촘히 이어 붙여 부드럽게 그려놓은 모양이다. 커널 밀도 함수는 stat_density() 함수를 이용해 그릴 수 있다. stat_density() 안에는 투명도를 조정하기 위해 alpha = 0.5으로 하였고, 커널 밀도 함수 내부의 색깔을 "steelblue"로 하였다.

```
> ggplot(data = auto, mapping = aes(price)) +
+   stat_density(alpha = 0.5,
+                fill  = "steelblue")
```

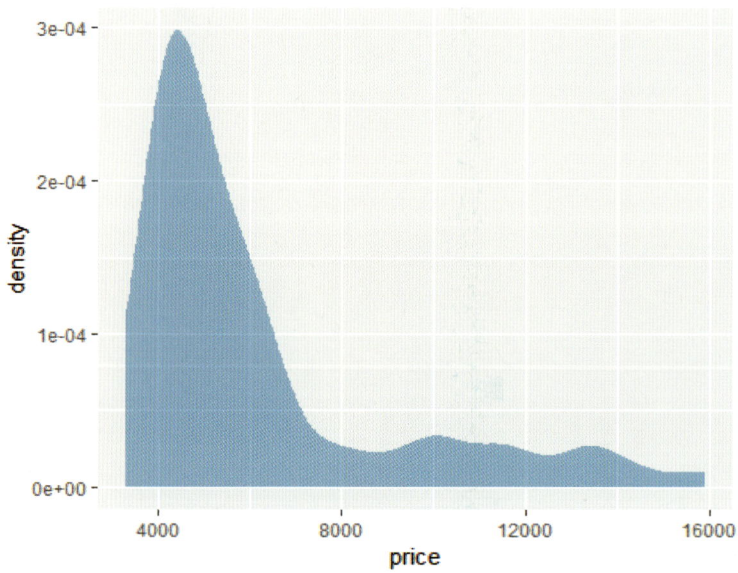

두 그림의 차이를 확인하기 위해 두 그림을 겹쳐 그려보자. 다음과 같이 ggplot2 함수를 동시에 사용하면 두 그림을 동시에 겹쳐 그릴 수 있다. geom_histogram()과 stat_density()를 동시에 포함하면 된다. 다만 ggplot()의 aes()에 x값 외에 y값도 포함시켰다. y값은 ..density..로 표시하였다.

```
> ggplot(data = auto, mapping = aes(x = price, y =..density..))  +
+   geom_histogram(alpha = 0.3,
+                  fill  = "blue",
+                  bins  = 30) +
+   stat_density(geom  = "line",
+                color = "blue",
+                kernel = "gaussian")
```

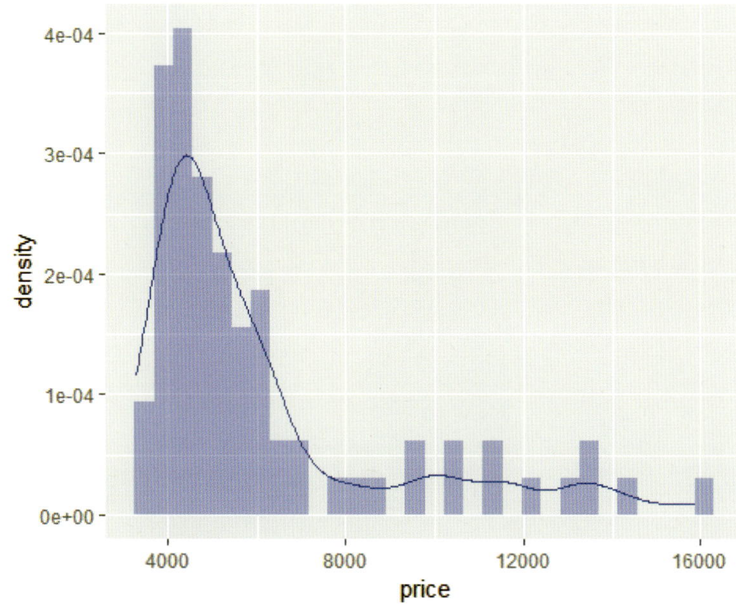

labs()를 이용하면 위 그림에 적절한 축 이름을 붙여줄 수 있다. labs()안에 x축과 y축의 이름을 붙여주었다. labs() 대신에 xlab()과 ylab()을 사용해도 동일하게 축 이름을 붙여줄 수 있다.

```
> ggplot(data = auto, aes(price,y=..density..)) +
+   geom_histogram(alpha = 0.3,
+                  fill  = "blue",
+                  bins  = 30) +
+   stat_density(geom = "line") +
+   labs(x = "가격",
+        y = "밀도")
```

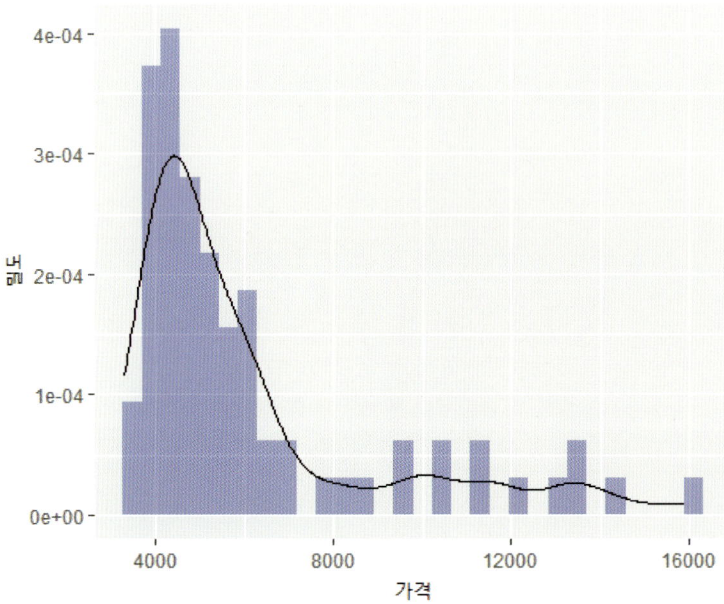

3. 상관관계

앞에서 소개한 히스토그램은 일변수의 분포를 파악하는 데 유용하다. 반면 경제 데이터 분석에 있어서 연구자의 관심은 두 개 이상의 변수 간의 상관관계에 있고, 궁극적으로는 인과관계의 존재 규명에 있다. 상관관계와 인과관계를 구분할 수 있는지 여부는 비과학과 과학을 구분하는 일종의 경계선상의 질문이다.

인과관계를 실증적으로 입증하는 작업은 매우 복잡하고 어려운 작업이기 때문에 이후에 좀 더 상세하게 설명할 예정이다. 대신 두 변수의 상관관계를 그래프를 통해 살펴보는 것은 인과관계를 살펴보기 전에 예비분석으로서 매우 유용한 출발점이다. 상관관계가 없는 두 변수 사이에는 여간해서 인과관계가 존재하기 어렵기 때문이다.

두 변수 간의 상관관계는 산포도를 이용해 비교적 쉽게 살펴볼 수 있다. x변수(정책 변수)의 변화가 있을 때 y변수(목표 변수 혹은 성과 변수)가 어떻게 변하는지 살펴보면 된다.

자동차 가격과 연비의 상관관계를 살펴보자. 아래 그림은 자동차의 가격과 연비의 상관관계를 그린 것이다. ggplot()함수에 x축은 mpg, y축은 price를 지정했고, geom_point()를 이용하여 점을 찍었다.

그림에 따르면 자동차 가격과 연비는 음(−)의 상관관계가 있다. 가격이 비싼 차의 연비는 비교적 좋지 않은 것처럼 보인다.

```
> auto %>%
+   ggplot(mapping = aes(x = mpg, y = price)) +
+   geom_point()
```

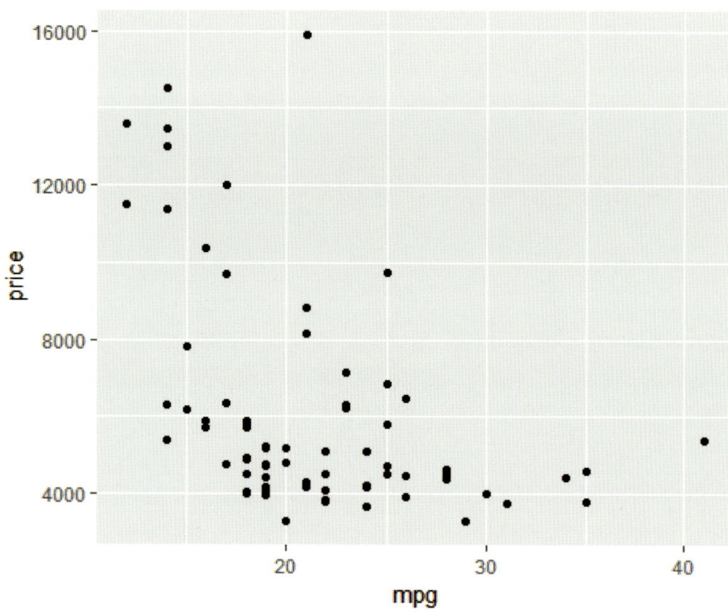

위의 산포도를 foreign 변수값에 따라 다른 색깔로 칠해보자. ggplot()내의 color를 foreign 변수로 지정하였다. 그리고 scale_color_brewer()에서 palette를 Set2로 지정하였다.

```
> auto %>%
+   ggplot(mapping = aes(x = mpg, y = price, color = foreign)) +
+   geom_point() +
+   scale_color_brewer(palette = "Set2") +
+   theme(legend.position = "bottom")
```

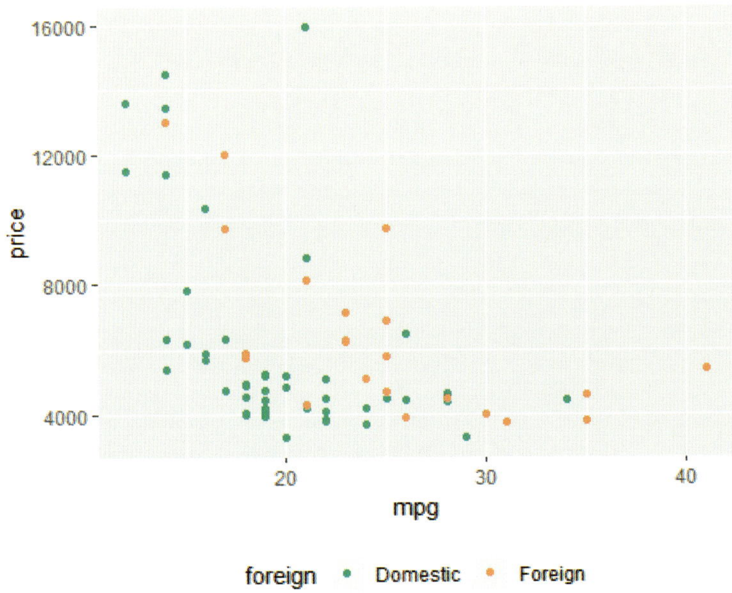

아래 그림에서는 theme()을 이용해 범례의 제목을 없애고 범례의 위치를 아래(bottom)로 지정하였다.

```
> auto %>%
+   ggplot(mapping = aes(x = mpg, y = price, color = foreign)) +
+   geom_point() +
+   scale_color_brewer(palette = "Set2") +
+   theme(legend.title = element_blank(),
+         legend.position = "bottom")
```

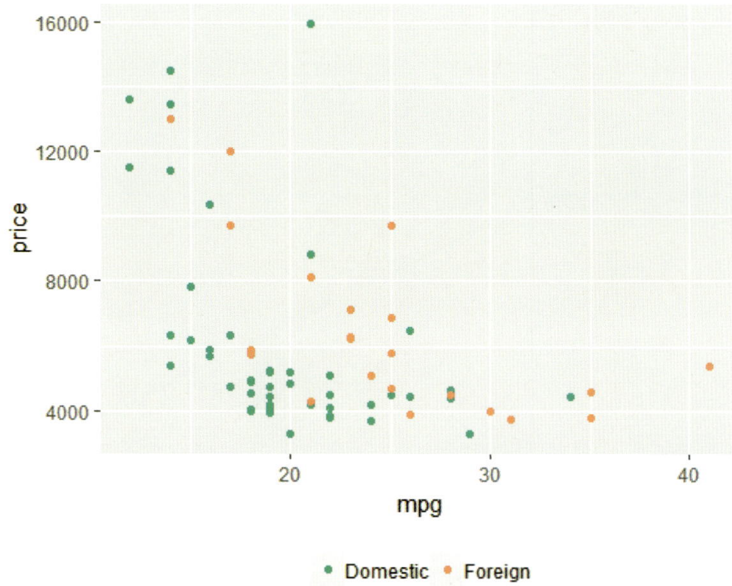

산포도 위에 추세선을 더해 그리면 두 변수의 상관관계를 좀 더 분명히 파악할 수 있다. geom_smooth()를 이용하면 추세선을 그릴 수 있다. method는 "lm"으로 지정했는데, method를 바꾸면 다른 모양의 추세선을 그릴 수 있다.

```
> ggplot(auto, aes(x      = mpg,
+                  y      = price,
+                  colour = foreign)) +
+   geom_smooth(method = "lm") +
+   geom_point(size  = 2,
+              alpha = 0.5) +
+   scale_color_brewer(palette = "Set1") +
+   theme_classic()
```

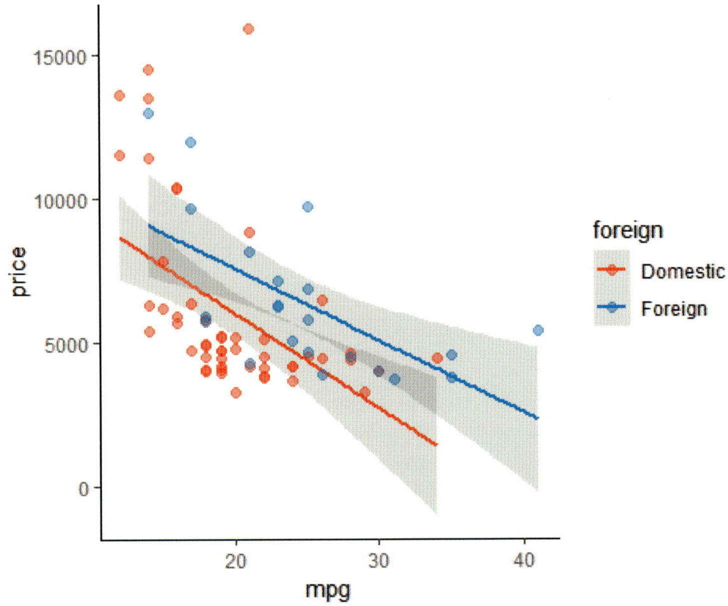

method를 "loess"로 바꾸면 위 그림처럼 선형 추세선이 아니라 비모수 추세선을 그릴 수 있다.

```
> ggplot(auto, aes(x      = mpg,
+                  y      = price,
+                  colour = foreign)) +
+   geom_smooth(method = "loess") +
+   geom_point(size  = 2,
+              alpha = 0.5) +
+   scale_color_brewer(palette = "Set1") +
+   theme_classic()
```

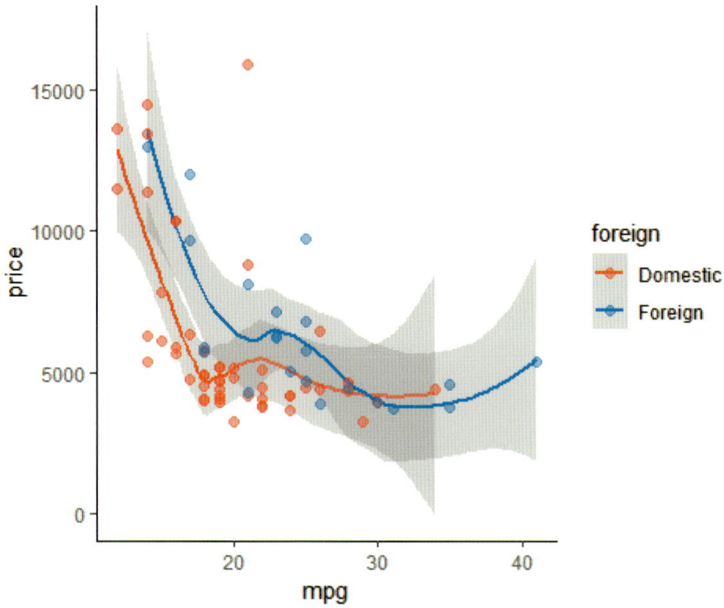

위 그림들에 따르면 국산 자동차의 경우가 외국 자동차의 경우보다 기울기가 좀 더 급한 것을 알 수 있다.

한편, 위 그림들처럼 foreign 값에 따른 산포도와 추세선을 같은 그래프에 그리는 것이 아니라, 아래와 같이 따로 그릴 수도 있다. 이때에는 facet_wrap() 함수를 사용하면 된다. 더 나아가서 ncol=2를 통해 2열로 그림을 그렸다.

```
> ggplot(auto, aes(x      = mpg,
+                  y      = price,
+                  colour = foreign)) +
+   geom_point() +
+   geom_smooth(method = "lm") +
+   facet_wrap(~foreign, ncol = 2) +
+   scale_color_brewer(palette = "Set1") +
+   theme(legend.position = "bottom")
```

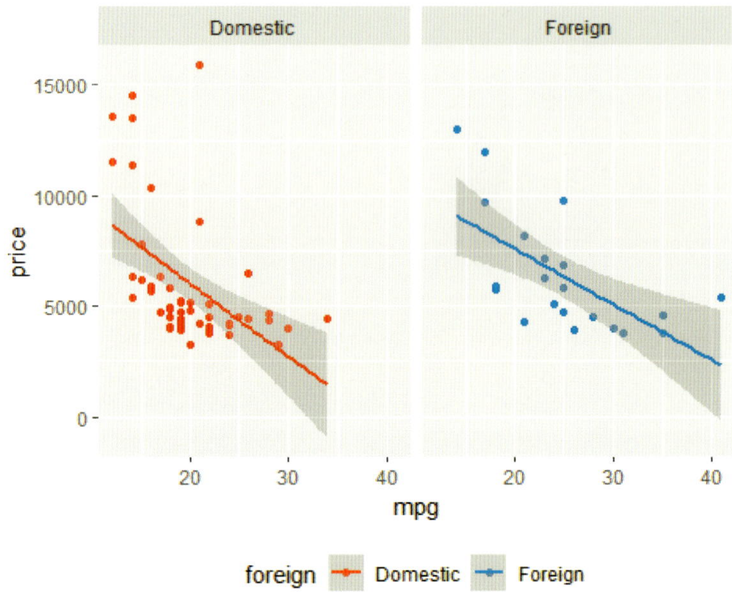

한편, 상관관계를 그린 그래프의 축 옆에 히스토그램을 동시에 그려 넣을 수 있다. 이를 위해 ggExtra 패키지에 포함된 ggMarginal() 함수를 사용하였다.

```
> if (!require(ggExtra)) install.packages('ggExtra')
> library(ggplot2)
> library(ggExtra)
>
> fig1 <-  ggplot(auto, mapping = aes(x = mpg, y = price)) +
+   geom_point() +
+   theme(legend.position = "none")
>
> ggMarginal(fig1,
+            type = "histogram",
+            margins = "both",
+            size = 5)
```

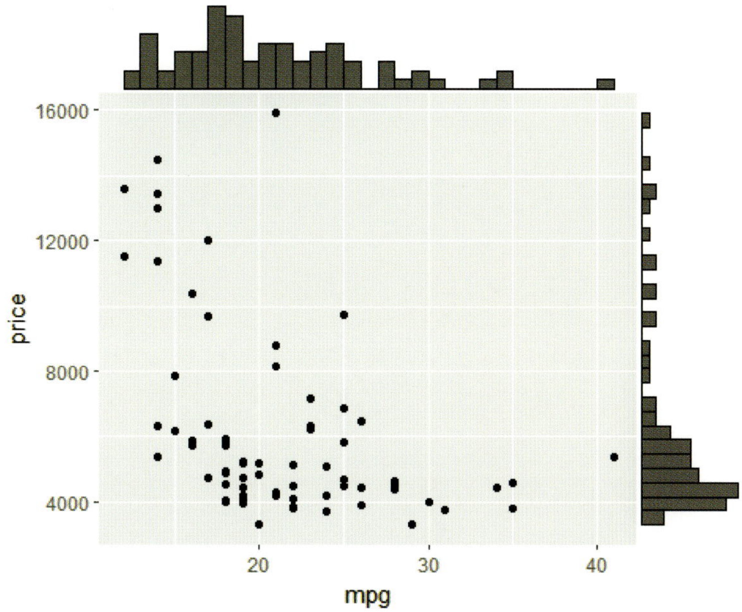

혹은 다음과 같이 rug를 그려 넣을 수도 있다. 원래의 ggplot()에 geom_rug를 사용할 수 있다.

```
> ggplot(auto, mapping = aes(x = mpg, y = price)) +
+   geom_point() +
+   geom_rug(col   ="red",
+           alpha = 0.3,
+           size  = 1.0,
+           position = "jitter")
```

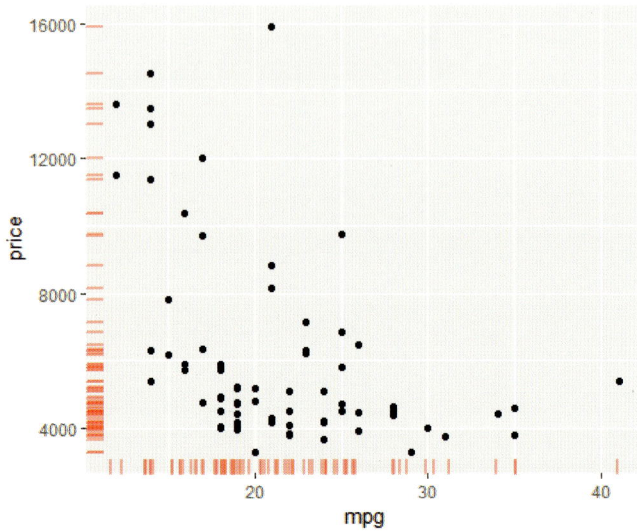

이상의 그래프들을 살펴보았을 때, price와 mpg 사이에 어느 정도의 상관관계는 존재하는 것으로 보인다. 자료를 분석하는 연구자에게 다음 작업은 이러한 상관관계가 인과관계로 해석할 수 있는지를 확인하는 것이다. 경제학 분야의 연구자에게 중요한 것은 인과관계이지 단순 상관관계가 아니기 때문이다. 특별히 경제 정책이 경제 변수에 어떤 인과적 영향을 주는지에 대한 분석이 필요하다. 다음 장에서 회귀분석을 통해 이를 알아보자.

03

회귀분석

1. OLS 모형
2. OLS 모형 추정 예제

1. OLS 모형

자료에 대한 특성, 특히 변수들 간의 상관관계를 파악한 이후에는, 실증 분석의 다음 단계인 회귀분석으로 넘어가게 된다. 회귀분석을 하는 이유는 다양하겠지만, 경제 분석 혹은 정책 평가의 영역에서는 다음의 세 가지 측면이 중요하다.

첫째, 회귀분석을 통해 정책변수(X)와 성과변수(Y) 간의 인과관계(causal relation)를 추정할 수 있다. 특히 정책 연구에 있어 정책 X를 인위적으로 조작(manipulation)하였을 때 성과변수 Y가 평균적으로 얼마나 영향을 받는 지를 추정하는 것이 목적이다. 회귀분석은 기본적으로 X와 Y의 상관관계(correlation)을 추정하는 모형이다. 하지만 적절한 조건이 만족되면 추정된 상관관계를 인과관계로 해석할 수 있게 된다. 소위 말하는 긴 회귀분석 대 짧은 회귀분석(long regression vs. short regression)의 문제로서 뒤에서 좀 더 자세히 논의할 것이다.

둘째, 회귀분석의 계수는 다른 요인들을 통제한 상태에서 종속 변수와 정책 변수 간의 부분효과(partial effect)를 추정한 것이다. 회귀계수는 해당 변수 외에 회귀분석에 포함된 다른 효과를 제거한 해당 변수가 종속 변수에 미친 순효과를 추정한 것이다(이를 Frisch-Waugh-Lovell Theorem이라고도 한다). 예컨대, 학력이 임금에 미칠 수 있는 능력에 미치는 효과를 추정하고 싶다고 해보자. 임금에는 학력뿐만 아니라 경력, 근속 여부, 자격증 보유 여부, 연령, 지역별 편차 등 여러 요소가 영향을 줄 것이다. 연구자가 추정하고 싶은 것은 다른 요소들의 효과를 제거한, 순수하게 학력이 임금에 미치는 효과일 것이다. 회귀분석은 다른 요인들을 쉽게 통제할 수 있어 순효과 추정이 비교적 쉽다.

셋째, 비교적 약한 가정하에서도 이른바 일치 추정량(consistent estimator)을 얻을 수 있다. 연구자가 알고 싶어하는 대상인 모수를 추정하는 다양한 추정량이 존재한다. 회귀분석도 다양한 추정 방법 중 하나이다. 가정이 강해지면 일치성을 만족하면서도 분산이 작은 효율적인 추정량을 얻을 수 있다. 하지만 가정이 틀리면 모수와는 체계적으로 멀어진다.

이러한 상황을 아래 그림을 통해 살펴보자. 표적이 모수이고 추정량이 총이라고 생각해보자. 표적에 사격을 했을 때 (가)와 같이 표적을 중심으로 탄착점이 좁게 모여 있다면 일치성과 효율성이 있는 경우라고 판단할 수 있다. (나)는 탄착점이 평균적으로 표적의 가운데에 형성되어 있지만 듬성 듬성 퍼져 있다. 일치성은 있지만 비효율적이라고 판단할 수 있다. (다)의 경우는 탄첨점이 모여서 형성되었지만 표적에서 완전히 벗어난 경우이다. 제일 좋은 경우는 (가)의 경우이다. 최우추정량(maximum likelihood estimation)이 이에 해당된다. 물론, 최우추정법의 가정이 성립할 때만 그렇다. 만약 분포에 대한 가정이 틀리면 (다)와 같은 결과가 초래될 수 있다. 회귀분석은 때론 (가)의 경우가 되지만 안좋은 상황하에서도 최소한 (나)가 되는 경우가 많다. 따라서 실증 연구자 입장에서 보면 분포에 대한 사전적 정보가 있는 경우가 아니라면 (다)의 경우를 피하고 싶어하게 된다. 200년도 넘은 이러한 추정 방법이 그 사이에 개발된 수많은 추정 방법들보다 연구자들에게 꾸준한 사랑을 받고 있는 이유는 회귀분석을 했을 경우 최소한 (나)의 경우는 확보될 수 있기 때문이라고 생각한다.

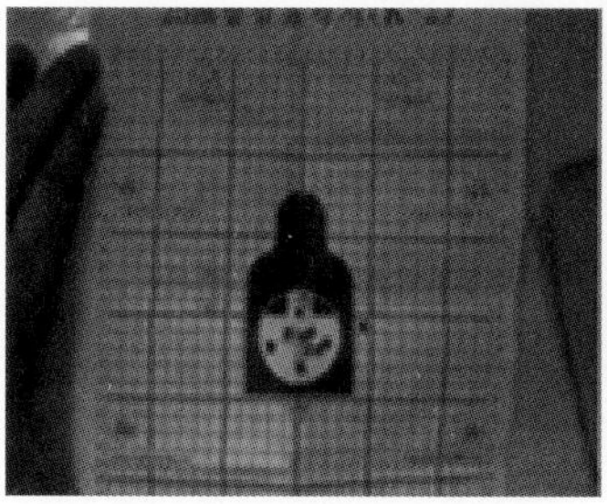

(가)

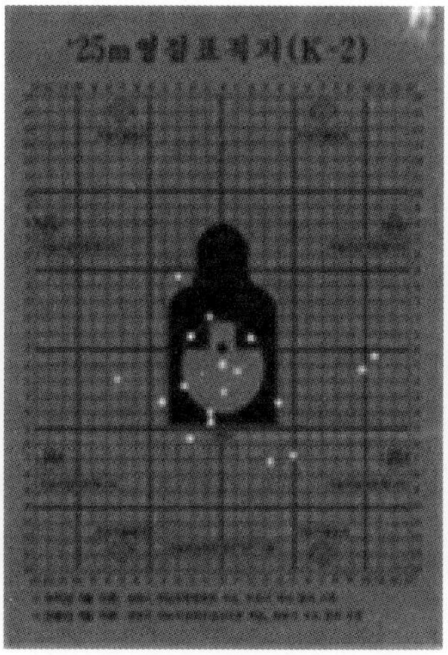

(나)

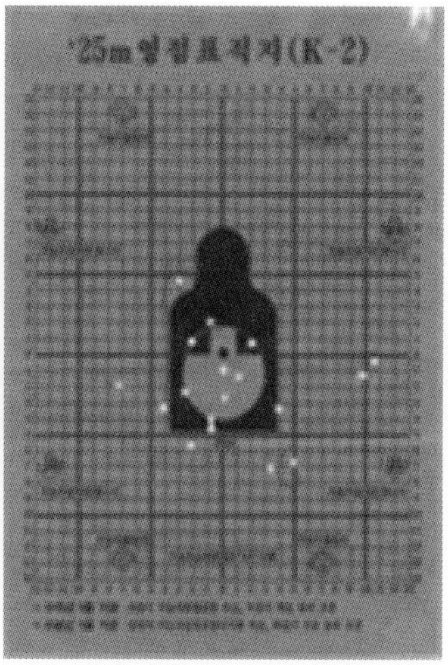

(다)

앞의 회귀분석의 의미를 다음과 같은 예를 통해 좀 더 구체적으로 알아보자.

노동경제학에서 가장 자주 사용되는 회귀모형 중에 민서(Mincer)의 임금 방정식이 있다. 민서 방정식의 예로 아래와 같이 로그-임금이 경력과 교육에 의해 결정된다는 식을 들 수 있다.

$$\ln(w_i) = \beta_0 + \beta_1 edu_i + \beta_2 exp_i + \epsilon_i$$

위 식과 관련하여 다음의 두 가지 정도는 언급하고 넘어갈 필요가 있다.

먼저 좌측 변수가 임금 그 자체가 아니라 로그-변환된 시간당 임금 함수라는 점이다. 종속변수를 로그-변환하는 이유는 다음 두 가지 때문이다. 첫째, 시간당 임금의 경우 오른쪽으로 꼬리가 긴 분포를 가지고 있어 정규 분포와 거리가 있다. 하지만 로그-변환을 하면 큰 값들이 상대적으로 작아지면서 정규 분포와 유사한 분포를 갖게 된다. 종속변수가 정규 분포를 갖게 되면 OLS 추정량이 효율적인 추정량이 되어 통계적으로 좋은 성질을 갖게 된다.

다음의 예를 통해 살펴보자. 아래와 같이 분석에 필요한 몇 개의 패키지를 장착하자.

```
> rm(list = ls())
> library("AER")
> library(dplyr)
> library("ggplot2")
> library("grid")
> library("gridExtra")
```

AER 패키지에 포함된 PSID1976 자료를 data() 함수를 이용하여 불러들이자. 그리고 attach() 함수를 이용하여 R에서 쉽게 변수 이름을 사용할 수 있도록 장착하자.

```
> data(PSID1976)
> attach(PSID1976)
```

dplyr 패키지의 mutate를 이용하여 로그-변환된 변수를 생성하자. PSID1976 자료를 불러들여, logwage = log(wage) 변수를 새로 만들었다. 다음에 무한대의 값을 갖는 경우 결측치로 전환하였다. 이때 R에서 자주 쓰이는 sapply()를 사용하였다.

이렇게 전환된 새로운 PSID1976을 이용하여 wage와 logwage의 히스토그램과 동일한 평균과 표준편차일 때의 정규 분포 함수의 밀도 함수를 같이 그렸다. 밀도 함수는 stat_function() 함수를 이용하여 그렸다. fun = dnorm으로 해서 정규 분포 함수의 밀도 함수로 지정하였다.

이렇게 그려진 그림을 grid.arrange() 함수를 이용하여 합쳐 그렸다. wage의 분포와 log(wage)의 분포를 비교해보면, 로그-변환 후에 정규 분포에 유사해진 것을 알 수 있다.

```
> PSID1976 <- PSID1976 %>%
+   mutate(logwage = log(wage))
>
> is.na(PSID1976) <- sapply(PSID1976, is.infinite) ## replace infinite
by NA
>
> # histogram for level-variable
> fig1 <- ggplot(data = PSID1976, mapping = aes(x = wage)) +
+   geom_histogram(aes(y = ..density..),
+                  alpha = 0.5,
+                  fill  = "black",
+                  col   = "grey") +
+   stat_function(fun   = dnorm,
+                 color = "red",
+                 args  = list(mean = mean(wage, na.rm = TRUE),
+                              sd   = sd(wage, na.rm = TRUE))) +
+   xlab("wage")
>
> # histogram for log-transfored variable
>
> fig2 <- ggplot(data = PSID1976, mapping = aes(x = logwage)) +
+   geom_histogram(aes(y = ..density..),
+                  alpha = 0.5,
+                  fill  = "black",
+                  col   = "grey" ,
+                  na.rm = TRUE) +
+   stat_function(fun   = dnorm,
+                 color = "red",
+                args  = list(mean = mean(PSID1976$logwage, na.rm = TRUE),
+                             sd   = sd(PSID1976$logwage, na.rm = TRUE) ) )  +
+   xlab("log(wage)")
>
> grid.arrange(fig1, fig2, ncol = 2)
```

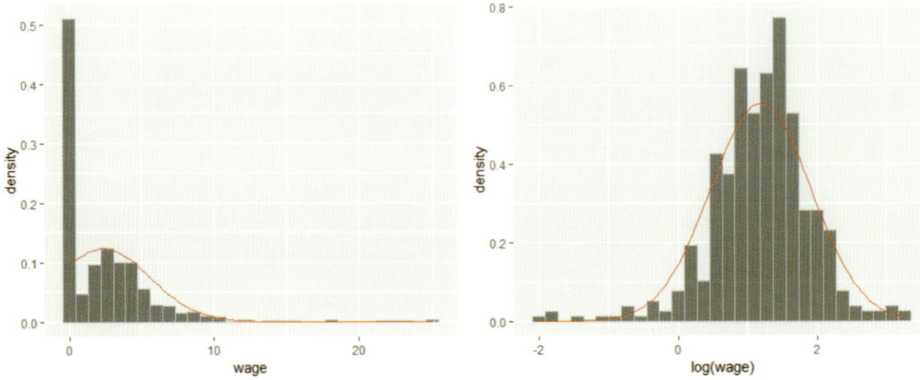

둘째, 로그-로그 모형, 혹은 트랜스-로그 모형의 경우, 추정 계수를 탄력성으로 해석할 수 있다는 장점이 있다. 경제 분석의 핵심이 탄력성 추정인 점을 고려해보면, 변수들에 로그를 취하고 회귀계수를 추정하면 바로 탄력성이 추정되기 때문에 편리하다.

두 번째 포인트는 추정된 회귀계수의 의미이다. 단순 회귀분석이 아니라 두 개 이상의 변수를 앞의 식과 같이 가정하면, 주요 변수 외에 다른 변수들을 통제한다는 의미가 있다. 예컨대 주된 관심이 학력의 증가가 임금을 몇 % 향상시키는지에 있다면, 경력(연령) 변수는 통제의 의미가 있다. 즉, "경력(연령)이 동일한 노동자 중에서"라고 해석이 가능하다. 혹은 "경력 연수가 미치는 영향들을 제외하고 나서(partialling-out)"의 의미가 있다. 인과관계로 해석할 때는, 보통의 사람에게 1년의 교육을 추가적으로 시켰을 때, 해당 피교육자의 임금이 평균적으로 얼마 정도 오를 것인지 기대할 수 있는 정도의 크기를 보여준다. 통제의 의미를 가질 때에는 경력이 동일한 사람 중에서 교육 차이에 따른 임금 격차를 비교하는 의미를 갖게 된다.

일반적으로 다중 회귀모형(multiple regression model)은 아래 식과 같이 쓸 수 있다.

$$y_i = \beta_0 + \beta_1 x_{1i} + \cdots + \beta_k x_{ki} + u_i$$

왼쪽 변수인 y를 보통 종속 변수(dependent variable) 혹은 피설명 변수(explained variable)이라고 부른다. 오른쪽에 있는 변수 x들은 독립 변수(independent variables) 혹은 설명 변수(explanatory variables)라고 부른다. 개인적으로는 피설명 변수, 설명 변수로 부르는 것을 선호한다. 회귀분석은 y를 x로 잘 설명할 수 있는지 여부를 통계적 검정을 통해 확인하는 것이기 때문이다.

추정은 R이 자동으로 해주기 때문에 장황하게 설명할 필요는 없다. 하지만, 기본적인 아이디어는 오차의 제곱의 합을 최소화시킨 계수값, 최소자승법(ordinary least squares)의 해가 OLS 추정량이 된다.

2. OLS 모형 추정 예제

몇 가지 예를 통해 R에서 OLS 추정을 실행하는 방법에 대해 알아보자.

① 기업 CEO의 임금과 수익률과의 관계

OLS 모형을 이용해 기업 CEO의 연봉을 해당 기업의 수익률로 설명할 수 있는지 살펴보자. 통상적으로 기업의 수익률이 높을수록 CEO의 기업 경영 성과가 좋고, 그 결과 해당 기업 CEO의 연봉이 높을 것으로 기대할 수 있다. 기업 수익률에 관해서는 다양한 지표가 있지만, 여기서는 자기자본에 대한 수익률, 이른바 자기자본수익률(ROE, return on equity)과 CEO 연봉 간의 관계에 대해 살펴보자.

celosal1.csv 파일을 열자.

```
> rm(list = ls())
> ceosal <- readr::read_csv("ceosal1.csv", col_names = TRUE)
```

celsal1.csv에 어떤 자료들이 들어 있는지 head(), str()를 이용해 살펴보자.

```
> str(ceosal)
Classes 'spec_tbl_df', 'tbl_df', 'tbl' and 'data.frame':    209 obs. of
12 variables:
 $ salary  : num  1095 1001 1122 578 1368 ...
 $ pcsalary: num  20 32 9 -9 7 5 10 7 16 5 ...
 $ sales   : num  27595 9958 6126 16246 21783 ...
 $ roe     : num  14.1 10.9 23.5 5.9 13.8 20 16.4 16.3 10.5 26.3 ...
 $ pcroe   : num  106.4 -30.6 -16.3 -25.7 -3 ...
 $ ros     : num  191 13 14 -21 56 55 62 44 37 37 ...
```

```
$ indus   : num  1 1 1 1 1 1 1 1 1 1 ...
$ finance : num  0 0 0 0 0 0 0 0 0 0 ...
$ consprod: num  0 0 0 0 0 0 0 0 0 0 ...
$ utility : num  0 0 0 0 0 0 0 0 0 0 ...
$ lsalary : num  7 6.91 7.02 6.36 7.22 ...
$ lsales  : num  10.23 9.21 8.72 9.7 9.99 ...
- attr(*, "spec")=
 .. cols(
 ..   salary = col_double(),
 ..   pcsalary = col_double(),
 ..   sales = col_double(),
 ..   roe = col_double(),
 ..   pcroe = col_double(),
 ..   ros = col_double(),
 ..   indus = col_double(),
 ..   finance = col_double(),
 ..   consprod = col_double(),
 ..   utility = col_double(),
 ..   lsalary = col_double(),
 ..   lsales = col_double()
 .. )
```

ceosal.csv에는 12개의 변수들이 포함되어 있고, 209개의 관측치가 있다. 주요 변수로는 salary, sales, roe, ros 등이 포함되어 있다.

```
> head(ceosal)
# A tibble: 6 x 12
  salary pcsalary  sales   roe pcroe   ros indus finance consprod utility
   <dbl>    <dbl>  <dbl> <dbl> <dbl> <dbl> <dbl>   <dbl>    <dbl>   <dbl>
1   1095       20  27595  14.1  106.   191     1       0        0       0
2   1001       32   9958  10.9 -30.6    13     1       0        0       0
3   1122        9  6126.  23.5 -16.3    14     1       0        0       0
4    578       -9  16246   5.9 -25.7   -21     1       0        0       0
5   1368        7 21783.  13.8    -3    56     1       0        0       0
6   1145        5  6021.    20     1    55     1       0        0       0
# ... with 2 more variables: lsalary <dbl>, lsales <dbl>
```

실증 분석에서 우리가 관심을 가지고 있는 것은 기업 수익률과 CEO 연봉의 관계, 즉 수익률이 높은 기업일수록 CEO에게 좀 더 높은 연봉을 주고 있는지 확인하는 것이다. 먼저 산포도를 통해 이러한 관계가 시각적으로 존재하는지를 확인해보자.

이번 산포도를 그릴 때에는 산업(indus)별로 다른 색으로 그려보자. indus는 현재 범주형 변수로 되어 있지 않다. 따라서 먼저, 범주형 변수로 전환해주든 아니면 ggplot()의 aes()에서 전환해주어야 한다.

```
> typeof(ceosal$indus)
[1] "double"
```

ggplot()의 data는 ceolsal이다. aes()에는 x-축은 roe, y-축은 salary를 지정하였다. colour는 indus 변수를 사용하였다. 다만, 위에서 설명하였듯이 변수의 성질을 factor로 바꿔주어야 한다. 이를 위해 as.factor()를 이용하여 indus 변수를 잠시 factor로 바꾸었다. geom_point()를 이용하여 산포도를 그렸다. 색은 scale_color_brewer()를 이용하되 팔레트는 "Set1"으로 지정하였다.

이전 그림들과 다른 점은 범례를 그림 안쪽에 표시했다. 이를 위해서 theme() 함수 안에 legend.position을 c(0.9, 0.8)로 지정했다. 더 나아가서 legend.background = element_rect(fill = "transparent")를 통해 범례의 배경을 투명하게 지정했다. 마지막으로 범례의 타이틀은 labs()를 통해 지정하였다.

```
> ceosal %>%
+   ggplot(data = , mapping = aes(x = roe, y = salary, colour = 
as.factor(indus))) +
+   geom_point(alpha = 0.3, size = 2) +
+   scale_color_brewer(palette = "Set1", direction = 1) +
+   xlab("return on equity, 88-90 avg.") +
+   ylab("salary in 1990 (thousand $)") +
+   theme(legend.position = c(0.9, 0.8),
+         legend.background = element_rect(fill =  "transparent")) +
+   labs(color = "indus")
```

1. 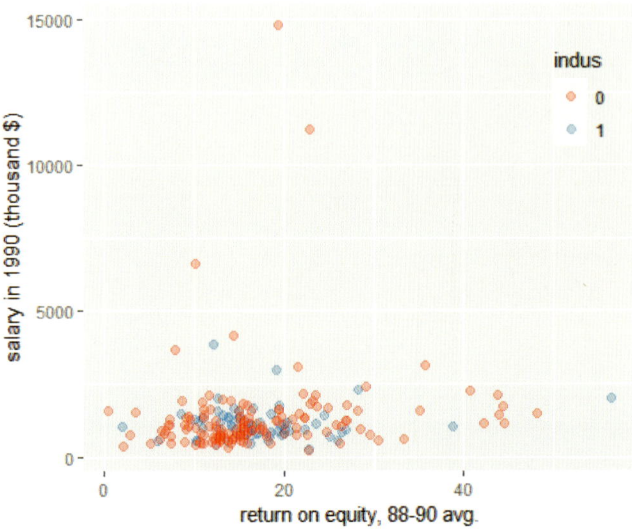

위 그림의 x-축은 기업의 자기자본수익률(return on equity, ROE), y-축은 ceo의 연봉이다. 그리고 두 변수 간의 관계가 산포도로 그려져 있다. 아래의 산포도를 살펴보면, 기업 수익률과 CEO 연봉 사이에는 대체로 양의 상관관계가 있는 것으로 보인다.

이러한 얘기를 좀 더 구체적으로 하기 위해 아래의 점선, 이른바 선형 추세선을 추가하여 그려보자. 여기에서는 geom_smooth()를 사용하였다. method 는 선형 모형인 "lm"으로 지정하였다. 표준오차가 표시되도록 se = TRUE 로 지정하였다. 색은 "steelblue"로 하였고, 선의 타입은 점선(dashed)으로 표시하였다.

추세선의 기울기를 살펴보면, 기업의 ROE가 증가할 때, CEO의 연봉이 얼마나 증가하는지를 얼추 알 수 있다. 아래 그림을 보면, 급하지는 않지만 기업의 ROE가 증가할 때 CEO 연봉이 증가하는 경향이 있음을 보여주고 있다.

```
> ggplot(data = ceosal, aes(x = roe, y = salary)) +
+   geom_point(aes(color = as.factor(indus)),
+              alpha  = 0.3) +
+   geom_smooth(method    = "lm",
+               se        = TRUE,
+               colour    = "steelblue",
+               linetype = "dashed") +
+   xlab("return on equity, 88-90 avg.") +
+   ylab("salary in 1990 (thousand $)") +
+   labs(color = "indus")
```

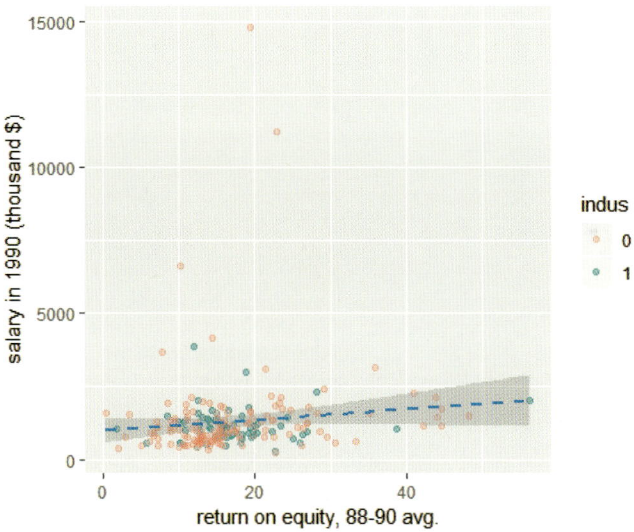

위 그림의 추세선을 indus 값마다 그리려고 하면 다음과 같이 코드를 바꿔준다.

```
> ggplot(data = ceosal, aes(x = roe, y = salary, color =
as.factor(indus))) +
+   geom_point(alpha = 0.2) +
+   geom_smooth(method    = "lm",
+               se        = TRUE,
```

```
+               linetype = "dashed") +
+   xlab("return on equity, 88-90 avg.") +
+   ylab("salary in 1990 (thousand $)") +
+   labs(color = "indus") +
+   scale_color_brewer(palette = "Set1")
```

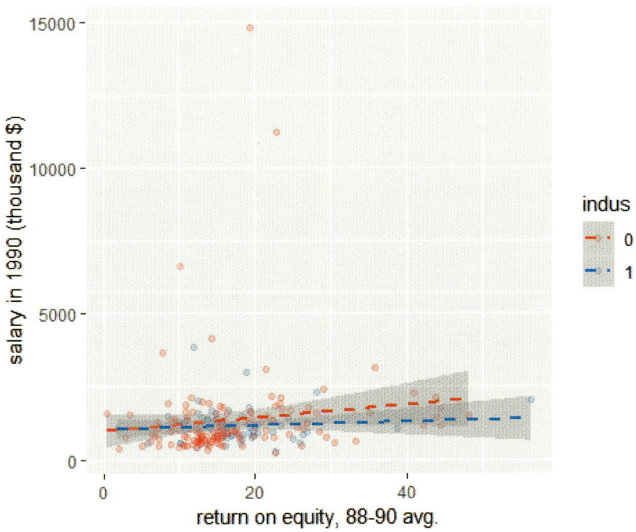

남은 문제는 이러한 양의 상관관계가 통계적으로 유의미한지를 확인하는 것이다. 아래의 회귀분석 식은 상관관계를 통계적으로 검정할 수 있는 기본 모형으로 아래와 같이 설명 변수 하나만 포함된 일변수 회귀모형이다.

$$salary_i = \beta_0 + \beta_1 roe_i + e_i$$

R에서 회귀분석은 lm() 함수를 이용한다. 종속변수와 설명변수를 순서대로 써주면 OLS 추정을 할 수 있다.

여기에서는 CEO의 연봉을 기업 수익률인 roe에 대해 회귀분석을 해보자. lm()을 이용해 추정하고, 이를 객체로 저장하여 summary() 함수를 이용해 결과를 살펴보자.

```
> lm.roe <- lm(salary ~ roe, data=ceosal)
> summary(lm.roe)

Call:
lm(formula = salary ~ roe, data = ceosal)

Residuals:
    Min      1Q  Median      3Q     Max 
-1160.2  -526.0  -254.0   138.8 13499.9 

Coefficients:
            Estimate Std. Error t value Pr(>|t|)    
(Intercept)   963.19     213.24   4.517 1.05e-05 ***
roe            18.50      11.12   1.663   0.0978 .  
---
Signif. codes:  0 '***' 0.001 '**' 0.01 '*' 0.05 '.' 0.1 ' ' 1

Residual standard error: 1367 on 207 degrees of freedom
Multiple R-squared:  0.01319,	Adjusted R-squared:  0.008421 
F-statistic: 2.767 on 1 and 207 DF,  p-value: 0.09777
```

stargazer() 함수를 이용하면 위 추정결과를 테이블 형태로 확인할 수도 있다.

```
> ## install.packages("stargazer") # if necessary
> if (!require(stargazer)) install.packages('stargazer')
> library(stargazer)
> stargazer(lm.roe, type="text", keep.stat = c("n","rsq"))

=========================================
                 Dependent variable:     
             ----------------------------
                       salary            
-----------------------------------------
roe                    18.501*           
                      (11.123)           
                                         
Constant              963.191***         
                      (213.240)          
```

```
----------------------------------------
Observations              209
R2                      0.013
========================================
Note:        *p<0.1; **p<0.05; ***p<0.01
```

만약 독립된 파일로 저장하고 싶다면 다음과 같이 할 수 있다. out에 파일 이름을 적고 확장자를 doc로 해주면 된다. 애석하게도 아직 확장자를 docx로 했을 경우 오류가 난다.

```
> stargazer(lm.roe,
+           type="html",
+           keep.stat = c("n","rsq"),
+           out="table1.doc")
```

위 추정 결과가 다소 복잡해보이지만, 일차적으로 우리가 관심 갖는 것은 roe 변수 옆에 있는 숫자들이다. 추정 결과에 따르면 roe의 추정치는 18.5이다. roe가 1%p 증가하면 연봉이 평균적으로 18.5, 즉 18,500달러 정도 증가하는 관계를 보여준다. 하지만, t-값은 1.663 (=18.501/11.123)으로서 5% 유의 수준에서 통계적으로 유의하지는 않다. 수익률 roe는 CEO의 연봉을 잘 설명하지는 못하는 것으로 보인다.

한편, 회귀분석에서 모형의 설명력을 나타내주는 지표인 R-squared에 대한 해석이 등장하는 경우가 있다. R-squared에 관한 가장 유용한 해석은 y의 변이(variation) 몇 %가 x의 변이에 의해 설명되는가를 나타내는 측도라는 점이다. 여기에서는 R^2이 0.013으로 y변이의 약 1.3% 정도를 x변이가 설명하고 있어, x의 변화가 임금의 변화 정도를 그다지 많이 설명하고 있어 보이지는 않는다.

그러면 "R^2이 너무 낮은 것이 아닌가?"라는 의문이 생길 수 있다. 하지만 R^2는 선형 관계만을 측정하기 때문에 횡단면 분석에서는 R-squared 값이 작은 것은 매우 흔한 일이다. 반면 시계열 분석에서는 R^2이 0.9를 넘는 경우도 많으며 가끔은 1에 가깝게 추정되기도 한다.

위 식의 회귀 방정식은 변수의 수준을 이용한 것이기 때문에, 변수의 단위에 따라 추정치가 변한다는 치명적인 약점이 있다. 경제학자들은 이를 극복하기 위해 수준 변수 대신 로그-변수를 이용하여 탄성치(elasticity)를 바로 추정한다.

이번에는 기업의 매출과 CEO의 연봉과의 관계 중 특히 탄성치를 추정해보자. 아래 식은 기업의 매출액에 로그를 취한 변수와 CEO 연봉에 로그를 취한 변수를 이용한 회귀모형이다.

$$\log(salary_i) = \beta_0 + \beta_1 \log(sales_i) + e_i$$

먼저 매출과 연봉의 수준 관계를 산포도를 이용하여 살펴보자. 기대와는 다르게 매출과 연봉 사이의 관계가 분명히 보이지는 않는다. 아마도 매출과 연봉이 낮은 부분에 집중적으로 분포해 있기 때문에 잘 분간하기 어렵기 때문일 것이다.

```
> ggplot(data = ceosal, aes(x = sales, y = salary)) +
+   geom_point(colour="blue",
+              alpha = 0.3,
+              size = 4) +
+   xlab("firm sales in 1990 (million $)") +
+   ylab("salary in 1990 (thousand $)")
```

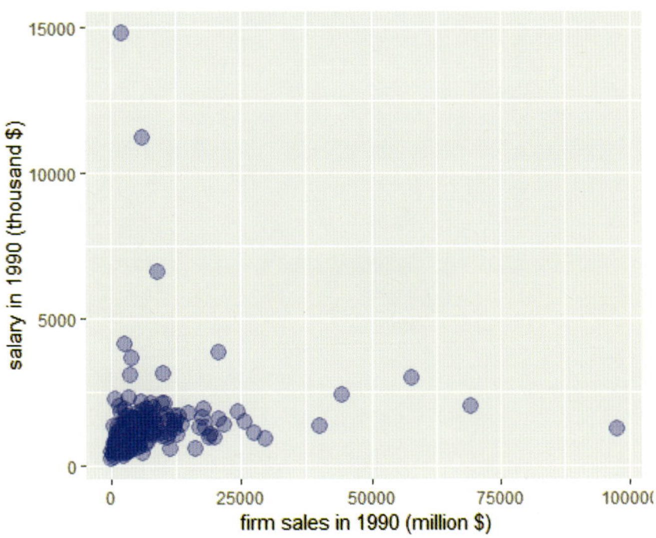

아래 그림을 보면, 매출과 연봉 모두 낮은 값에 집중해서 분포하고 있으면 큰 값도 드물게나마 존재하고 있음을 확인할 수 있다.

```
> ggplot(data = ceosal, aes(x = sales, y = salary)) +
+   geom_point(colour ="blue",
+             alpha  = 0.3,
+             size   = 4) +
+   geom_rug(color = "steelblue",
+           alpha = 0.1,
+           size  = 1.5,
+           position = "jitter") +
+   xlab("firm sales in 1990 (million $)") +
+   ylab("salary in 1990 (thousand $)")
```

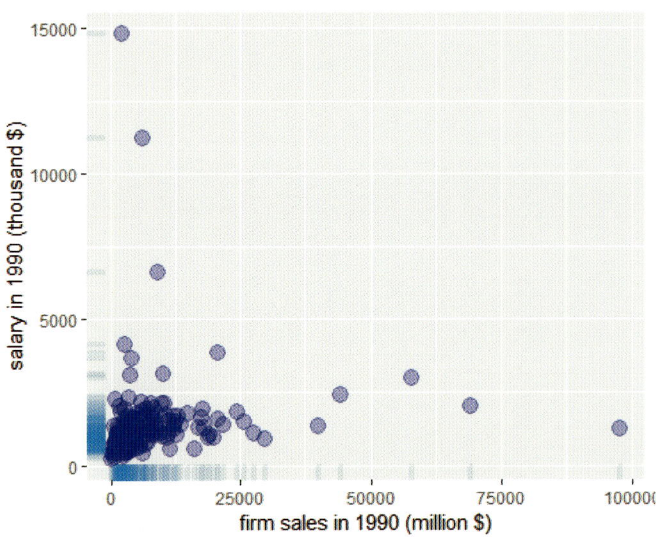

이런 경우에는 로그-변환된 변수를 이용하면 관계를 좀 더 분명하게 살펴볼 수 있다. 여기에서는 이미 로그-변환된 변수인 lsalary와 lsales를 사용하면 된다. 로그-매출액 lsales가 큰 기업이 로그-연봉 lsalary가 좀 더 큰 경향이 있는 것을 알 수 있다.

```
> library(ggplot2)
> ggplot(data = ceosal, mapping = aes(x = lsales, y = lsalary)) +
+   geom_point(color = "blue",
+             alpha = 0.3,
+             size = 4)  +
+   geom_rug(color = "pink",
+           alpha = 0.4,
+           size  = 0.5,
+           position = "jitter") +
+   xlab("log(sales)") +
+   ylab("log(salary)")
```

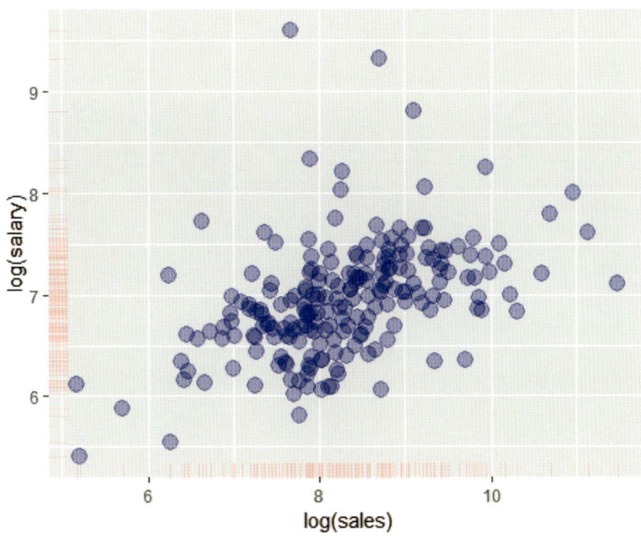

여기에 선형 회귀선을 포개어 그리면 두 변수 간의 관계를 좀 더 분명하게 볼 수 있다.

```
> ggplot(data = ceosal, mapping = aes(x = lsales, y = lsalary)) +
+   geom_point(color = "blue",
+             alpha  = 0.3,
+             size   = 4)  +
```

```
+   geom_smooth(method   = "lm",
+              alpha    = 0.5,
+              color    = "red",
+              linetype = "dashed",
+              alpha    = 0.5) +
+   xlab("log(sales)") +
+   ylab("log(salary)")
```

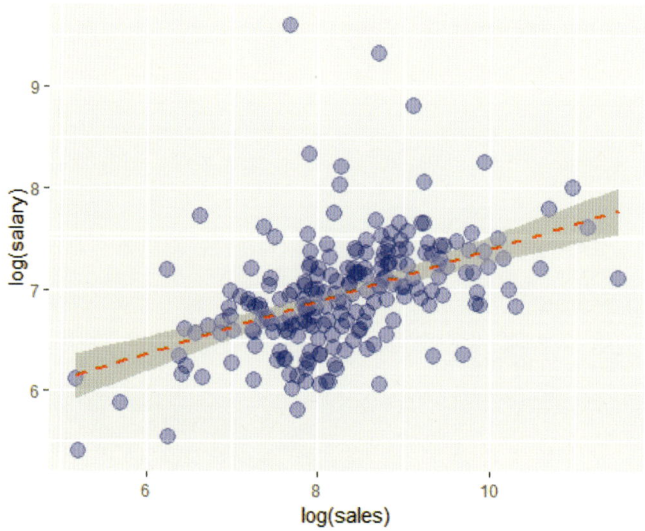

lm() 함수를 이용하여 아래와 같이 회귀분석을 해보자.

```
> lm.sales <- lm(lsalary ~ lsales, data=ceosal)
```

추정 결과는 다음과 같다.

```
> stargazer(lm.sales,
+           type="text",
+           keep.stat = c("n","rsq"))
```

```
========================================
                Dependent variable:
            ---------------------------
                      lsalary
----------------------------------------
lsales                 0.257***
                       (0.035)

Constant               4.822***
                       (0.288)

----------------------------------------
Observations             209
R2                      0.211
========================================
Note:        *p<0.1; **p<0.05; ***p<0.01
```

위 회귀분석 결과에 따르면, log(sales) 변수의 계수는 0.257이고 1% 유의 수준에서 통계적으로 유의미하였다. 매출이 1% 증가하였을 때 CEO의 연봉은 약 0.26% 증가하는 경향이 있음을 보여준다. 다시 말해 매출이 10% 증가하면, CEO의 연봉은 2.5% 증가하는 것이다. 그리고 이러한 관계는 통계적으로도 매우 유의미하다. 통상적으로 t-값을 보고 0인지의 여부를 판단하며, 대략 2(혹은 -2)보다 크면, 95% 신뢰 수준에서 유의성을 갖는다고 본다. 탄력성의 규모만으로 보았을 때는 CEO의 연봉과 매출과의 관계는 비탄력적이라고 볼 수 있다. 경제적으로 유의한지는 좀 더 따져볼 필요가 있다.

한편 추정된 계수의 신뢰 구간은 confint() 함수를 이용해 아래와 같이 구할 수 있다.

```
> confint(lm.sales, level = 0.95)
                2.5 %   97.5 %
(Intercept) 4.2535372 5.390455
lsales      0.1886225 0.324721
```

② 대학 성적 결정 요인 분석

앞의 분석에서는 CEO의 임금 결정 요인으로서 수익률 혹은 매출 한 가지 요소만을 고려하였다. 하지만, 일반적으로 많은 변수들은 한 가지 결정 요인이 아니라 여러 가지 요소에 의해 복합적으로 영향을 받는다.

이번에는 다중 회귀분석을 통해 대학생들의 성적을 결정하는 요인들이 무엇이 있는지 살펴보자. 먼저 gpa1.csv를 읽어 들이자.

```
> rm(list = ls())
> gpa <- read.csv("gpa1.csv", header = TRUE, sep="\t")
> attach(gpa)
```

head(), str() 함수를 이용하여 어떤 자료들이 포함되어 있는지 살펴보자. 29개의 변수가 포함되어 있고, 관측치는 141개이다.

```
> str(gpa)
'data.frame':   141 obs. of  29 variables:
 $ age     : int  21 21 20 19 20 20 22 22 22 19 ...
 $ soph    : int  0 0 0 1 0 0 0 0 0 1 ...
 $ junior  : int  0 0 1 0 1 0 0 0 0 0 ...
 $ senior  : int  1 1 0 0 0 1 0 0 0 0 ...
 $ senior5 : int  0 0 0 0 0 0 1 1 1 0 ...
 $ male    : int  0 0 0 1 0 1 0 0 0 0 ...
 $ campus  : int  0 0 0 1 0 1 0 0 0 0 ...
 $ business: int  1 1 1 1 1 1 1 0 0 1 ...
 $ engineer: int  0 0 0 0 0 0 0 0 0 0 ...
 $ colGPA  : num  3 3.4 3 3.5 3.6 ...
 $ hsGPA   : num  3 3.2 3.6 3.5 3.9 ...
 $ ACT     : int  21 24 26 27 28 25 25 22 21 27 ...
 $ job19   : int  0 0 1 1 0 0 0 1 1 1 ...
 $ job20   : int  1 1 0 0 1 0 0 0 0 0 ...
 $ drive   : int  1 1 0 0 0 0 0 1 1 0 ...
 $ bike    : int  0 0 0 0 1 0 1 0 0 0 ...
 $ walk    : int  0 0 1 1 0 1 0 0 0 1 ...
 $ voluntr : int  0 0 0 0 0 0 0 0 0 0 ...
 $ PC      : int  0 0 0 0 0 0 0 1 0 1 ...
```

```
 $ greek   : int  0 0 0 0 0 0 1 0 0 0 ...
 $ car     : int  1 1 1 0 1 1 1 0 1 0 ...
 $ siblings: int  1 0 1 1 1 1 1 1 1 1 ...
 $ bgfriend: int  0 1 0 0 1 0 0 1 1 0 ...
 $ clubs   : int  0 1 1 0 0 0 1 0 1 1 ...
 $ skipped : num  2 0 0 0 0 0 0 3 2 0.5 ...
 $ alcohol : num  1 1 1 0 1.5 0 2 3 2.5 0.75 ...
 $ gradMI  : int  1 1 1 0 1 0 1 1 1 1 ...
 $ fathcoll: int  0 1 1 0 1 1 0 1 1 0 ...
 $ mothcoll: int  0 1 1 0 0 0 1 1 1 1 ...
```

주요 변수로는 연령(age), 학년(soph, junior, senior, senior5), 성별(male), 경영학(business)인지 공학(engineer)인지를 나타내는 전공, 학점(colGPA), 고등학교 성적(hsGPA), 수능점수(ACT) 등 학생의 특성을 나타내는 변수들이 다양하게 포함되어 있다.

```
> head(gpa)
  age soph junior senior senior5 male campus business engineer colGPA
1  21    0      0      1       0    0      0        1        0    3.0
2  21    0      0      1       0    0      0        1        0    3.4
3  20    0      1      0       0    0      0        1        0    3.0
4  19    1      0      0       0    1      1        1        0    3.5
5  20    0      1      0       0    0      0        1        0    3.6
6  20    0      0      1       0    1      1        1        0    3.0
  hsGPA ACT job19 job20 drive bike walk voluntr PC greek car siblings
1   3.0  21     0     1     1    0    0       0  0     0   1        1
2   3.2  24     0     1     1    0    0       0  0     0   1        0
3   3.6  26     1     0     0    0    1       0  0     0   1        1
4   3.5  27     1     0     0    0    1       0  0     0   0        1
5   3.9  28     0     1     0    1    0       0  0     0   1        1
6   3.4  25     0     0     0    0    1       0  0     0   1        1
  bgfriend clubs skipped alcohol gradMI fathcoll mothcoll
1        0     0       2     1.0      1        0        0
2        1     1       0     1.0      1        1        1
3        0     1       0     1.0      1        1        1
4        0     0       0     0.0      0        0        0
5        1     0       0     1.5      1        1        0
6        0     0       0     0.0      0        1        0
```

자료 분석을 위해 다음과 같은 상황을 생각해보자. 어느 대학이 입학 전형에서 수능보다 내신 선발 비중을 높여도 되는 지에 대해 알고 싶어한다. 판단을 위한 근거 자료로 고등학교 내신이 좋은 학생이 대학 입학 후에도 잘하고 있는지 알기 위해 재학생의 학업 성취도 자료를 분석하고자 한다. 만약, 고등학교 내신이 좋은 학생들이 대학에 입학한 후에도 좋은 학업 성취도를 보였다면 내신이 좋은 학생들을 보다 많이 선발하는 것도 나쁘지 않을 수 있다.

먼저 고등학교 성적과 대학 성적과의 관계를 산포도를 이용해 살펴보자. 쉽게 예측할 수 있는 관계는 고등학교 때 공부를 잘한 학생이 대학에서도 공부를 잘할 가능성이 높다는 것이다. 그러면 두 변수의 관계는 양(+)의 관계에 있다는 것을 쉽게 예측할 수 있다. 여기에서는 geom_point() 대신에 geom_jitter()를 사용하였다. 다수의 학생들이 같은 점에 위치하고 있어, 시각적으로는 위 아래로 약간 흔들어 그리는 것이 시각적으로 좀 더 낫기 때문이다.

아래 그림은 고등학교 성적과 대학 성적 간에 그러한 관계가 대략 존재하고 있음을 보여준다.

```
> library(ggplot2)
> library(RColorBrewer)
>
> gpa$male = factor(gpa$male)  ## convert male into factor variable
>
> ggplot(data = gpa, aes(x = hsGPA, y = colGPA) ) +
+   geom_jitter(aes(colour=male),
+               width  = 0.01,
+               size   = 3) +
+   geom_smooth(method   = "lm",
+               linetype = "dashed",
+               se       = TRUE) +
+   xlab("high school GPA") +
+   ylab("college GPA") +
+   scale_color_brewer(palette = "Set1")
```

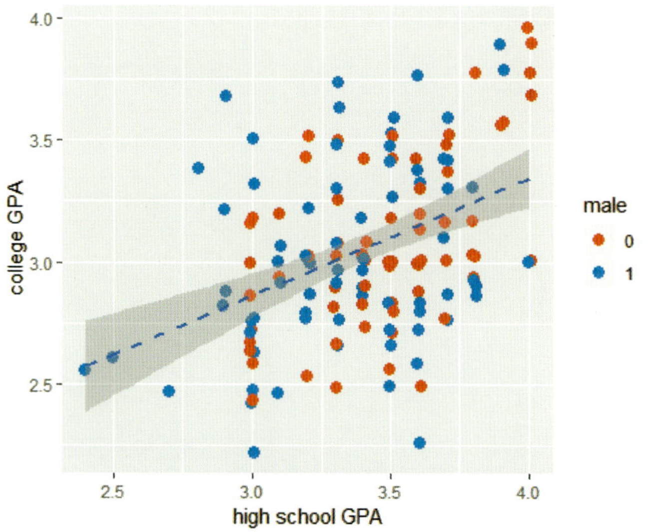

고등학교 성적 외에도 재학생의 학업 성취도가 높은 요인들이 있을 수 있다. 예컨대 hsGPA는 재학했던 고등학교의 상대적인 수준을 보여주는 반면, 표준화된 학업성취도 평가(ACT, achievement test) 같은 경우는 전국 수준에서의 학업 성취도 수준을 나타낸다. 전국에서 학생들이 모이는 대학에서의 성적이라면 고등학교 내의 내신보다는 전국단위의 표준화된 시험과 좀 더 상관관계가 높을 가능성이 있다.

아래 그림은 표준화된 성취 점수와 대학 성적과의 관계를 보여준다. 고등학교 성적과 유사하게 양(+)의 상관관계가 존재하는 것으로 판단된다.

```
> library(ggplot2)
>
>
> ggplot(data = gpa, aes(x = ACT, y = colGPA) ) +
+   geom_jitter(aes(colour=male),
+               width  = 0.2,
+               size   = 2) +
+   geom_smooth(method    = "lm",
+               linetype = "dashed",
+               se       = TRUE) +
```

```
+   xlab("ACT(achievement score)") +
+   ylab("college GPA") +
+   scale_color_brewer(palette = "Set2")
```

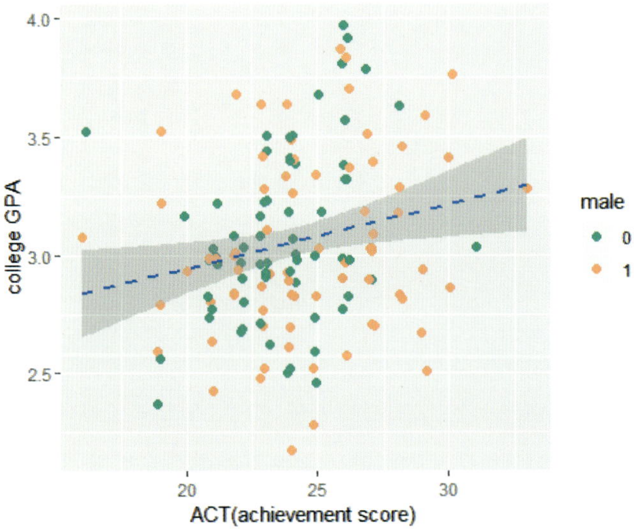

따라서 내신의 순효과를 추정하기 위해서는 성취 점수가 동일한 학생들만 이용해 고등학교 성적이 대학교 성적에 미치는 한계효과(marginal effect)를 추정해야 한다. 즉 ACT 효과를 통제한 후에 고등학교 GPA가 대학교 GPA에 미치는 효과를 추정해야 한다. 이러한 통제의 역할을 회귀분석에서는 통제 변수가 하게 된다. 통제 변수는 회귀식에 추가로 포함시키면 된다.

$$colGPA_i = \beta_0 + \beta_1 hsGPA_i + \beta_2 ACT_i + e_i$$

위 회귀식을 추정해보자.

```
> lm.hsGPA <- lm( colGPA ~ hsGPA  , data=gpa )
> lm.act <- lm( colGPA ~ hsGPA + ACT , data=gpa )
```

추정 결과는 다음과 같다.

```
> library(stargazer)
> stargazer(lm.hsGPA,
+           lm.act,
+           type="text",
+           keep.stat = c("n","rsq","adj.rsq"))

==========================================
                 Dependent variable:
             ----------------------------
                       colGPA
                 (1)            (2)
------------------------------------------
hsGPA          0.482***       0.453***
              (0.090)        (0.096)

ACT                           0.009
                             (0.011)

Constant       1.415***       1.286***
              (0.307)        (0.341)

------------------------------------------
Observations     141            141
R2              0.172          0.176
Adjusted R2     0.166          0.164
==========================================
Note:         *p<0.1; **p<0.05; ***p<0.01
```

ACT를 통제하지 않았을 경우, 고등학교 학점이 대학교 학점에 미치는 효과는 고등학교 학점이 1점이 높은 학생의 대학 학점이 0.48점 상승하는 경향이 있다. $R^2 = 0.172$로서 대학 GPA 차이의 17.2% 정도를 고등학교 GPA가 설명해주고 있다.

ACT를 통제하면, 그 효과가 0.45로 소폭 감소하게 된다. $R^2 = 0.176$으로 대학 학점 변이의 17.6%를 고등학교 학점과 ACT 점수의 변이가 설명해주고 있다. 참고로 설명 변수가 추가되면 R^2는 단조적으로 증가하는 경향이 있다. 즉 모형의 설명력이 어떤 변수가 추가되도 증가하는 것처럼 보인다. 이러한 단점을 보완하기 위한 측도가 adjusted R^2이다. adjusted R^2는 0.166에서 ACT를 포함한 이후에는 오히려 0.164로 감소하였다.

이상과 같이 우리가 관심을 가지고 있는 변인 외에도 교락 요인이 될 수 있는 변수들을 적절히 통제해 주는 것이 변인의 순효과를 정확히 추정하는 데 필요하다.

③ 교육 수익률 추정

이번에는 좀 더 현실적인 회귀모형을 추정해보자. 이른바 교육 수익률(return to education)을 추정해보자.

readr 패키지를 불러들인 후에 read_csv() 함수를 이용하여 자료를 불러들였다.

```
> rm(list=ls())
> labor_supply <- readr::read_csv("labor_supply.csv" )
```

w2edu는 응답자의 교육 수준을 나타내주는 변수이고, 교육 수익률 추정에 사용될 중요한 변수 중 하나이다. 그리고 w2edu를 factor 변수로 만들고, 변수 값에 대한 레이블을 다음과 같이 붙여주자. 레이블은 무학, 초졸, 중졸, 고졸, 전문대졸, 4년대졸, 석사, 박사로 구분하자.

```
> labor_supply$w2edu <- factor(labor_supply$w2edu,
+                              labels=c("무학",
+                                       "초졸",
+                                       "중졸",
+                                       "고졸",
+                                       "전문대졸",
+                                       "4년제대졸",
+                                       "석사",
+                                       "박사"))
```

학력 w2edu의 분포는 다음과 같다. 무학 263명, 초졸 365명, 중졸 179명, 고졸 457명 등이다.

```
> table(labor_supply$w2edu)
    무학       초졸       중졸       고졸     전문대졸  4년제대졸     석사
    263        365        179        457        168        334        47
    박사
      6
```

교육의 수익률 추정에 앞서 임금과 시간당 임금의 분포를 살펴보자.

일변수의 분포를 살펴보는 가장 편한 방법은 히스토그램을 그려보는 것이다. R에서는 ggplot2 패키지의 geom_histogram() 함수를 이용하여 아래와 같이 히스토그램을 그릴 수 있다. 아래는 임금(wage)과 시간당 임금(wage_hourly)의 히스토그램을 각각 그린 후, 두 개의 그래프를 묶은 것이다. 이를 위해 gridExtra 패키지에 포함된 grid.arrange()라는 함수를 사용하였다.

```
> library(ggplot2)
> library(gridExtra)
>
> fig1 <- ggplot(data=labor_supply, mapping = aes(wage)) +
+   geom_histogram(alpha =0.5,
+                  fill  = "white",
+                  color = "black") +
+   xlab("wage")
>
> fig2 <- ggplot(data=labor_supply, mapping = aes(wage_hourly)) +
+   geom_histogram(alpha =0.5,
+                  fill  = "white",
+                  color = "black") +
+   xlab("hourly wage")
>
> gridExtra::grid.arrange(fig1, fig2, ncol = 1)
```

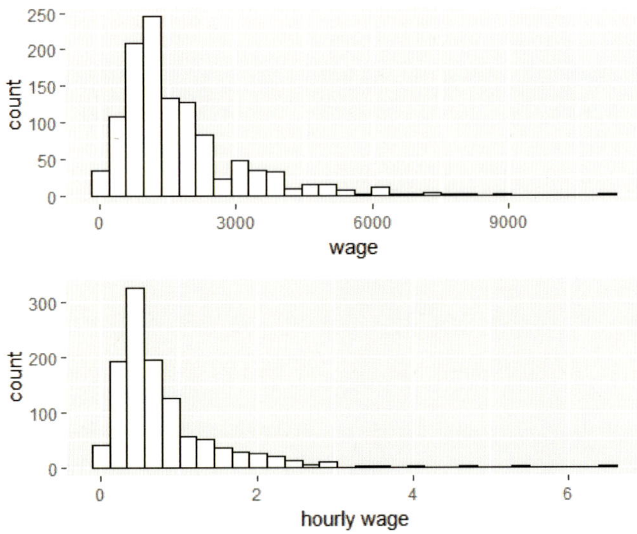

위 두 분포를 살펴보면, 임금의 분포나 시간당 임금의 분포 모두 대체로 유사하게 생겼다, 두 분포는 오른쪽으로 꼬리가 긴 분포의 형태를 하고 있음을 알 수 있다.

이번에는 원래의 수준 변수 대신 로그 변환한 변수의 분포를 살펴보자. 아래 그림은 로그를 취한 임금(ln_wage)과 시간당 임금의 분포(ln_wage_hourly)는 정규 분포와 유사해졌음을 알 수 있다.

```
> fig1 <- ggplot(data=labor_supply, mapping = aes(ln_wage)) +
+   geom_histogram(alpha =0.5,
+                  fill  = "white",
+                  color = "black") +
+   xlab("wage")
>
> fig2 <- ggplot(data=labor_supply, mapping = aes(ln_wage_hourly)) +
+   geom_histogram(alpha =0.5,
+                  fill  = "white",
+                  color = "black") +
+   xlab("hourly wage")
>
> grid.arrange(fig1, fig2, ncol = 1)
```

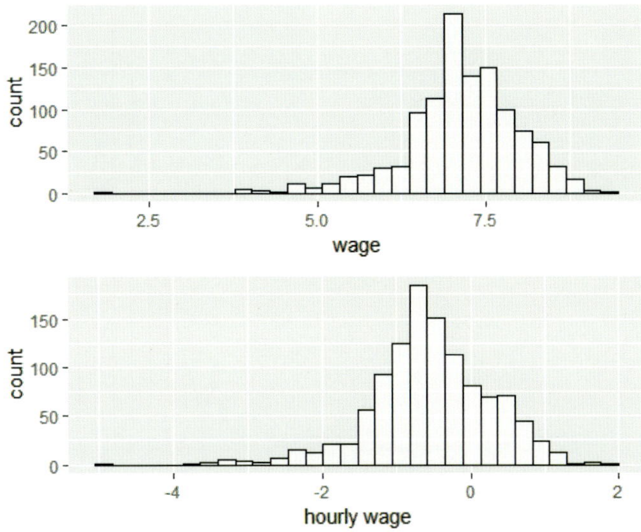

여기에 간단한 조작을 통해 핵밀도 함수(kernel density function)도 아래와 같이 그릴 수 있다.

```
> ggplot(data = labor_supply, mapping = aes(x = ln_wage_hourly)) +
+   geom_histogram(aes(y = ..density..),
+                  colour = "black",
+                  fill   = "white") +
+   geom_density(alpha = 0.2,
+                fill  = "#FF6666") +
+   xlab("hourly wage")
```

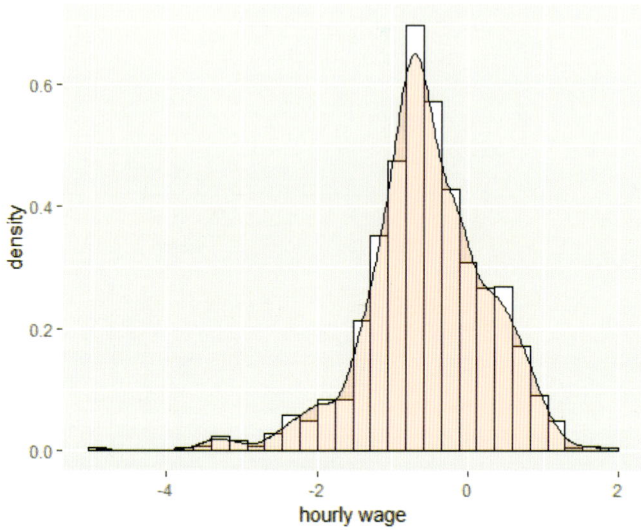

종속 변수가 정규 분포를 따르게 되면 회귀분석 추정량은 통계적으로 좋은 성질을 갖게 된다. 그렇기 때문에 회귀분석을 통해 계수를 추정하려고 하는 연구자들은 될 수 있으면 적절한 변환을 통해 종속 변수가 정규 분포와 유사해지도록 추정 전에 작업을 한다.

교육 수익률은 Mincer의 임금 방정식을 추정함으로써 얻을 수 있다. 통상적인 Mincer의 임금 방정식은 아래의 식으로 표현할 수 있다.

$$\ln(w_i) = \beta_0 + \beta_1 age_i + \beta_2 age_i^2 + \gamma edu_i + Z_i{}'\delta + e_i$$

노동자의 임금은 연령과 연령 제곱, 교육 변수(교육 더미일수도 있고 교육 기간일 수도 있다), 그리고 개인의 특성 변수 Z에 의해 결정된다는 것이다. 그리고 e_i는 임금의 결정 요인 중 연구자에게는 관측되지 않는 부분이다.

아래 그림은 연령-임금 프로파일을 보여준다. 연령-임금 프로파일을 그리기 위해서 x-축은 연령, y-축은 로그-임금으로 지정하였다. 산포도는 교육 수준 w2edu에 따라 다른 색으로 표시하였다. 추세선은 "steelblue"를 사용하였고, 함수 형태는 2차 함수로 하기 위해 formula = y~poly(x,2) 로 표시하였다. 그렇게 그린 그림은 아래와 같다.

```
> ggplot(data = labor_supply, aes(x = age, y = ln_wage_hourly)) +
+   geom_point(aes(color = w2edu),
+              alpha = 0.6,
+              size  = 3) +
+   geom_smooth(colour   = "steelblue",
+               alpha    = 0.9,
+               method   = "glm",
+               formula  = y ~ poly(x,2),
+               se       = FALSE,
+               linetype = "dashed") +
+   scale_color_brewer(palette = "RdYlBu") +
+   xlim(18,80) +
+   xlab("age") +
+   ylab("log(wage)") +
+   labs(color = "학력")
```

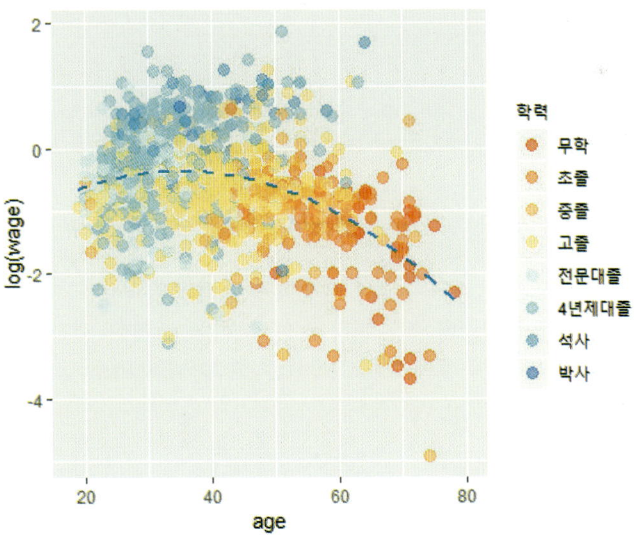

위 연령-임금 프로파일에 따르면 저학력자는 고령에, 고학력자는 비교적 어린 연령에 분포해 있음을 알 수 있다. 그리고 연령이 올라갈수록 시간당 임금이 상승하기는 하지만, 일정 연령을 넘으면 감소하는 역-U자 모형을 가지고 있음을 알 수 있다. 따라서 연령에 대한 베이스라인 모형은 2차 함수가 되어야 함을 알 수 있다.

교육 수익률 추정을 위해 기본적인 모형부터 추정해보자. 먼저 가장 간단한 모형 임금에 대한 설명 변수로서 연령만을 포함시켰을 경우를 추정해보자. 회귀방정식에 독립 변수로는 연령만을 포함시키고 베이스라인 회귀분석을 해보자. 종속 변수는 임금을 사용해보자.

```
> lm.1 <- lm(ln_wage_hourly~ age,
+            data = labor_supply)
```

추정 결과는 다음과 같다. 모형(1)에 따르면, 연령이 한 살 증가할 때, 평균적으로 약 1.8% 임금이 감소하는 것으로 추정되었다. 이는 통상적인 상식과 다른데. 모형의 설정에 문제가 있을 가능성이 있다.

모형의 수정을 위해 연령 제곱항을 포함해보자. 제곱항을 포함할 때는 원래 변수의 제곱인 age^2 의 형태로 넣어주면 된다. 하지만, 좀 더 확실히 하기 위해서는 I(age^2) 형태로 넣어주는 것이 좋다.

```
> lm.2 <- lm(ln_wage_hourly~ age + I(age^2),
+            data = labor_supply)
```

연령 제곱항을 포함했을 경우, 연령이 1년 증가할 때 시간당 임금은 평균적으로 7.9% 증가하는 경향이 있었다. 하지만 이차항의 계수가 음수이기 때문에 증가 정도는 연령에 따라 점차 감소하는 경향이 있었다. 즉, 연령에 따른 한계 수확이 체감하는 것이다.

```
> library(stargazer)
> stargazer(lm.1, lm.2,
+           type="text",
+           keep.stat = c("n","rsq"))

===============================================
                  Dependent variable:
             -----------------------------
                    ln_wage_hourly
                  (1)            (2)
```

```
----------------------------------------
age              -0.018***      0.079***
                 (0.002)        (0.011)

I(age2)                        -0.001***
                               (0.0001)

Constant          0.153**       -1.742***
                 (0.077)        (0.224)

----------------------------------------
Observations      1,125          1,125
R2                0.077          0.139
========================================
Note:          *p<0.1; **p<0.05; ***p<0.01
```

기본 모형에 우리의 관심 변수인 교육 수준을 추가적으로 고려해보자. 설문조사시 교육 수준을 측정하는 변수는 아래와 같은 범주형 질문으로 물어보는 것이 보통이다. 예컨대 학력에 대한 질문을 묻고, 보기 중에서 자신의 학력에 해당하는 칸에 표시하는 방법을 사용한다. 아래와 같이 학력별로 몇 명이 있는지에 대한 정보를 구할 수 있다. 이를 더미 변수로 만들어 회귀방정식에 넣으면 된다.

```
> library(dplyr)
>
> labor_supply %>%
+   group_by(w2edu) %>%
+   summarise(count = n())
# A tibble: 8 x 2
  w2edu     count
  <fct>     <int>
1 무학        263
2 초졸        365
3 중졸        179
4 고졸        457
5 전문대졸    168
```

```
6 4년제대졸    334
7 석사          47
8 박사           6
```

R에서는 w2edu 변수를 factor 변수로 만들어 변수 이름을 넣어주면 된다. lm.3 객체로 저장하였다. 아래 표 모형(1)에 해당된다. 모형(2)에는 교육 기간(educ_year) 변수를 새롭게 만들어 사용하였다. 예컨대, 초등학교 졸은 6년, 중학교 졸은 9년, 고등학교 졸은 12년, 대학 졸은 16년 등으로 변수 educ_year를 만들었다.

```
> lm.3 <- lm(ln_wage_hourly ~ age + I(age^2) + w2edu ,
+            data = labor_supply)
>
> lm.4 <- lm(ln_wage_hourly ~ age + I(age^2) + educ_year,
+            data=labor_supply)
```

위 회귀분석의 추정 결과는 아래 표와 같이 정리할 수 있다.

```
> library(stargazer)
> stargazer(lm.3, lm.4,
+          type="text",
+          keep.stat = c("n","rsq"))

===========================================
                Dependent variable:
           -----------------------------
                  ln_wage_hourly
                 (1)            (2)
-------------------------------------------
age            0.074***      0.051***
              (0.011)        (0.010)

I(age2)       -0.001***      -0.001***
              (0.0001)      (0.0001)

w2edu초졸         0.142
```

```
                 (0.154)

w2edu중졸           0.339**
                 (0.163)

w2edu고졸           0.620***
                 (0.165)

w2edu전문대졸          0.928***
                 (0.175)

w2edu4년제대졸         1.236***
                 (0.171)

w2edu석사           1.653***
                 (0.191)

w2edu박사           1.845***
                 (0.346)

educ_year                         0.117***
                                  (0.008)

Constant         -2.861***        -3.125***
                 (0.242)          (0.226)

-----------------------------------------------
Observations       1,125            1,125
R2                 0.301            0.279
===============================================
Note:           *p<0.1; **p<0.05; ***p<0.01
```

학력 더미 변수를 이용한 추정 결과를 살펴보자. 먼저 연령 변수에 대한 해석은 한 살 더 먹을 때 시간당 임금이 약 7.4%씩 증가하는 경향이 있었다. 하지만 증가 정도는 나이가 들수록 감소하고 있었다. 연령 이차항의 계수가 음수이기 때문이다. 이른바, 연령에 대한 한계 수익이 체감하는 것이다.

우리의 관심인 교육 수익률은 회귀분석에 포함되지 않은 무학을 벤치마크로 하여 해석하여야 한다. 예를 들어, 초등학교졸의 경우에는 무학에 비해 14.2% 정도 시간당 임금이 높았다. 하지만 그 차이는 통계적으로 유의미하지는 않았다. 즉, 무학과 초졸 사이에는 시간당 임금의 격차가 존재하지만, 그 규모가 작거나 방향의 일관성이 떨어져 통계적으로 차이가 있다고 말하기 어려운 것이다. 중학교졸은 무학에 비해 33.9% 정도 시간당 임금이 높았다. 그리고 그 차이는 통계적으로 유의해졌다. 중졸은 무학과 약 9년 정도의 교육 연령이 차이나므로 단순 계산으로 보면 1년에 약 3.77% 정도 차이가 난다고 볼 수 있다. 고졸은 무학에 비해 시간당 임금이 62% 정도가 높다는 점은 추정치로부터 바로 해석 가능하다.

교육 기간이 임금에 미치는 효과를 추정한 결과인 모형(2)에 따르면, 교육 기간이 1년 증가했을 때, 임금이 평균적으로 약 11.7% 증가하는 것으로 보인다.

04

유한 시차 모형

1. 개요

3장에서 공부한 회귀분석은 횡단면 자료(cross-section data)를 이용한 경우이다. 우리가 분석해야 할 자료가 횡단면 자료가 아니라 시계열 자료(time series)라면 유념해야 할 몇 가지 점이 있다.

먼저 시계열 자료는 시계열적 순서(temporal ordering)를 가진 자료이다. 예컨대, 1970년 이후의 GDP의 연간 자료라고 하면, 1970년 GDP, 다음에는 1971년 GDP, 그 뒤에 1972년 GDP 등, 관측치가 시간 순서대로 등장한다. 반면 횡단면 자료의 경우에는 대체로 관측치 간 순서는 큰 의미를 갖지 않는다. 첫 번째 관측치와 두 번째 관측치의 순서를 바꾸어도 분석에 영향을 주지 않는다. 하지만 시계열은 관측치의 순서가 중요하고, 순서를 바꾸면 분석 자체가 성립하지 않는다.

둘째, 시계열 자료는 관측치 간 서로 확률적 독립(stochastic independence)이 아니다. 시계열 자료가 확률적 독립이 아니라는 것은 어떤 의미일까? 서로 확률적으로 독립이 아닌, 즉 종속적인 시계열 자료가 있다고 해보자. 이런 경우 과거 자료를 잘 이용하면 현재 혹은 미래 값을 어느 정도 예측할 수 있다. 예컨대 친한 친구의 어제 용돈이 얼마였었는 지를 알고 있다고 해보자. 그러면 다른 정보가 없어도 그 사실을 바탕으로 오늘 용돈이 얼마 정도 될지 얼추 예측해 볼 수 있다. 과거 용돈의 크기와 미래 용돈의 크기가 서로 종속적이기 때문이다. 반면 횡단면 자료의 경우는 한 사람의 정보를 알고 있다고 해도 다른 사람의 정보를 예측하기 어렵다. 예컨대 i 번째 가구의 가구주의 연소득을 안다고 해서, $i + 1$번째 가구주의 연소득을 맞추기는 매우 어려운 일이다. 서로 독립인 횡단면 자료의 특성이다.

시계열 자료 분석을 위한 기본 모형은 다음과 같이 쓸 수 있다. 종속변수는 y_t이고 독립변수는 x_t이다. u_t는 오차항이다.

$$y_t = \beta_0 + \beta_1 x_t + u_t$$

$$t = 1,2, \dots, T$$

위의 모형과 앞장에서 살펴본 일변수 회귀분석의 기본 모형과 큰 차이는 없어 보인다. 다만 하첨자가 개별 자료를 나타내는 i 에서 시간을 나타내는 t 로 바뀌었다는 점만 다르다.

2. 필립스 곡선

위 모형을 이용해 거시경제학에서 물가와 실업 간의 관계를 묘사하는 것으로 알려진 필립스 곡선(Phillips curve)을 추정해보자. 필립스 곡선은 필립스(A.W. Philips)가 1958년 《Economica》에 발표했던 실업률과 명목임금 간의 관계를 산포도로 그려 놓은 것이다. 명목임금과 물가가 어느 정도 상관관계에 있다면, 실업률과 물가와의 관계는 대체로 음(−)의 관계임을 생각해볼 수 있다. 즉 실업률을 낮추기 위해서는 높은 물가를 감수해야 하고, 반면 낮은 인플레이션을 낮추기 위해서는 높은 실업률을 감수해야만 한다는 것이다.

이와 같은 관계를 대표하는 필립스 곡선을 추정하기 위해 아래 식과 같은 모형을 설정해보자. 즉 t 기의 인플레이션(inf)은 아래 식과 같이 실업률(unemp)의 선형 함수라고 가정해보자.

$$inf_t = \beta_0 + \beta_1 unemp_t + u_t$$

먼저 이번 장에서 필요한 패키지들을 설치하거나 부착하자.

```
> library(ggplot2)
> library(dplyr)
> library(RColorBrewer)
> if (!require(stargazer)) install.packages("stargazer")
> library(stargazer)
> if (!require(car)) install.packages("car")
```

먼저 실습할 자료인 philips.csv 파일을 불러들이자.

```
> rm(list = ls())
> phil <- read.csv("phillips.csv")
```

자료에 어떤 변수들이 포함되어 있는지 살펴보자. data.frame으로 된 파일에 7개 변수 56개의 관측치가 포함되어 있다. 연도를 나타내는 year 변수를 보면 1948년부터의 자료임을 알 수 있다. 또한, 그 해의 실업률과 인플레이션율을 나타내는 unem과 inf이 포함되어 있다. unem_1과 inf_1은 1년 전의 실업률과 인플레이션을 지칭한다. cinf와 cunem은 인플레이션과 실업률의 변화이다.

```
> str(phil)
'data.frame':	56 obs. of  7 variables:
 $ year  : int  1948 1949 1950 1951 1952 1953 1954 1955 1956 1957 ...
 $ unem  : num  3.8 5.9 5.3 3.3 3 ...
 $ inf   : num  8.1 -1.2 1.3 7.9 1.9 ...
 $ inf_1 : num  NA 8.1 -1.2 1.3 7.9 ...
 $ unem_1: num  NA 3.8 5.9 5.3 3.3 ...
 $ cinf  : num  NA -9.3 2.5 6.6 -6 ...
 $ cunem : num  NA 2.1 -0.6 -2 -0.3 ...
```

자료에 있는 인플레이션율과 실업률이 과연 음의 상관관계를 가지고 있는지 살펴보자. 두 변수 간의 상관관계를 가장 간단히 살펴볼 수 있는 방법은 산포도를 그려보는 것이다.

인플레이션율과 실업률의 관계를 다음의 명령어를 통해 그려보자. 분석의 편의를 위해 오일 쇼크가 발생하기 이전인 1970년을 기점으로 하여 1970년 이전 자료인 phil_1970을 filter()를 이용하여 만들자.

```
> # Data before 1970
> phil_1970 <- phil %>%
+   filter(year <= 1970)
```

phil_1970을 이용하여 산포도와 추세선을 그리자. x-축은 실업률인 unem, y-축은 인플레이션을 그리자. 그리고 geom_point()에서는 연도별로 다른 색깔로 표시되도록 하였다. geom_line()을 이용하여 연도별로 관측치가 서로 선으로 연결되도록 표시하였다.

```
> ggplot(data = phil_1970,
+        mapping = aes(x =unem, y = inf)) +
+   geom_point(aes(colour = as.factor(year))) +
+   geom_line() +
+   geom_text(aes(label = year),hjust = 0, vjust = 0) +
+   geom_smooth(method = "lm",
+               se     = FALSE) +
+   ggtitle("Phillips curve before 1970") +
+   theme(legend.position = "none")
```

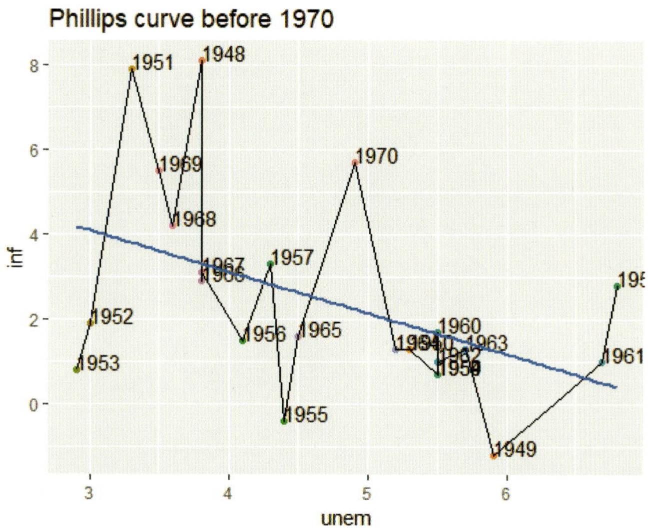

위 그림은 1970년 이전 자료를 이용해 그린 필립스 커브이다. 우리의 예상대로 실업률과 인플레이션율은 음의 상관관계를 보여준다.

하지만 전체 기간을 대상으로 한 아래 그림의 경우에는 실업률과 인플레이션율은 양(+)의 관계를 가지고 있는 것처럼 보인다.

```
> ggplot(data = phil,
+        mapping = aes(x =unem, y = inf)) +
+   geom_point(aes(colour = as.factor(year))) +
+   geom_line() +
+   geom_text(aes(label = year),hjust = 0, vjust = 0) +
+   geom_smooth(method = "lm",
+               se     = FALSE) +
+   ggtitle("Phillips curve") +
+   theme(legend.position = "none")
```

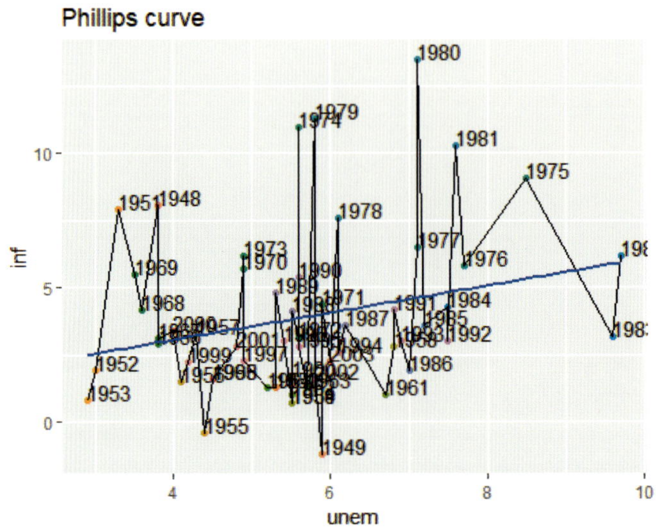

이러한 관계는 아래와 같은 선형 회귀분석을 통해서도 확인할 수 있다. 종속 변수는 inf, 독립 변수는 unem으로 하여 회귀분석을 하였다. 다만, 처음에는 1970년 이전 자료만을 이용하여 회귀분석을 하였고, 두 번째에는 전체 기간을 대상으로 하였다. 각 추정 결과를 lm_phil.1970과 lm_phil에 저장하였다.

```
> lm_phil.1970 <- lm( inf~unem,
+                     data= phil_1970)
> lm_phil <- lm( inf~unem,
+                data = phil)
```

위 추정 결과를 stargazer 패키지의 stargazer()함수를 이용하여 아래와 같이 표시하였다.

```
> stargazer::stargazer(lm_phil.1970,lm_phil,
+                      type="text",
+                      keep.stat = c("n","rsq","adj.rsq"))

==========================================
                 Dependent variable:
```

```
                ----------------------------
                          inf
                 (1)           (2)
-----------------------------------------
unem            -0.969**      0.502*
                (0.415)      (0.266)

Constant         6.993***      1.054
                (1.993)      (1.548)

-----------------------------------------
Observations       23           56
R2               0.206        0.062
Adjusted R2       0.168        0.045
=========================================
Note:        *p<0.1; **p<0.05; ***p<0.01
```

추정 결과는 다음과 같다. 1970년 이전 기간만을 대상으로 회귀분석했을 경우(모형(1)), 실업률이 1%p 증가했을 때 인플리에션율은 약 0.97% 감소하였다. 반면, 전 기간을 대상으로 분석했을 경우(모형(2)), 회귀분석 결과에 따르면 통계적 유의성은 낮았지만 실업률이 1%p 증가할 때, 인플레이션율은 0.5%p 증가하고 있었다.

이렇게 예상과 다른 필립스 곡선이 추정된 이유로는 두 가지 정도를 생각해볼 수 있다.

먼저 원래 필립스 곡선이 성립하기는 하지만 여기에서 추정한 회귀모형에 문제가 있을 수 있다. 통제해야 할 변수가 실업률 외에도 다른 변수들이 필요할 가능성이 있다. 이런 경우 다중 회귀모형을 사용할 필요가 있다.

둘째, 필립스 곡선 자체가 성립하지 않을 가능성이 있다. 1970년 이후, 특히 몇 번의 오일쇼크로 인한 스태그플레이션을 겪은 이후로 많은 연구들이 실업률과 인플레이션율 간의 관계에 대해 의문을 제기해왔다. 우리가 사용한 자료 중에 1970년 이후의 자료들이 섞여 있기 때문에 필립스 곡선 자체가 성립하지 않는 자료일 가능성이 있다.

3. 유한 시차 모형

앞서 필립스 곡선을 간단히 추정했던 모형은 기본적으로 동시간(comtemporaneous) 변수들이 서로 영향을 주고 받는 관계를 고려한 것이었다. 하지만 시계열 자료를 이용한 분석에서는 동시간 변수 외에도 시차변수(lagged variable)들의 효과를 고려해야 할 필요가 있는 경우가 있다.

예컨대, 요즘 같은 저출산 시대를 맞아 유자녀 가구의 경제적 부담을 완화하기 위해 정부가 자녀에 대한 소득 공제를 확대하는 경우를 생각해보자. 연구자가 이러한 자녀관련 소득공제 정책이 출산율에 미치는 효과를 추정하는 연구를 생각해보자. 자녀 관련 소득 공제의 효과가 시행 당해에 출산 결정에 영향을 줄 수도 있다. 하지만, 정책 효과가 시차를 두고 효과가 발생한다고 보는 것이 좀 더 현실적인 모형일 것이다.

다른 예를 들어보자. 인플레이션이 빠르게 진행되고 있어 물가를 낮추기 위해 금융 당국이 기준금리를 올리는 정책을 생각해보자. 이러한 화폐 금융 정책이 즉각적으로 물가를 진정시킬 수도 있다. 하지만 이 역시 시차를 두고 효과가 나타날 것으로 보는 것이 현실적이다.

이렇게 시차를 두고 효과가 나타나는 현상을 설명하기 위한 모형이 유한 시차 모형(finite distributed lag models, FDL)이다. 아래 식과 같이 써볼 수 있다. 이 회귀모형은 정책 변수 z가 동 기간에 z_t, 1기 후에 z_{t-1}, 2기 후에 z_{t-2} 시차를 두고 y에 영향을 미치는 모형이다.

$$y_t = \alpha_0 + \delta_0 z_t + \delta_1 z_{t-1} + \delta_2 z_{t-2} + u_t$$

위의 유한 시차 모형에서는 각 계수들에 대한 해석에 주의해야 한다. 첫째, δ들은 단기 효과를 나타내는 계수들이다. 이들을 충격 효과(impact propensity) 혹은 충격 승수(impact multiplier)라고도 한다.

예컨대 δ_0는 z의 단기간 변화(1기간)가 같은 시기에 y에 영향을 주는 효과의 크기이다. δ_1는 z의 변화가 1기간 후에 y에 미치는 효과이고, δ_2는 z의 변화가 2기간 후에 y에 미치는 효과이다. 그 이상의 시차 효과는 본 모형에서는 고려되고 있지 않다.

둘째, 장기적인 효과(long-run propensity 혹은 long-run multiplier), 다시 말해 z가 영원히 변했을 경우의 효과는 단기 효과들을 모두 합친 $\delta_0 + \delta_1 + \delta_2$이다.

셋째, 변수들이 로그-변수의 형태를 취한 경우에는 추정 계수를 탄력성(elasticity)으로 해석할 수 있다. 예컨대 GDP의 증가가 화폐량에 어떤 영향을 주는지 알아보기 위해 아래와 같은 모형을 추정할 수 있다.

$$\log(M_t) = \alpha_0 + \delta_0 \log(GDP_t) + \delta_1 \log(GDP_{t-1}) + \delta_2 \log(GDP_{t-2}) + u_t$$

위 모형을 추정하면 다음과 같은 해석이 가능하다. GDP가 화폐량에 미치는 단기 탄력성(short-run elasticity)은 δ_0이고, 장기 탄력성(long-run elasticity)은 $\delta_0 + \delta_1 + \delta_2$이다. 즉, 단기적으로는 GDP가 1% 증가했을 때, 동기 화폐량 변화는 δ_0%이고, 장기적 변화는 $\delta_0 + \delta_1 + \delta_2$이다.

자녀 관련 소득 공제가 출산에 미치는 효과

이번에는 R을 이용해 유한시차 모형을 추정해보자. 자녀 관련 소득공제액이 출산결정에 미치는 효과를 다음의 회귀모형을 통해 추정해보자. t기의 총출산율(gfr)이 소득공제(pe, personal exemption) 금액의 시차 변수들에 의해 영향을 받되, 그 효과는 당해 연도를 포함해 2년 내의 효과로 제약된 모형이다. 통제 변수로서는 베이비붐 세대의 행태 변화를 고려하기 위해서 2차 세계대전 전/후를 나타내는 더미 변수를 포함하였다. 또한 60년대에 피임약이 개발되었으므로 출산 통제에 영향을 줄 수 있는 피임약의 발견 전후를 추가적으로 통제하였다.

추정할 회귀모형은 아래와 같다.

$$gft_t = \beta_0 + \beta_1 pe_t + \beta_2 pe_{t-1} + \beta_3 pe_{t-2} + \beta_4 ww2_t + \beta_5 pill_t + u_t$$

- gfr: 조출산율(가임 여성 1000명당 출산아)
- pe: 소득 공제 금액
- ww2: 2차 세계대전 더미
- pill: 피임약의 발전(1963이후면 1, 이전이면 0)

아래와 같이 fertility.csv 파일을 읽어 들여 fer 에 저장하자.

```
> rm(list=ls())
> fer <- read.csv("fertility.csv")
```

그리고, ww2 변수는 factor 변수로 변환하자.

```
> fer$ww2 <- as.factor(fer$ww2)
```

summary() 함수를 이용하여 주요 변수의 특성을 파악해보자.

```
> summary(fer[,c("year","gfr","pe","pill","ww2")])
      year           gfr                pe               pill          ww2
 Min.   :1913   Min.   : 65.40   Min.   :  0.00   Min.   :0.0000   0:67
 1st Qu.:1931   1st Qu.: 78.28   1st Qu.: 31.96   1st Qu.:0.0000   1: 5
 Median :1948   Median : 94.05   Median :121.22   Median :0.0000
 Mean   :1948   Mean   : 95.63   Mean   :100.40   Mean   :0.3056
 3rd Qu.:1966   3rd Qu.:113.45   3rd Qu.:151.91   3rd Qu.:1.0000
 Max.   :1984   Max.   :126.60   Max.   :243.83   Max.   :1.0000
```

데이터에는 총 72개년도의 관측치가 포함되어 있다. 연도 변수인 year는 최솟값 1913, 최댓값 1984이므로, 1913년부터 1984년까지의 자료임을 알 수 있다. 출산율의 지표인 gfr은 평균 95.6명이었다. 가임 여성 1000명당 95.6명의 출산이 있었음을 알 수 있다. 그리고 실질 공제액 pe는 약 100불 정도임을 알 수 있다.

이번에는 그래프를 통해 우리가 관심을 가지고 있는 변수의 시간 추이를 살펴보자. 시각적 검토는 실증 분석의 첫 단계가 된다. 시각적 표현이 가능한 그래프를 통해 주요 변수들의 추세를 파악하는 것은 시계열 분석에서 중요한 과정이다. 산포도를 이용해서 출산율의 추세를 그려보자.

```
> ggplot(data = fer, aes(x = year, y = gfr, colour = ww2 )) +
+   geom_point(size  = 3,
+              alpha = 0.8) +
+   scale_color_brewer(palette = "Set2") +
+   geom_line(colour = "steelblue")
```

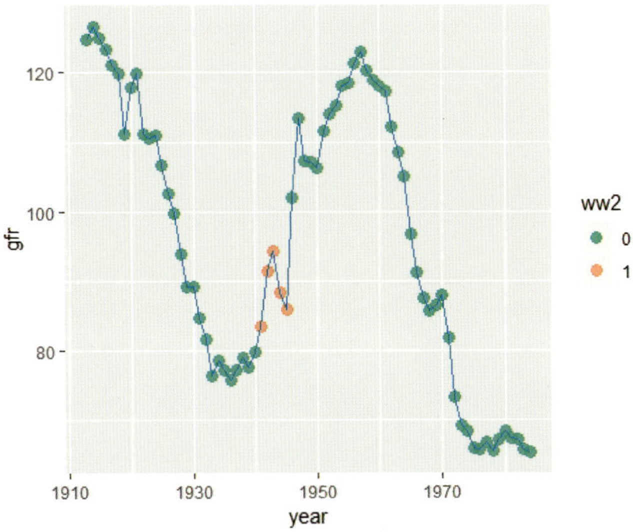

위 그림을 보면 미국의 출산율은 2차 세계대전 이전에는 서서히 하락하고 있었다. 잘 알려져 있듯이 2차 세계대전 이후에 출산이 급격하게 늘어났다. 베이비붐(baby boom) 세대가 그 기간에 태어났다. 그러다가 1960년 이후로 출산율이 급격히 하락하기 시작했다. 소위 말하는 베이비버스트(baby bust) 세대이다. 1960년대 초반에 피임약이 개발되기 때문이다.

이번에는 출산율의 주요 설명 요인으로 지목한 자녀 관련 소득 공제 금액의 추세를 살펴보자. 아래 그림에 따르면 2차 세계대전 후에 급격하게 증가하다가 서서히 하락하는 모습을 보여주고 있다.

```
> ggplot(data = fer, aes(x = year, y = pe, colour = ww2 )) +
+   geom_point(size  = 3,
+              alpha = 0.8) +
+   scale_color_brewer(palette = "Set2") +
+   geom_line(colour = "steelblue") +
+   scale_x_continuous(breaks = seq(1910,1985,5)) +
+   xlab("year") +
+   ylab("deduction amount")
```

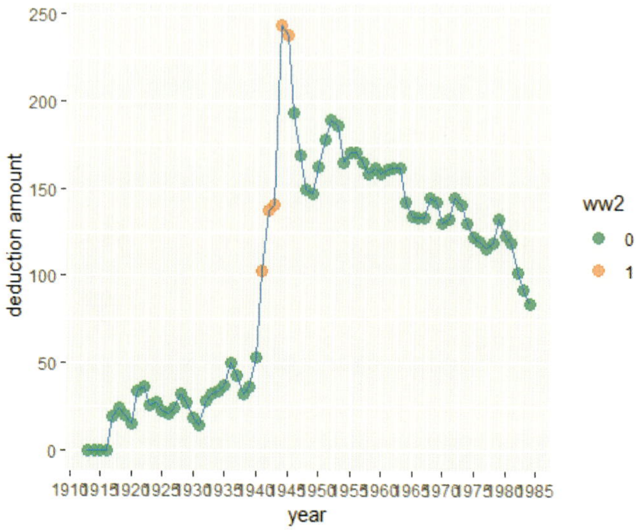

이번에는 산포도를 그려보자. 아래 그림에 따르면, 선형 관계는 아니지만 pe와 gfr 변수 사이에는 어느 정도 관계가 있는 것으로 보인다. 대충 보면 pe와 gfr 사이에는 얼추 U-자 모형의 관계가 있는 것으로 보인다.

```
> ggplot(data = fer, aes(x = pe, y = gfr, colour = ww2)) +
+   geom_point(size=2,
+              alpha=0.9) +
+   geom_smooth(aes(x = pe, y = gfr),
+               color = "steelblue") +
+   scale_color_brewer(palette = "Set1") +
+   xlab("fertility rate") +
+   ylab("deduction amount") +
+   labs(color = "WW2 dummy")
```

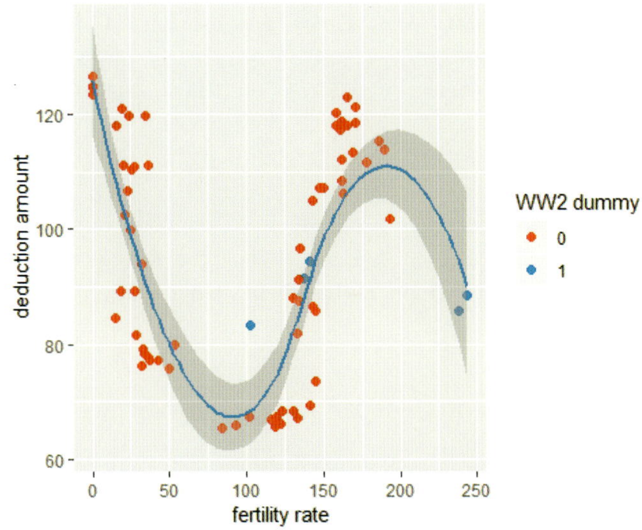

위의 두 그림으로부터 출산율의 추세와 소득 공제 금액의 추세가 정확히 일치하지는 않지만 어느 정도 유사한 추세가 있다는 것을 확인할 수 있다.

다음 질문으로는 "자녀 관련 소득 공제 정책이 출산 결정에 영향을 주었는가?"가 적절하다. 이 질문에 대한 답을 회귀분석을 통해 알아보자.

먼저 소득 공제 외에 출산에 영향을 줄 수 있는 다른 변인에 대한 통제 없이 소득 공제 금액 하나만을 넣고 회귀모형을 추정해보자(모형(1)).

```
> lm.1 <- lm(gfr ~ pe, data = fer)
> summary(lm.1)

Call:
lm(formula = gfr ~ pe, data = fer)

Residuals:
   Min     1Q Median     3Q    Max 
-30.35 -17.82  -1.68  18.34  30.26 

Coefficients:
```

```
            Estimate Std. Error t value Pr(>|t|)
(Intercept) 96.344294   4.304734  22.381   <2e-16 ***
pe          -0.007095   0.035923  -0.198    0.844
---
Signif. codes:  0 '***' 0.001 '**' 0.01 '*' 0.05 '.' 0.1 ' ' 1

Residual standard error: 19.94 on 70 degrees of freedom
Multiple R-squared:  0.000557,  Adjusted R-squared:  -0.01372
F-statistic: 0.03901 on 1 and 70 DF,  p-value: 0.844
```

추정 결과는 신통치 않은 결과를 보여주고 있다. 소득 공제가 늘수록 출산율은 오히려 떨어지고 있었다. 통계적으로도 유의미하지 않은 결과이다(t=−0.20).

이번에는 다른 변수들을 추가적으로 통제해보자(모형(2)). 2차 세계대전 더미와 피임약 더미를 회귀모형에 포함하면 예상과 비슷한 결과를 얻을 수 있다. 소득 공제의 효과가 양(+)의 값을 갖고 동시에 통계적으로 하였다(t=2.78).

```
> lm.2 <- lm(gfr ~ pe + ww2 + pill, data=fer)
> summary(lm.2)

Call:
lm(formula = gfr ~ pe + ww2 + pill, data = fer)

Residuals:
     Min       1Q   Median       3Q      Max
-27.0187  -9.6195   0.3393   9.4746  28.0730

Coefficients:
            Estimate Std. Error t value Pr(>|t|)
(Intercept)  98.68176    3.20813  30.760  < 2e-16 ***
pe            0.08254    0.02965   2.784  0.00694 **
ww21        -24.23840    7.45825  -3.250  0.00180 **
pill        -31.59403    4.08107  -7.742 6.46e-11 ***
---
Signif. codes:  0 '***' 0.001 '**' 0.01 '*' 0.05 '.' 0.1 ' ' 1
```

```
Residual standard error: 14.69 on 68 degrees of freedom
Multiple R-squared:  0.4734,    Adjusted R-squared:  0.4502
F-statistic: 20.38 on 3 and 68 DF,  p-value: 1.575e-09
```

이상의 추정 결과를 표를 통해 정리하면 다음과 같다.

```
> stargazer::stargazer(lm.1, lm.2,
+                      type="text",
+                      keep.stat = c("n", "rsq"))

==========================================
                  Dependent variable:
             -----------------------------
                         gfr
                  (1)           (2)
------------------------------------------
pe               -0.007       0.083***
                (0.036)       (0.030)

ww21                         -24.238***
                               (7.458)

pill                         -31.594***
                               (4.081)

Constant        96.344***     98.682***
                (4.305)       (3.208)

------------------------------------------
Observations       72            72
R2               0.001         0.473
==========================================
Note:          *p<0.1; **p<0.05; ***p<0.01
```

이번에는 유한 시차 모형, 즉 소득 공제 효과가 시차를 두고 발생할 수 있는 가능성을 고려한 모형을 추정해보자. pe의 시차 변수는 pe_1, pe_2 등이다. 필요하면 lag() 함수를 이용하여 만들 수 있다.

```
> lm.3 <- lm(gfr ~ pe +pe_1 + pe_2 + ww2 + pill, data=fer)
```

추정 결과는 아래와 같다.

```
> stargazer::stargazer(lm.3,
+                      type="text",
+                      keep.stat = c("n", "rsq"))

=========================================
                 Dependent variable:
             ---------------------------
                         gfr
-----------------------------------------
pe                      0.073
                       (0.126)

pe_1                   -0.006
                       (0.156)

pe_2                    0.034
                       (0.126)

ww21                  -22.127**
                      (10.732)

pill                  -31.305***
                       (3.982)

Constant               95.870***
                       (3.282)

-----------------------------------------
Observations             70
R2                      0.499
=========================================
Note:         *p<0.1; **p<0.05; ***p<0.01
```

위 추정 결과를 살펴보면, 소득공제의 개별 시차변수가 출산에 미치는 통계적으로 유의한

효과는 없는 것으로 보인다. 동기 소득공제는 0.73(t=0.58), 1기 시차 소득 공제는 −0.006(t=−0.04), 2기 시차 소득 공제는 0.034(t=0.27)이다.

위와 같은 현상이 발생하는 이유는 회귀모형에 포함된 시차변수들이 서로 유사하기 때문이다. 서로 비슷한 변수들이 출산율을 설명하고 있기 때문에 한계적으로 더 설명할 것이 많지 않다. 전형적인 다중공선성(multicollinearity)의 문제로 볼 수 있다. 하지만 이 변수들이 동시에 출산율의 변화를 설명할 수 있는 여지는 있다.

이번에는 소득공제가 출산율에 미치는 장기 효과에 대해서 살펴보자. 위의 추정 결과를 이용하면 장기 효과를 쉽게 계산할 수 있다. 앞에서 정의하였듯이, 소득공제의 장기 효과는 $q_0 = b_1 + b_2 + b_3$로 정의된다. 그 효과의 크기는 대략 0.1(=0.07-0.005+0.033) 정도이다.

남은 것은 추정된 장기 효과가 통계적으로 유의한가치 여부를 판단하는 것이다. 이를 위해서는 추정치의 표준오차를 계산하여야 한다. 하지만 장기 효과는 3개 확률 객체의 합이기 때문에 표준오차 계산이 약간 번거롭다. 이때에는 델타 방법(delta method)을 이용해 구할 수 있다. 함수는 deltaMethod()이다. 예컨대 다음과 같이 추정할 수 있다. 장기 효과는 0.1이고 t-값은 약 3.38이다.

```
> lm.3 <- lm(gfr ~ pe +pe_1 + pe_2 + ww2 + pill, data=fer)
> deltaMethod(lm.3 , "pe + pe_1 + pe_2", data=fer)
                   Estimate         SE       2.5 %    97.5 %
pe + pe_1 + pe_2 0.1007191 0.02980267 0.04230693 0.1591313
```

한편, 모수의 재구성(re-parametrization)을 통해서도 장기 효과 및 표준오차를 비교적 쉽게 계산할 수 있다.

원래 식에다 $\theta_0 = \beta_1 + \beta_2 + \beta_3$을 대입하면, 아래와 같은 식을 얻을 수 있다.

$$gft_t = \beta_0 + \theta_0 pe_t + \beta_2(pe_{t-1} - pe_t) + \beta_3(pe_{t-2} - pe_t) + \beta_4 ww2_t + \beta_5 pill_t + u_t$$

즉, pe_t, $(pe_{t-1}\text{-}pe_t)$, $(pe_{t-2}\text{-}pe_t)$을 통제하여 회귀분석을 수행하면 pe_t의 계수는 장기 효과가 추정되는 것이다. $(pe_{t-1}\text{-}pe_t)$와 $(pe_{t-2}\text{-}pe_t)$는 아래와 같이 비교적 쉽게 생성할 수 있다.

```
> fer <- fer %>%
+   mutate(d1 = pe_1 - pe,
+          d2 = pe_2 - pe)
```

이렇게 생성된 차분 변수를 이용하여 다시 회귀분석을 해보자.

```
> lm.4 <- lm(gfr ~ pe + d1 + d2 + ww2 + pill, data = fer)
```

회귀분석 결과는 다음과 같다.

```
> stargazer(lm.4,
+           type="text",
+           keep.stat = c("n", "rsq"))

=========================================
                 Dependent variable:
            ----------------------------
                          gfr
-----------------------------------------
pe                      0.101***
                        (0.030)

d1                      -0.006
                        (0.156)

d2                       0.034
                        (0.126)

ww21                   -22.127**
                       (10.732)

pill                  -31.305***
                        (3.982)

Constant               95.870***
                        (3.282)
```

```
-----------------------------------------
Observations              70
R2                       0.499
=========================================
Note:        *p<0.1; **p<0.05; ***p<0.01
```

위 추정 결과에 따르면 장기 효과의 크기는 앞에서 예상했듯이 약 0.1 정도였다. 그리고 표준오차가 0.03 정도로, 통계적으로 유의하였다(t=3.38). 즉 실질 소득공제 금액이 10달러 증가하면 가임 여성 1000명당 출산 아동수가 1명 증가하는 효과가 있다고 볼 수 있다.

이상의 회귀분석 결과를 정리하면 다음과 같다.

```
> stargazer::stargazer(lm.3, lm.4,
+                      type="text",
+                      keep.stat = c("n", "rsq", "adj.rsq","f"))

=======================================================
                        Dependent variable:
                   ----------------------------
                               gfr
                        (1)            (2)
-------------------------------------------------------
pe                     0.073         0.101***
                      (0.126)         (0.030)

pe_1                   -0.006
                      (0.156)

pe_2                    0.034
                      (0.126)

d1                                   -0.006
                                     (0.156)

d2                                    0.034
                                     (0.126)
```

```
ww21                        -22.127**      -22.127**
                            (10.732)      (10.732)

pill                        -31.305***    -31.305***
                            (3.982)       (3.982)

Constant                    95.870***      95.870***
                            (3.282)       (3.282)

-----------------------------------------------------
Observations                    70            70
R2                            0.499         0.499
Adjusted R2                    0.459         0.459
F Statistic (df = 5; 64)   12.728***     12.728***
=====================================================
Note:                    *p<0.1; **p<0.05; ***p<0.01
```

반덤핑 제소가 화학 물질 수입에 미치는 효과

이번에는 미국에서 중국 기업에 대한 반덤핑 제소가 중국 기업들의 화학 물질 수출에 미치는 효과를 분석해보자. 화학 물질 중에서 바륨의 수출/수입에 대해 초점을 맞춰 분석해보자. 바륨은 화학 물질 생산의 매개체로 사용되는 화학 물질이다. 따라서 바륨의 수입량 변화를 잘 살펴보면 다른 화학 물질 수입량의 변화도 간접적으로 파악할 수 있다는 장점이 있다.

1980년 초 중국 기업들이 매우 낮은 가격으로 바륨을 미국 시장에 공급하고 있다는 의심을 받았다. 1983년 미국 기업들은 덤핑 혐의로 중국 기업들을 국제무역위원회(ITC,international trade commission)에 제소하여 미국 기업에 유리한 판결을 이끌어내었다.

이러한 상황과 관련하여 다음과 같은 세 가지 질문을 해보자.

첫째, 덤핑 관련 소송 전에 중국에서 미국으로 많은 양의 바륨이 수입되고 있었는가? 둘째, 미국 기업이 국제무역위원회에 제소한 후에는 바륨 수입량이 감소하였는가? 마지막으로 미국에 유리하게 판결이 내려진 이후에 바륨 수입량은 얼마나 줄었는가? 세 가지 질문에 대해 실증적인 답을 구하면, 반덤핑 제소가 바륨 수입에 어느 정도 영향을 미쳤는지 파악할 수 있다.

먼저, barium.csv를 열어보자.

```
> rm(list = ls())
> bar <- read.csv("barium.csv")
```

str() 함수를 이용해 변수들을 확인하자. 기간을 나타내는 변수는 *t*이고, 정확한 기간은 1978년 2월부터, 1988년 12월까지의 월 단위 자료이다. 변수 리스트는 아래와 같다.

```
> str(bar)
'data.frame':   131 obs. of  31 variables:
 $ chnimp  : num  220.5 94.8 219.4 317.4 114.6 ...
 $ bchlimp : num  9578 11219 9720 12921 9790 ...
 $ befile6 : int  0 0 0 0 0 0 0 0 0 0 ...
 $ affile6 : int  0 0 0 0 0 0 0 0 0 0 ...
 $ afdec6  : int  0 0 0 0 0 0 0 0 0 0 ...
 $ befile12: int  0 0 0 0 0 0 0 0 0 0 ...
 $ affile12: int  0 0 0 0 0 0 0 0 0 0 ...
 $ afdec12 : int  0 0 0 0 0 0 0 0 0 0 ...
 $ chempi  : num  100 101 101 102 104 ...
 $ gas     : num  7.83e+09 8.82e+09 8.45e+09 9.24e+09 9.15e+09 ...
 $ rtwex   : num  86.7 85.6 85.4 87.3 86.6 ...
 $ spr     : int  0 1 1 1 0 0 0 0 0 0 ...
 $ sum     : int  0 0 0 0 1 1 1 0 0 0 ...
 $ fall    : int  0 0 0 0 0 0 0 1 1 1 ...
 $ lchnimp : num  5.4 4.55 5.39 5.76 4.74 ...
 $ lgas    : num  22.8 22.9 22.9 22.9 22.9 ...
 $ lrtwex  : num  4.46 4.45 4.45 4.47 4.46 ...
 $ lchempi : num  4.61 4.61 4.62 4.63 4.65 ...
 $ t       : int  1 2 3 4 5 6 7 8 9 10 ...
 $ feb     : int  1 0 0 0 0 0 0 0 0 0 ...
 $ mar     : int  0 1 0 0 0 0 0 0 0 0 ...
 $ apr     : int  0 0 1 0 0 0 0 0 0 0 ...
 $ may     : int  0 0 0 1 0 0 0 0 0 0 ...
 $ jun     : int  0 0 0 0 1 0 0 0 0 0 ...
 $ jul     : int  0 0 0 0 0 1 0 0 0 0 ...
 $ aug     : int  0 0 0 0 0 0 1 0 0 0 ...
 $ sep     : int  0 0 0 0 0 0 0 1 0 0 ...
```

```
$ oct     : int  0 0 0 0 0 0 0 0 1 0 ...
$ nov     : int  0 0 0 0 0 0 0 0 0 1 ...
$ dec     : int  0 0 0 0 0 0 0 0 0 0 ...
$ percchn : num  2.302 0.845 2.257 2.457 1.171 ...
```

주요 변수는 다음과 같다.

- chnimp: 중국으로부터의 수입(종속 변수)
- chempi: 화학 물질 생산 지수(바륨은 중간재로 투입되기 때문에 수요 반영)
- gas: 가솔린 생산량
- rtwex: 환율
- befile6: 소송 전 6개월=1
- affile6: 소송 후 6개월=1
- afdec6: 승소 후 6개월=1

이 변수들의 요약 통계량을 아래와 같이 간단히 살펴보자.

```
> summary(bar[,c("chnimp",
"chempi","gas","rtwex","befile6","affile6","afdec6")])
     chnimp            chempi              gas                 rtwex
 Min.   :  39.68   Min.   :100.1   Min.   :6.900e+09   Min.   : 79.45
 1st Qu.: 317.88   1st Qu.:112.6   1st Qu.:8.210e+09   1st Qu.: 85.86
 Median : 535.72   Median :120.2   Median :8.520e+09   Median : 99.21
 Mean   : 589.24   Mean   :122.8   Mean   :8.519e+09   Mean   :102.50
 3rd Qu.: 821.36   3rd Qu.:131.8   3rd Qu.:8.860e+09   3rd Qu.:116.38
 Max.   :1794.52   Max.   :159.0   Max.   :1.020e+10   Max.   :146.45
    befile6           affile6            afdec6
 Min.   :0.0000   Min.   :0.0000   Min.   :0.0000
 1st Qu.:0.0000   1st Qu.:0.0000   1st Qu.:0.0000
 Median :0.0000   Median :0.0000   Median :0.0000
 Mean   :0.0458   Mean   :0.0458   Mean   :0.0458
 3rd Qu.:0.0000   3rd Qu.:0.0000   3rd Qu.:0.0000
 Max.   :1.0000   Max.   :1.0000   Max.   :1.0000
```

이번에는 중국 기업으로부터의 바륨 수입의 시간 추세를 살펴보자. 아래 산포도는 이전의 다른 산포도와 유사한 방식으로 그렸다. 다만, 추세선의 경우 이번에는 모수적 선형 추세선 대신에 비모수적으로 추정한 국지적 다항 추정법을 사용하였다. 비모수적 추정법은 모수적 추정법에 비해 함수 형태를 특별히 가정하지 않기 때문에 좀 더 일반적인 추정 결과를 얻을 수 있다는 장점이 있다. 이를 위해 geom_smooth()를 사용하였다. 아래 그림에 따르면 1978년 2월을 t=0으로 보았을 때의 바륨 수입량은 평균적으로 증가하는 추세에 있음을 확인할 수 있다.

```
> ggplot(data=bar, aes(x = t, y = chnimp, colour = as.factor(afdec12) ) )
+
+   geom_point(size  = 2,
+              alpha = 0.4) +
+   geom_smooth(linetype = "dashed",
+               alpha    = 0.3,
+               colour = "steelblue") +
+   scale_color_brewer(palette = "Set1") +
+   scale_x_continuous(breaks = seq(0,140,10)) +
+   xlab("time") +
+   labs(color = "dummy for 12 months after decision") +
+   theme(legend.position = "bottom")
```

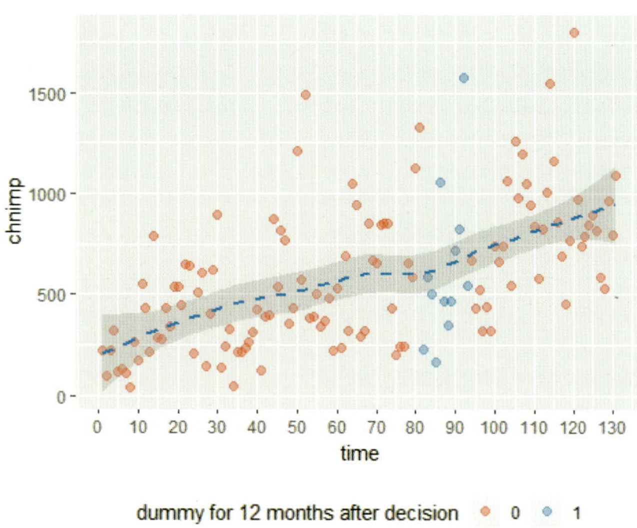

더미 변수를 제외한 다른 변수들은 로그-변환을 하고 회귀분석을 해보자. 종속 변수가 로그 형태를 띠고 있기 때문에 더미 형태의 정책 변수들의 계수들은 탄력성으로 해석이 가능하다.

```
> lm.1 <- lm(lchnimp ~ lchempi + lgas + lrtwex + affile6 + afdec6, data = bar)
> summary(lm.1)

Call:
lm(formula = lchnimp ~ lchempi + lgas + lrtwex + affile6 + afdec6,
    data = bar)

Residuals:
     Min       1Q   Median       3Q      Max
-2.03360 -0.37754  0.03245  0.40244  1.51133

Coefficients:
             Estimate Std. Error t value Pr(>|t|)
(Intercept) -18.09899   20.92554  -0.865  0.38874
lchempi       3.10836    0.47582   6.533 1.47e-09 ***
lgas          0.20633    0.90212   0.229  0.81947
lrtwex        1.00770    0.38381   2.626  0.00973 **
affile6      -0.04022    0.26107  -0.154  0.87780
afdec6       -0.57601    0.28085  -2.051  0.04236 *
---
Signif. codes:  0 '***' 0.001 '**' 0.01 '*' 0.05 '.' 0.1 ' ' 1

Residual standard error: 0.5951 on 125 degrees of freedom
Multiple R-squared:  0.3046,    Adjusted R-squared:  0.2768
F-statistic: 10.95 on 5 and 125 DF,  p-value: 9.39e-09
```

stargazer() 함수를 이용하면 아래와 같이 정리할 수 있다.

```
> stargazer::stargazer(lm.1,
+                      type="text",
+                      keep.stat = c("n", "rsq"))

==========================================
                 Dependent variable:
```

```
             ---------------------------
                       lchnimp
-----------------------------------------
lchempi               3.108***
                      (0.476)

lgas                   0.206
                      (0.902)

lrtwex                1.008***
                      (0.384)

affile6               -0.040
                      (0.261)

afdec6                -0.576**
                      (0.281)

Constant              -18.099
                      (20.926)

-----------------------------------------
Observations            131
R2                     0.305
=========================================
Note:        *p<0.1; **p<0.05; ***p<0.01
```

정책 변수들에 대한 추정 결과를 해석해보자. 소송 후 6개월 동안을 지칭하는 affile6 변수의 계수는 −0.040로 다른 기간에 비해 수입량이 4.0% 감소하였지만 통계적 유의성은 없었다. 한편 판결이 내려진 후 6개월 동안을 지칭하는 afdec6의 계수는 −0.576으로 57.6%의 큰 폭으로 감소하였다. 정확하게는 43.2% 감소하였다(100(exp(−0.565)−1)=−43.7%). 다른 정책 변수들에 비해 변화의 폭이 훨씬 클 뿐만 아니라 5% 유의 수준에서 통계적으로도 유의하였다.

이상의 논의를 정리해보면, 회귀분석 결과는 중국 기업의 바륨 수출이 미국에서 피소당하기 전후의 다른 기간 수출과 큰 차이는 없었지만, 판결이 내려진 후에는 큰 폭으로 하락하였음을 보여주고 있다.

4. 시간 추세

대부분의 시계열은 시간이 지나면서 추세를 따라 변하는 경향이 있다. 인구, GDP, 고용 인구 등의 집계 변수들은 추세를 갖는 것이 알려져 있다.

시계열 자료에서 추세는 크게 선형 추세와 기하학적 추세로 구분할 수 있다.

선형 추세 모형(linear trend model)은 수준 변수의 평균이 시간에 따라 일정하게 증가(감소)하는 것을 가정한 모형이다. 선형 추세 모형은 아래와 같이 표현해볼 수 있다. 아래 모형은 매 기간 y_t의 평균이 α_1씩 증가하는 것을 상정하고 있다.

$$y_t = \alpha_0 + \alpha_1 t + e_t, t = 1,2,\cdots$$

그러면 평균 $E(y_t)$는 다음과 같이 t의 선형 함수로 표현할 수 있다.

$$E(y_t) = \alpha_0 + \alpha_1 t$$

기하학적 추세 모형(exponential trend model)은 수준 대신에 성장률이 일정한 경우를 상정한 것이다. 예컨대 아래와 같은 모형이다. 로그-차분은 대략 퍼센티지 변화율이라는 성질을 이용한 것이다. b1은 평균 성장률, 0.035이면, 연간 3.5%씩 성장한 셈이 되는 것이다.

$$\log(y_t) = \beta_0 + \beta_1 t + e_t, t = 1,2,\cdots$$

$$\Delta\log(y_t) = \beta_1 \approx \frac{y_t - y_{t-1}}{y_{t-1}}$$

문제는 회귀모형 추정에서 이러한 시간 추세가 가지고 있는 변수를 사용하는 경우이다. 사실 추세가 있는 시계열 변수를 분석에서 사용하는 것은 자연스럽고 자주 있는 일이다. 추세가 있는 시계열 변수를 사용하더라도 회귀모형 추정에 필요한 가정을 만족시키고 있는 경우는 기본적으로 문제가 되지는 않는다. 하지만 종속 변수와 설명 변수 모두 시간 추세가 있는 경우 문제가 있을 수 있다.

두 변수가 동시에 시간 추세가 있는 경우, 두 변수의 상관관계가 존재하지 않음에도 불구하고 두 변수가 상관이 있는 것처럼 보일 수가 있다. 이른바 가성회귀의 문제(spurious regression problem)가 존재할 수 있다. 두 변수가 상관관계가 없음에도 불구하고 마치 상관관계가 있는 것처럼 추정 결과가 나올 가능성이 있다.

예를 들어보자. trend.csv 자료를 읽어들이자.

```
> rm(list = ls())
> trend <- read.csv("trend.csv")
```

확률 변수 x1와 y1은 uniform[0,1] 분포에서 임의적으로 생성한 2개의 확률 변수다. 따라서 두 변수는 확률적으로 독립이다.

```
> summary(trend[,c("x1","y1")])
       x1                  y1
 Min.   :0.005723   Min.   :0.008758
 1st Qu.:0.226442   1st Qu.:0.267998
 Median :0.504980   Median :0.522769
 Mean   :0.487117   Mean   :0.509759
 3rd Qu.:0.711759   3rd Qu.:0.775680
 Max.   :0.976367   Max.   :0.984407
```

아래 그림에 따르면 두 변수는 확률적 독립이기 때문에 두 변수 사이에 체계적인 관계는 없어 보인다.

```
> library(ggplot2)
> ggplot(data = trend, aes(x = x1, y = y1)) +
+   geom_point(size  = 3)
```

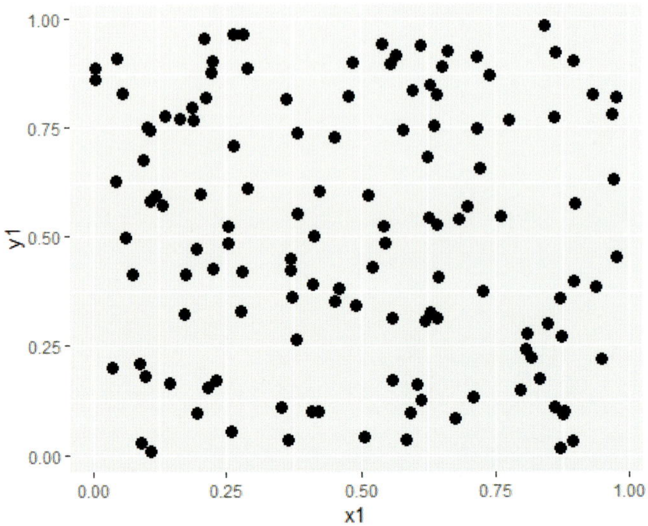

당연히 회귀분석을 해보면 x1이 y1에 미치는 효과는 발견되지 않는다. x1의 계수는 −0.083이고 t-값은 −0.91에 지나지 않는다. x1이 y1에 영향을 미치지 않는다는 귀무가설은 기각되지 않는다.

```
> lm.1 <- lm( y1 ~ x1, data = trend)
> summary(lm.1)

Call:
lm(formula = y1 ~ x1, data = trend)

Residuals:
     Min       1Q   Median       3Q      Max
-0.53254 -0.22733 -0.00431  0.27136  0.50417

Coefficients:
            Estimate Std. Error t value Pr(>|t|)
(Intercept)  0.55035    0.05136  10.716   <2e-16 ***
x1          -0.08333    0.09137  -0.912    0.364
---
Signif. codes:  0 '***' 0.001 '**' 0.01 '*' 0.05 '.' 0.1 ' ' 1
```

```
Residual standard error: 0.2933 on 129 degrees of freedom
Multiple R-squared:  0.006405,  Adjusted R-squared:  -0.001297
F-statistic: 0.8316 on 1 and 129 DF,  p-value: 0.3635
```

이번에는 기존에 변수에 시간 추세를 넣어 새로운 변수 x와 y를 만들어보자. x에는 시간 추세 t를 더하고, y에는 비선형 시간 추세 $t+t^2$를 더하자. x와 y는 이제부터 시간 추세를 비선형적으로 공유하게 된다.

```
> trend <- trend %>%
+   mutate(x = x1 + t, y = y1 + t + t^2)
```

추세가 있는 x와 y를 다시 회귀분석을 해보자. 회귀분석 결과는 x가 y에 체계적인 영향을 미치는 것으로 추정된다. x의 계수는 132.94이고 t-값은 44.75로 통계적으로 매우 유의하다

```
> lm.2 <- lm( y ~ x, data=trend)
> summary(lm.2)

Call:
lm(formula = y ~ x, data = trend)

Residuals:
    Min      1Q  Median      3Q     Max
-1486.1 -1154.4  -356.4   979.2  2838.2

Coefficients:
             Estimate Std. Error t value Pr(>|t|)
(Intercept) -2986.559    227.245  -13.14   <2e-16 ***
x             132.944      2.971   44.75   <2e-16 ***
---
Signif. codes:  0 '***' 0.001 '**' 0.01 '*' 0.05 '.' 0.1 ' ' 1

Residual standard error: 1286 on 129 degrees of freedom
Multiple R-squared:  0.9395,   Adjusted R-squared:  0.939
F-statistic:  2003 on 1 and 129 DF,  p-value: < 2.2e-16
```

이러한 관계는 원래 x와 y가 상관이 있어서 추정된 것이 아니라 시간 추세를 같이 공유하기 때문에 발생한 현상이다. 만약에 이러한 회귀분석 결과에 기초하여 x가 y에 영향을 준다고 결론을 내린다면, 잘못된 결론일 가능성이 많다.

이러한 시간 추세의 문제는 시간 추세 변수를 설명 변수 중 하나로 포함시킴으로써 어느 정도 해결할 수 있다. 예컨대 선형 추세를 포함시켜 보자.

```
> lm.3 <- lm( y ~ x + t, data = trend)
> summary(lm.3)

Call:
lm(formula = y ~ x + t, data = trend)

Residuals:
    Min      1Q  Median      3Q     Max
-1586.8 -1118.8  -355.6   976.3  2908.0

Coefficients:
            Estimate Std. Error t value Pr(>|t|)
(Intercept)  -3086.7      291.1 -10.605   <2e-16 ***
x              355.8      402.9   0.883    0.379
t             -223.0      403.1  -0.553    0.581
---
Signif. codes:  0 '***' 0.001 '**' 0.01 '*' 0.05 '.' 0.1 ' ' 1

Residual standard error: 1290 on 128 degrees of freedom
Multiple R-squared:  0.9396,    Adjusted R-squared:  0.9387
F-statistic: 996.2 on 2 and 128 DF,  p-value: < 2.2e-16
```

위 추정 결과는 x가 y에 미치는 효과는 355.79로 작지는 않지만, 더 이상 통계적으로 유의하지는 않다. x의 역할만을 추정하는 것이 목적이라면 추세를 통제함으로써 잘못된 추론을 하지 않게 된다.

이번에는 선형 추세 대신에 이차항으로 된 추세선을 통제해보자.

```
> lm.4 <- lm( y ~ x + t + I(t^2), data=trend)
> summary(lm.4)

Call:
lm(formula = y ~ x + t + I(t^2), data = trend)

Residuals:
     Min       1Q   Median       3Q      Max 
-0.52403 -0.22692 -0.00095  0.26599  0.53677 

Coefficients:
              Estimate Std. Error  t value Pr(>|t|)    
(Intercept)  0.4877499  0.0911662    5.350 3.96e-07 ***
x           -0.0825751  0.0923364   -0.894    0.373    
t            1.0846096  0.0922172   11.761  < 2e-16 ***
I(t^2)       0.9999875  0.0000202 49511.623  < 2e-16 ***
---
Signif. codes:  0 '***' 0.001 '**' 0.01 '*' 0.05 '.' 0.1 ' ' 1

Residual standard error: 0.2947 on 127 degrees of freedom
Multiple R-squared:      1, Adjusted R-squared:      1 
F-statistic: 1.354e+10 on 3 and 127 DF,  p-value: < 2.2e-16
```

추세를 2차항까지 통제하고 나면, x의 추정 계수는 −0.0826으로 y1을 x1에 회귀분석한 추정 결과와 거의 일치한다는 것을 알 수 있다. 이상의 분석 결과를 살펴보면, 시계열 분석에서는 시간 추세항을 어떤 형태로든지 통제해주는 것이 여러모로 바람직함을 알 수 있다.

```
> stargazer::stargazer(lm.1, lm.2, lm.3, lm.4,
+                      type = "text",
+                      keep.stat = c("n","rsq"))

============================================================
                            Dependent variable:             
             -----------------------------------------------
                 y1                    y                    
                 (1)         (2)          (3)         (4)   
------------------------------------------------------------
```

```
x1            -0.083
             (0.091)

x                       132.944***      355.792      -0.083
                         (2.971)      (402.861)    (0.092)

t                                     -222.975     1.085***
                                     (403.079)    (0.092)

I(t2)                                              1.000***
                                                  (0.00002)

Constant      0.550*** -2,986.559*** -3,086.735*** 0.488***
             (0.051)    (227.245)     (291.056)    (0.091)

------------------------------------------------------------
Observations   131         131           131          131
R2            0.006       0.939         0.940        1.000
============================================================
Note:                          *p<0.1; **p<0.05; ***p<0.01
```

지금까지 논의했던 시간 추세는 확정적 추세(deterministic trend)와 관련된 것이다. 시계열 분석에서 좀 더 필요한 것은 확률적 추세(stochastic trend)와 관련된 것이다. 이는 뒤에 단위근, 공적분, VAR 모형 등을 다루며 보다 자세히 소개할 예정이다.

05

도구 변수 추정

1. 개요
2. 도구 변수 추정법
3. 2SLS 추정법
4. IV 추정

1. 개요

경제학 내 실증 분석에서 가장 많이 사용되는 추정 방법은 단연 OLS(Ordinary Least Squares)이다. OLS 모형은 가정이 많지 않기 때문에 왜곡된 추정치를 얻을 가능성이 낮다는 장점이 있다. 그리고 일정한 추정량의 클래스 내에서는 효율성도 어느 정도 확보할 수 있는 장점이 있다.

OLS 모형의 가장 큰 약점 중에 하나는 내생성(endogeneity)의 문제가 있을 수 있다는 점이다. OLS를 이용하여 실증 분석을 수행한 연구에서는 실험을 통해 외생성의 조건이 충족된 경우를 제외하면 언제 어디서나 내생성의 문제가 제기될 수 있다. 따라서 연구자는 자신이 추정하고 있는 회귀모형에서 내생성의 문제가 없음을 주장하거나 내생성의 문제를 충분히 고려해야 할 입증 책임을 진다.

한편 연구자가 내생성의 문제가 없다고 가정하는 것도 강한 가정이지만, 무턱대고 내생성의 문제가 있다고 하는 것도 건설적인 문제 제기는 아니다. 일반적으로 내생성의 문제가 있다고 주장하려면 어떤 맥락하에서 어떤 이유로 내생성의 문제가 발생할 수 있는지에 대한 설명을 덧붙여야 한다. 적절한 근거로 내생성 문제가 의심되면 통상적으로 입증 책임은 연구자에게 주어진다. 연구자는 회귀모형 추정에서 독립 변수 혹은 공변량(covariates)의 외생성(exogeneity)을 입증해야 한다. 아니면 OLS 추정 방법 외에 다른 대안을 모색해야 한다.

회귀분석에서의 설명변수 x의 외생성 조건은 일반적으로 아래의 식으로 표현한다. 여기에서 u는 회귀분석의 오차항을 나타낸다.

$$E[xu] = 0$$

위 조건은 오차항과 독립변수의 직교(orthoganality) 조건이라고도 불린다. 즉, x와 u가 체계적으로 상관되어 있지 않다는 의미이다. 또한 회귀모형의 식별을 위한 식별 조건(identification condition)으로도 볼 수 있다.

내생성의 문제가 있다는 얘기는 위 조건이 만족되지 않는 경우를 말한다. 즉 아래 식과 같이 된다는 것을 의미한다.

$$E[xu] \neq 0$$

회귀분석 모형에서 내생성의 문제가 발생할 수 있는 경우는 매우 다양하지만 다음 네 가지 정도의 경우로 정리할 수 있다.

- 연립방정식 체계의 문제(simultaneous equation system)
- 측정오차의 문제(errors-in-variables problem 혹은 measurement error)
- 표본선택의 문제(sample selection problem) 혹은 내생적 처리(endogenous treatment)
- 결측변수의 문제(missing variable or omitted variable problem)

내생성의 문제가 발생할 수 있는 첫 번째 경우는 연립방정식 추정의 문제이다. 예컨대, 수요 함수를 추정하고 싶다고 해보자. 수요 함수는 기본적으로 가격의 함수이다. 이때의 가격은 시장 균형 가격(equilibrium price)을 의미한다. 시장 균형 가격은 수요와 공급을 일치시켜주는 가격이므로, 수요 함수와 공급 함수의 연립방정식 체계를 통해 균형가격이 결정된다.

아래와 같은 선형 수요 함수를 가정해보자.

$$q_i^d = \beta_0 + \beta_1 p_i + \beta_x x_i + e_i^d$$

- q^d: 수요량
- p: 가격
- x: 수요 결정 요인
- e^d: 수요측 충격

위 식에 따르면 수요량 q는 가격 p와 관측 가능한 수요 결정 요인 x, 그리고 관측 불가능한 수요 결정 요인 e^d에 의해 결정된다.

위 식을 회귀분석을 이용하여 편의 없이 추정하기 위해서는 p와 e^d간 외생성 조건이 만족되어야 한다. 즉 다음 식이 성립해야 한다.

$$E[pe^d] = 0$$

여기에서 중요한 포인트는 p가 외생적으로 수요, 공급 체계 밖에서 주어지는 것이 아니라 점이다. 위에서 간략하게 설명했듯이 p는 수요, 공급 시스템 내에서 연립방정식의 해로 내생적으로 결정된다.

수요 측에서 선호 충격(preference shock)을 받았을 경우를 생각해보자. 특별히 양(+)의 충격을 받아 e^d가 증가했다고 가정해보자. 당연히 수요는 증가한다. 이에 따라 수요 곡선은 우측으로 이동하고, 그 결과 균형 가격은 상승한다. 시장 균형 조건을 통해, 수요-공급의 연립 방정식 체계 하에서는 수요 함수의 오차항과 설명 변수인 가격이 체계적으로 상관된다. 즉, OLS 추정에서 필요조건인 설명 변수의 외생성이 모형의 구성상 성립하지 않는다. 이와 같이 수요 함수에 가격과 오차항 간 상관관계는 다음 식으로 표현할 수 있다.

$$E[pe^d] \neq 0$$

수요 함수의 가격 탄력성을 편의 없이 추정하기 위해서는 도구 변수가 필요하다. 도구 변수는 가격과는 상관관계가 있지만 수요 충격과는 상관관계가 없는 변수이어야 한다. 연립방정식 내의 도구 변수의 조건을 흔히 제외 제약 조건(exclusion restriction conditions)이라고 한다. 수요-공급 연립방정식 체계의 경우 공급 함수에 포함되어 있으나 수요 함수에는 포함되어 있지 않은 변수 z는 좋은 도구 변수가 된다. z는 모형의 구성상 e^d와는 상관이 없지만 시장 균형 조건을 통해서 p에는 영향을 주게 되기 때문이다.

내생성의 문제가 발생할 수 있는 두 번째 경우는 측정 오차가 있는 경우이다. 측정 오차의 문제는 연립방정식과 같은 복잡한 이론적 근거는 부족하지만, 흔히 발생할 수 있는 문제이다. 관측되는 변수가 원래 변수를 추정과 동시에 측정 오차(measurement error)가 포함되어 측정되는 경우이다. 예컨대 노동공급 함수를 임금의 함수로 추정한다고 해보자. 임금은 월 수입에 대해 물어본 설문조사 문항을 이용한다고 하자. 자신의 시간당 임금을 정확히 대답할 수 있는 응답자는 많지 않을 것이다. 오히려 상당수의 응답자는 실제 임금에 기억의 노이즈(noise)가 섞여 응답을 했을 것이다. 즉 아래 식과 같이 관측된 변수 x는 원래 변수 x*에 추정 오차, 즉 관측 오차 v가 함께 섞여 관측된 것이다.

$$x = x^* + v$$

원래 모형이 아래와 같다고 가정해보자.

$$y_i = b_0 + b_1 x_i^* + \epsilon_i$$

그러면 관측 오차가 있는 경우의 식은 아래와 같이 쓸 수 있다.

$$y = b_0 + b_1(x - v) + \epsilon = b_0 + b_1 x - b_1 v + \epsilon = b_0 + b_1 x + e$$

$$e = -b_1 v + \epsilon$$

x와 v는 모형의 구성상 선형 상관관계가 있으므로 x와 e사이에도 당연히 그러한 관계가 존재하기 때문에 x는 외생성의 조건을 만족시키지 못한다. 역시 이런 경우에도 도구 변수 추정법이 필요하다.

이러한 측정 오차가 있을 경우에는 통상적으로 0의 방향으로 하향 편의(attenuation bias)가 발생하게 된다. 이러한 편의의 방향을 이해하는 가장 좋은 방법은 측정된 변수가 모두 오차항으로 구성되었을 때, 편의가 어떤 방향으로 발생할 것인지 생각해보는 것이다. 그런 경우 추정치는 당연히 0일 것이다. 측정 오차가 커지면 커질수록 0과 가까워지는 방향으로 편의가 발생할 것이고, 점점 작아지는 경우에는 모수의 진짜 추정치와 가까운 값으로 추정될 것이다.

세 번째로 제시할 표본선택의 문제는 자기 선택(self selection), 혹은 표본택(sample selection)으로 불린다.

예컨대 중소기업에 좋은 조건으로 정책 자금을 지원하는 정책 금융의 효과에 대해 추정하는 연구를 생각해보자. 정책 자금의 효과를 추정하기 위해 아래 식과 같은 회귀모형을 상정하자.

$$y_i = \alpha + \beta D_i + \rho x_i + \epsilon_i$$

y: 경영 성과(예컨대, ROA 혹은 ROE)

D: 정책 자금 수혜 여부,

x: 기업의 특징

실증 분석의 목적은 정책 변수 D의 계수인 β를 편의 없이 추정하고, 이를 정책 자금의 정책 효과로 해석하는 것이다. 이와 같은 해석이 가능한 것은 아래 식과 같은 관계가 적절한 가정하에 성립하기 때문이다.

$$\beta = E[y|D = 1] - E[y|D = 0] = E[y(1) - y(0)|D = 1]$$

문제는 중소기업들이 정책 금융 수혜 여부가 기업에게 임의로 주어지는 것이 아니라, 기업의 자기선택(self-selection)의 결과라는 것이다. 예컨대, 금융시장에서의 접근성을 고려했을 때, 경영 성과가 상대적으로 좋지 않은 기업 혹은 상대적으로 업력이 짧은 기업 등은 민간 금융시장에서 자금을 구하기 힘들어 정책 자금을 받게 될 가능성이 높다. 그러한 특성이 통제 변수에 포함되지 않고 ϵ에 포함되면 ϵ을 크게 만든다. ϵ이 클수록 정책 자금을 받을 확률, 즉 D=1이 될 가능성이 높아져 아래 식과 같이 내생성의 문제가 발생하는 것이다.

$$E[D\epsilon] \neq 0$$

이러한 문제는 도구 변수를 이용해 추정하거나 통제 함수(control function)를 이용한다. Heckman의 2단계 추정법은 통제 함수를 이용한 방법이다.

마지막으로 가장 중요하고 가장 자주 마주치는 문제는 결측변수(omitted variable)에 의한 내생성이다. 3장에서 예로 들었던 교육의 수익률 추정의 경우가 이에 해당된다. 어떠한 사람의 학력이 1년 증가할 때, 임금이 몇 퍼센트 증가하는지 추정하고자 하는 연구에서는 일반적으로 그 사람의 능력이 결측되어 이로 인한 편의가 발생할 수 있다. 이 연구는 학력이 임금 증가에 미친 순효과를 추정하는 것이 목적일 것이다. 이 두 변수와의 관계을 개인의 능력을 제외하고 추정하였을 경우, 개인의 능력이 학력에 묻혀 같이 추정되어 학력의 효과가 과대 추정(over-estimation) 될 가능성이 있다. 이는 능력이라는 공통 요소가 학력과 임금 각각에게 미치는 영향이 존재하기 때문이다. 즉 학력이 임금을 인과(cause)하는 것이 아니라 능력 있는 사람이 학력도 높고, 또 학력과 무관하게 직장에서 능력을 바탕으로 받는 임금도 높을 가능성이 있다는 것이다. 따라서 궁극적으로 우리가 관심을 가지는 학력과 임금의 관계가 잘못 추정될 수 있다

이 경우 제일 편한 내생성 처리 방법은 능력을 대신할 수 있는 대리 변수(proxy variable)들을 이용하여 회귀식에서 통제하는 것이다. 예컨대 IQ 혹은 AFQT 정수 등을 이용하여 능력 변수에 대한 대리변수로 사용한 직접 통제한 연구들이 있다. 물론 이런 변수들이 사람들의 진정한 능력을 대변하는지에 대한 논쟁은 있지만, 자료에 이런 변수들이 포함되어 있으면 추정 대상이 되는 교육 변수, 즉 정책 변수의 내생성으로 인한 편의를 큰 폭으로 줄일 수 있다.

하지만 이러한 능력에 대한 대리 변수가 모든 자료에 포함되어 있는 자료는 많지 않다. 오히려 포함되어 있지 않은 경우가 대다수이다. 그런 경우 학력 수준과 상관 있으나, 능력과는

상관없는 도구 변수들을 사용하여 도구 변수 추정을 하게 된다. 아니면, 동일 인물을 여러 시점에 걸쳐 추적하는 패널 자료를 이용하여 추정하기도 한다.

2. 도구 변수 추정법

위에서 설명한 내생성의 문제가 발생하면, 연구자들은 도구 변수를 필사적으로 찾아야 한다. 관심을 갖는 변수의 효과를 추정하기 위해서는 주어진 모형에서 설명 변수의 외생적인 변화(exogenous variation)가 필요하기 때문이다.

도구 변수를 찾는 방법이 정해져 있는 것은 아니다. 그러나 정책 변수들과 관련된 제도를 잘 살펴보고 법이나 규정의 변화, 정책의 변화 등을 찾아봐야 한다. 통상적으로 실증 분석에서의 가장 중요한 공헌은 내생성의 문제가 있어 도구 변수 추정을 했다는 것이 아니라, 어떠한 종류의 내생성이 왜 발생하며 나의 도구 변수는 왜 좋은 도구 변수가 되는지에 대한 스토리를 찾는 것이다.

도구 변수 추정에 대해 모형을 통해 살펴보자. 먼저 내생성이 문제가 되는 경우는 아래와 같은 경우이다.

$$y_i = \beta_0 + \beta_1 x_i + u_i$$

$$E[xu] \neq 0$$

위 식에서 두 번째 식처럼 x와 u가 체계적 상관관계를 갖고 있으면, OLS 추정양은 편의를 가지게 된다. 이런 경우, 도구 변수 z가 필요하다.

어떤 변수가 좋은 도구 변수가 되려면 다음과 같이 관련성과 외생성의 두 가지 조건을 만족해야 한다.

- 도구 외생성(instrument exogeneity): $cov(z,u)=0$
- 도구 관련성(instrument relevance): $cov(z,x) \neq 0$

도구 변수는 내생 변수인 x와 상관이 있어야 하고, 동시에 오차항과 체계적인 상관관계를 가지고 있으면 안된다. 위의 조건은 유사해 보이지만, 서로 다른 의미를 가지고 있으며 둘 다 매우 중요하다.

도구 외생성의 경우 통계적 검증이 쉽지 않다. Hausman 검정이 있기는 하지만, 그것보다는 경제이론에 근거한 스토리 혹은 제도의 변화, 자연적 실험 등의 논리를 사용하게 된다. 경제모형은 어떤 변수들이 내생적이고 어떤 변수들이 외생적인지에 대한 함의를 제공해준다.

반면 도구 관련성의 경우 기본적으로 통계적 검정이 가능하다. 다음과 같은 회귀식을 생각해보자.

$$x_i = \pi_0 + \pi_1 z_i + v_i$$

위의 모형 중 z의 계수인 $\pi_1 = 0$에 대한 검정을 실시하면, x 와 z 가 관련된 변수인지를 검정할 수 있다. 다만, 이러한 관계가 약한 도구 변수를 사용했을 때는 약한 도구 변수의 문제(weak instrument problem)가 발생할 수 있음에 유의해야 한다.

3. 2SLS 추정법

이번에는 도구 변수 z 가 있을 때 도구 변수 추정법, 그중에서도 2단계 최소 자승 추정법(2-stage least square)에 대해 알아보자.

아래 식의 회귀모형에서 y_2를 사용하는 것은 내생성의 문제가 암묵적으로 연립방정식 체계(예, 수요-공급 방정식)에서 발생하고 있음을 보여주기 위함이다.

$$y_1 = \beta_0 + \beta_1 y_2 + \beta_2 z_1 + u_1$$

2개의 도구 변수 z_2, z_3가 있다고 하자. z_2, z_3는 y_2와는 상관관계가 있지만, y_1방정식에는 등장하지 않아야 한다는 제약, 즉 제외 제약(exclusion restrictions)을 만족시키고 있다고 가정하자.

y_2에 대한 도구 변수는 z_1, z_2, z_3의 선형 결합으로 표시할 수 있다면, 아래와 같이 축약형 모형으로 쓸 수 있다.

$$y_2 = \pi_0 + \pi_1 z_1 + \pi_2 z_2 + \pi_3 z_3 + v_2$$

2단계 최소 자승추정법은 1단계에서는 위의 모형을 추정한다. 이 단계에서는 추정된 계수를 이용하여 y_2중에서 u_1과 상관관계가 발생하는 부분을 제거한다. 2단계에서는 이렇게 내생성이 제거된 변수를 이용하여 원래 모형을 추정하는 것이다.

- 1단계(1st stage): y_2를 z_1, z_2, z_3에 대해 회귀분석한 후, 예측치 $\hat{y}_2$를 도출한다.
- 2단계(2nd stage): y_1을 $\hat{y}_2$와 z_1에 대해 회귀분석한다.

여기서 한 가지 주의해야 할 점은 2단계 회귀분석에서 도출되는 추정치의 표준오차를 바로 사용하면 안 된다는 것이다. 2단계에서는 1단계에서 생성된 예측치를 가져왔기 때문에 2단계 추정 계수의 표준오차를 계산할 때 예측에서 발생되는 설명 변수의 오차를 고려해 주어야만 한다. 그런 이유에서 두 번의 회귀분석을 통해 구한 표준오차는 진짜 표준오차를 과소평가하게 된다. 이를 보정하기 위해서는 손으로 직접 표준오차를 계산하기 보다는 R에서 제공하는 도구 변수 추정 명령어인 ivreg()를 사용하는 것이 여러모로 바람직하다.

마지막으로 식별 조건(identification condition)에 대해 살펴보자. 도구 변수의 수가 최소한 내생 변수의 수와 같거나 많아야만 식별이 가능해진다. 예를 들어 내생 변수가 하나 있을 때에는 최소한 하나의 도구 변수가 필요하다.

4. IV 추정

다음의 예를 통해 IV 추정을 해보자.

① 교육 수익률 추정

OLS 추정

아래와 같이 분석에 필요한 패키지들과 자료를 불러오자.

```
> if (!require("AER")) install.packages("AER")
> library(AER)         #for `ivreg()`
> library(lmtest)      #for `coeftest()` and `bptest()`.
> library(broom)       #for `glance(`) and `tidy()`
> library(car)         #for `hccm()` robust standard errors
> library(sandwich)
> library(knitr)       #for making neat tables with `kable()`
> library(stargazer)
```

```
> library(dplyr)
> library(Hmisc)
```

실제 자료인 Mroz의 자료를 이용해 도구 변수 추정을 해보자.

```
> rm(list=ls())        #Removes all items in Environment!
> mroz <- read.csv("mroz.csv")
```

이 자료를 이용하여 경제 활동에 참가하고 있는 노동자의 민서(Mincer) 타입의 임금 방정식을 추정해보자. str() 함수를 이용하여 살펴본 결과 mroz.csv 파일에는 약 22개의 변수와 753명의 관측치가 포함되어 있다. 주요 변수로는 경제 활동 참가 여부(inlf), 노동 시간(hours), 연령(age), 교육(educ), 시간당 임금(wage) 등이 있다.

```
> str(mroz)
'data.frame':	753 obs. of  22 variables:
 $ inlf    : int  1 1 1 1 1 1 1 1 1 1 ...
 $ hours   : int  1610 1656 1980 456 1568 2032 1440 1020 1458 1600 ...
 $ kidslt6 : int  1 0 1 0 1 0 0 0 0 0 ...
 $ kidsge6 : int  0 2 3 3 2 0 2 0 2 2 ...
 $ age     : int  32 30 35 34 31 54 37 54 48 39 ...
 $ educ    : int  12 12 12 12 14 12 16 12 12 12 ...
 $ wage    : num  3.35 1.39 4.55 1.1 4.59 ...
 $ repwage : num  2.65 2.65 4.04 3.25 3.6 ...
 $ hushrs  : int  2708 2310 3072 1920 2000 1040 2670 4120 1995 2100 ...
 $ husage  : int  34 30 40 53 32 57 37 53 52 43 ...
 $ huseduc : int  12 9 12 10 12 11 12 8 4 12 ...
 $ huswage : num  4.03 8.44 3.58 3.54 10 ...
 $ faminc  : int  16310 21800 21040 7300 27300 19495 21152 18900 20405 20425 ...
 $ mtr     : num  0.721 0.661 0.692 0.781 0.622 ...
 $ motheduc: int  12 7 12 7 12 14 14 3 7 7 ...
 $ fatheduc: int  7 7 7 7 14 7 7 3 7 7 ...
 $ unem    : num  5 11 5 5 9.5 7.5 5 5 3 5 ...
 $ city    : int  0 1 0 0 1 1 0 0 0 0 ...
 $ exper   : int  14 5 15 6 7 33 11 35 24 21 ...
 $ nwifeinc: num  10.9 19.5 12 6.8 20.1 ...
```

```
 $ lwage   : num  1.2102 0.3285 1.5141 0.0921 1.5243 ...
 $ expersq : int  196 25 225 36 49 1089 121 1225 576 441 ...
```

다음으로 주요 변수들의 통계량을 정리해보자. 먼저 경제 활동에 참가(inlf: in labor force)하고 있는 노동자들만 추출해 mroz1 자료를 만들자.

```
> mroz1 <- mroz %>%
+   filter(inlf == 1)
```

그리고 주요 임금(wage), 교육(educ), 경력(exper) 등의 변수들에 관한 요약 통계량을 살펴보자. 총 428명의 평균 시간당 임금은 4.178, 교육 수준은 12.66, 경력은 13.04였다.

```
> describe(mroz1 %>%
+            select("wage", "educ", "exper"))
mroz1 %>% select("wage", "educ", "exper")

 3  Variables      428  Observations
---------------------------------------------------------------------
wage
       n  missing distinct     Info     Mean      Gmd      .05      .10
     428        0      373        1    4.178    3.022    1.095    1.519
     .25      .50      .75      .90      .95
   2.263    3.482    4.971    7.574    9.444

lowest :  0.1282  0.1616  0.1709  0.2137  0.3571
highest: 18.2670 21.4290 22.5000 23.4670 25.0000
---------------------------------------------------------------------
educ
       n  missing distinct     Info     Mean      Gmd      .05      .10
     428        0       13    0.876    12.66    2.372        9       10
     .25      .50      .75      .90      .95
      12       12       14       16       17

Value          5     6     7     8     9    10    11    12    13    14
Frequency      1     3     2    12    11    21    22   212    27    33
Proportion 0.002 0.007 0.005 0.028 0.026 0.049 0.051 0.495 0.063 0.077
```

```
Value          15    16    17
Frequency       6    39    39
Proportion 0.014 0.091 0.091
---------------------------------------------------------------------------
exper
       n  missing distinct     Info     Mean      Gmd      .05      .10
     428        0       39    0.998    13.04    8.978        2        4
     .25      .50      .75      .90      .95
       7       12       18       24       29

lowest :  0  1  2  3  4, highest: 34 35 36 37 38
---------------------------------------------------------------------------
```

이번에는 회귀분석에 필요한 새로운 변수들을 만들자. 임금 변수에 로그를 취해 로그-임금 변수를, 경력 변수를 제곱하여 경력 제곱 변수를 생성하자.

```
> mroz1 <- mroz1 %>%
+   mutate(lwage = log(wage), exper_sq = exper^2)
```

일단 누락 변수로 인한 교육 변수의 내생성 문제를 무시하고 OLS를 이용해 교육 수익률을 추정해보자.

```
> lm.ols <- lm(lwage ~ educ +exper + exper_sq, data=mroz1)
```

아래의 추정치는 교육 수익률이 1년에 약 10.7% 가까이 되는 것으로 파악되고, 통계적으로도 유의미하다. 한편, 경력 수익률은 4.2%로 추정되고, 그 수익률은 연령에 대해 체감하는 것으로 보인다.

```
> stargazer::stargazer(lm.ols,
+                      type = "text",
+                      keep.stat = c("n", "rsq"))
```

```
========================================
                 Dependent variable:
            ---------------------------
                        lwage
----------------------------------------
educ                   0.107***
                        (0.014)

exper                  0.042***
                        (0.013)

exper_sq                -0.001**
                       (0.0004)

Constant                -0.522***
                        (0.199)

----------------------------------------
Observations              428
R2                       0.157
========================================
Note:        *p<0.1; **p<0.05; ***p<0.01
```

IV 추정

하지만 앞에서 설명한 바와 같이 교육 변수는 내생 변수일 가능성이 있다. 특히 능력과 같은 변수가 결측되었고, 능력이 학력과 임금 수준을 동시에 결정하면 OLS 추정치가 일치 추정량이 아닐 가능성이 있다. 특별히, 교육 수익률이 과대 추정되었을 가능성이 있다.

이를 극복하기 위해 도구 변수 추정을 해보자. 도구 변수로는 엄마의 교육(mothereduc) 혹은 아빠의 교육(fathereduc) 변수를 사용하자. 먼저 노동자의 교육 수준과 부모의 교육 수준이 얼마나 관계가 있는지 살펴보자.

```
> lm.1st <- lm(educ ~ exper + exper_sq + motheduc + fatheduc, data=mroz1)
```

추정 결과는 다음과 같다. 아래 추정 결과에 따르면 엄마 혹은 아빠의 교육 연수가 많을수록 해당 노동자의 교육 연수도 길어지는 경향이 있음을 확인할 수 있다. 그리고 두 변수 모두 1% 유의 수준에서 통계적으로 유의미하였다.

```
> stargazer::stargazer(lm.1st,
+                      type  = "text",
+                      keep.stat = c("n", "rsq"))

========================================
                 Dependent variable:
             ---------------------------
                        educ
----------------------------------------
exper                   0.045
                       (0.040)

exper_sq               -0.001
                       (0.001)

motheduc               0.158***
                       (0.036)

fatheduc               0.190***
                       (0.034)

Constant               9.103***
                       (0.427)

----------------------------------------
Observations             428
R2                      0.211
========================================
Note:        *p<0.1; **p<0.05; ***p<0.01
```

이번에는 2개의 도구 변수에 기초하여 교육 수익률을 다시 추정해보자. AER 패키지의 ivreg() 함수를 이용한다.

아래 추정 결과에 따르면 부모의 교육 기간을 도구변수로 사용했을 때, 교육 수익률은 약

6.1%로 OLS 추정치보다 약 40% 작다. 즉 예상과 같이 OLS 추정치는 교육 수익률을 과대 추정하고 있었다.

```
> lm.iv <- ivreg(lwage ~ educ +exper + exper_sq | exper + exper_sq  +
fatheduc + motheduc, data=mroz1 )
> stargazer(lm.ols, lm.iv,
+           type="text",
+           column.labels = c("OLS", "IV"),
+           keep.stat     = "n",
+           model.names   = FALSE,
+           dep.var.labels.include = FALSE,
+           dep.var.caption="Dependent variable: log(wage)" )

============================================
             Dependent variable: log(wage)
             ------------------------------
                   OLS             IV
                   (1)             (2)
--------------------------------------------
educ            0.107***         0.061*
                (0.014)         (0.031)

exper           0.042***        0.044***
                (0.013)         (0.013)

exper_sq        -0.001**        -0.001**
               (0.0004)        (0.0004)

Constant       -0.522***         0.048
                (0.199)         (0.400)

--------------------------------------------
Observations       428             428
============================================
Note:           *p<0.1; **p<0.05; ***p<0.01
```

내생성 검정

내생성의 문제가 있다고 의심되면 특정 변수가 내생성의 문제를 갖고 있는지 검정하고 싶어진다.

x가 내생성 문제가 있는 경우, 내생성에 대해 고려하지 않으면 불일치 추정량을 얻게 된다. 반대로 x가 외생 변수일 때, 도구 변수 추정인 2SLS 추정을 하면 일치성에는 문제가 없지만 비효율적인 추정량을 얻게 된다. 이런 경우 2SLS 추정치의 표준오차는 때때로 매우 커지는 경향이 있다.

따라서, 경우에 따라 내생 변수의 외생성, 다른 말로 외생 변수의 내생성을 검정해볼 필요가 있다(testing for endogeneity). 일반적으로 많이 사용되는 검정은 Hausman-test이다. Hausman(1978)의 아이디어는 간단하다. 만약 변수 y_2가 외생적이라고 하면, OLS 추정치도 일치 추정량이 되어야 한다. 관심 변수가 외생적이라고 하면 OLS 추정치와 2SLS 추정치에 큰 차이가 발생하면 안 된다는 점에 착안하여 검정 통계량을 구성한다.

```
> summary(lm.iv, diagnostics = TRUE)

Call:
ivreg(formula = lwage ~ educ + exper + exper_sq | exper + exper_sq +
    fatheduc + motheduc, data = mroz1)

Residuals:
    Min      1Q  Median      3Q     Max
-3.0986 -0.3196  0.0551  0.3689  2.3493

Coefficients:
              Estimate Std. Error t value Pr(>|t|)
(Intercept)  0.0481003  0.4003281   0.120  0.90442
educ         0.0613966  0.0314367   1.953  0.05147 .
exper        0.0441704  0.0134325   3.288  0.00109 **
exper_sq    -0.0008990  0.0004017  -2.238  0.02574 *

Diagnostic tests:
                 df1 df2 statistic p-value
Weak instruments   2 423    55.400  <2e-16 ***
Wu-Hausman         1 423     2.793  0.0954 .
Sargan             1  NA     0.378  0.5386
---
Signif. codes:  0 '***' 0.001 '**' 0.01 '*' 0.05 '.' 0.1 ' ' 1

Residual standard error: 0.6747 on 424 degrees of freedom
```

```
Multiple R-Squared: 0.1357, Adjusted R-squared: 0.1296
Wald test: 8.141 on 3 and 424 DF,  p-value: 2.787e-05
```

Hausman 검정 결과는 약 10% 유의수준에서 내생성이 없다는 귀무가설을 기각할 수 있음을 보여주고 있다.

두 개의 도구 변수가 너무 과도한 것은 아닌지를 검정하는 과도 식별(over-identification) 검정은 도구 변수 추정 후 검정 결과가 overidentification이 아니라는 귀무 가설을 기각할 수 없었다. 즉 통계적으로 도구 변수들은 적절한 것으로 볼 수 있다.

② 수요 함수의 추정

먼저 다음과 같은 수요-함수를 생각해보자.

$$q_i^d = \alpha_0 + \alpha_p p_i + \alpha_c p_i^c + \alpha_y y_i + e_i$$

여기에서 q_i 는 수요량을 지칭한다. p_i는 재화의 가격, p_i^c는 경쟁 재화의 가격, p_i^r는 원자재의 가격이다.

위 수요 함수 추정을 위해 supdem.csv 파일을 불러들여 dem에 저장하자.

```
> rm(list=ls())
> dem <- read.csv("supdem.csv")
```

먼저 quantity와 price의 산포도는 어떤지 살펴보자.

아래 그림에 따르면 가격과 양은 양의 상관관계가 있다. 이는 우리가 일반적으로 기대하는 우하향하는 수요 함수와는 다르다.

```
> ggplot(data=dem, aes(x = quantity, y = price, colour = income) ) +
+   geom_point(size   = 4,
+              alpha  = 0.9) +
+   geom_smooth(method = "lm",
+               se     = FALSE)  +
+   scale_colour_gradient(low = "red", high = "green")
```

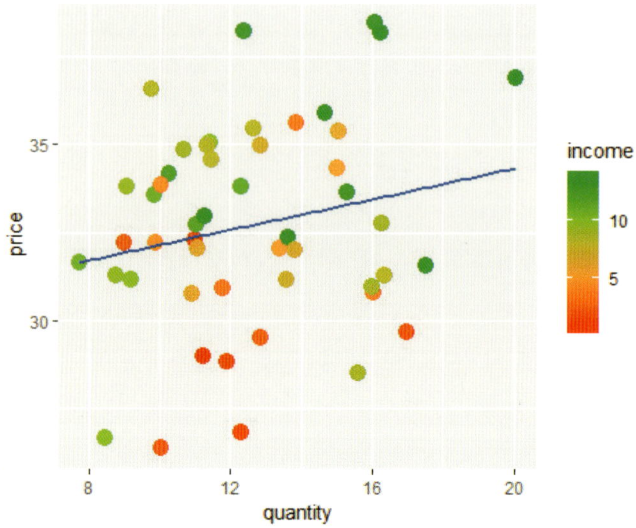

앞의 수요 함수를 다른 고려 사항 없이 아래와 같이 추정해보자.

```
> lm.dem1 <- lm(quantity ~ price + pcompete + income, data = dem)
```

추정 결과는 다음과 같다. price 의 추정치는 0.119로 양수이고 통계적으로 유의하지 않다. 일반적으로 우리가 수요 함수에 기대하는 $\alpha_p < 0$을 만족시키지 않는다. 위 그림에서 본 직선이 추정된 것이다. 사실, 이 직선은 수요 곡선도 공급 곡선도 아니다. 큰 의미 없는 균형 관계만 추정되었을 뿐이다.

```
> stargazer(lm.dem1, type="text",
+           column.labels = c("OLS"),
+           keep.stat     = c("n", "rsq"),
+           model.names   = FALSE,
+           dep.var.labels.include = FALSE,
+           dep.var.caption="Dependent variable: quantity" )

===========================================
             Dependent variable: quantity
```

```
                 ----------------------------
                              OLS
-----------------------------------------
price                       0.119
                           (0.172)

pcompete                    0.095
                           (0.120)

income                      0.079
                           (0.116)

Constant                    7.563
                           (5.019)

-----------------------------------------
Observations                  49
R2                          0.063
=========================================
Note:            *p<0.1; **p<0.05; ***p<0.01
```

수요 함수를 식별하기 위해서는 앞에서 설명했던 제외 제약(exclusion restrictions)을 이용해 도구 변수를 추정하면 된다.

수요 함수에서 가격에 대한 도구 변수로서 수요 함수에는 포함되어 있진 않지만 공급 함수에는 포함되어 있는 변수를 사용할 수 있다. 예컨대 여기에서는 원자재 가격을 도구 변수로 사용할 수 있다.

먼저, 도구 변수로 사용할 praw와 내생 변수인 price 변수와 상관관계가 존재하는지 살펴보자. 아래 그림을 보면, praw와 price 사이에 양의 상관관계가 존재함을 확인할 수 있다.

```
> library(ggplot2)
> ggplot(data=dem, aes(x = praw, y = price)) +
+   geom_point(size = 3) +
+   geom_smooth(method = "lm")
```

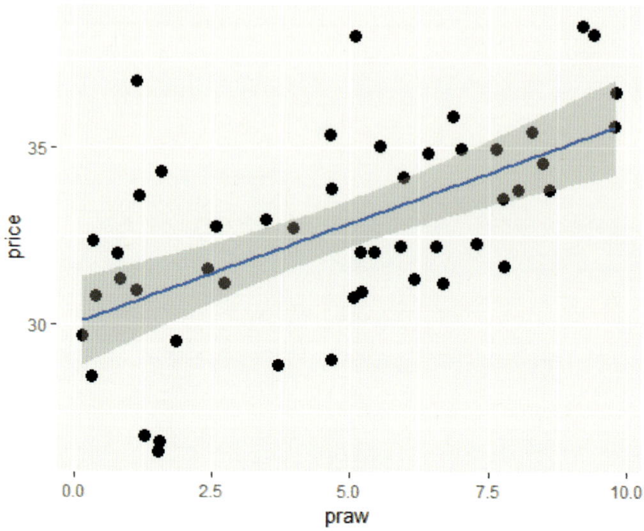

ivreg() 함수를 이용하여 도구 변수를 추정해보자.

```
> lm.iv <- ivreg(quantity ~ price + pcompete + income | pcompete + income
+ praw, data = dem )
```

추정 결과는 다음과 같다.

```
> stargazer::stargazer(lm.dem1, lm.iv, type="text",
+          column.labels = c("OLS", "IV"),
+          keep.stat="n",
+          model.names=FALSE,
+          dep.var.labels.include = FALSE,
+          dep.var.caption="Dependent variable: quantity" )

==========================================
           Dependent variable: quantity
           ----------------------------
               OLS            IV
               (1)           (2)
```

```
----------------------------------------
price            0.119          -1.016**
                (0.172)         (0.390)

pcompete         0.095           0.332*
                (0.120)         (0.180)

income           0.079          0.509**
                (0.116)         (0.200)

Constant         7.563          39.900***
                (5.019)         (11.242)

----------------------------------------
Observations       49              49
========================================
Note:          *p<0.1; **p<0.05; ***p<0.01
```

위 추정 결과에 따르면 가격의 계수는 -1.02이고 통계적으로 유의하다. 가격이 오르면 수요량이 감소하는 수요의 법칙을 보여준다. 소득에 대한 계수는 0.51로서 정상재임을 알 수 있다. 경쟁 관계에 있는 재화의 가격에 대한 계수는 0.332로 서로 대체재임을 알 수 있다.

탄력성을 구하기 위해 모든 변수를 로그-변환한 뒤 다시 도구 변수를 추정해보자. 로그-변환된 변수는 다음과 같이 만들 수 있다.

```
> dem <- dem %>%
+   mutate(lquantity = log(quantity),
+          lprice    = log(price),
+          lpcompete = log(pcompete),
+          lincome   = log(income),
+          lpraw     = log(praw))
```

도구 변수 추정은 다음과 같이 할 수 있다. 순서대로 OLS 추정과 IV 추정을 수행하였다.

```
> lm.dem2 <- lm(lquantity ~ lprice + lpcompete + lincome, data = dem)
> lm.iv2 <- ivreg(lquantity ~ lprice + lpcompete + lincome | lpcompete +
lincome + lpraw, data = dem )
```

추정 결과는 아래와 같다. 수요의 가격 탄력성은 -3.46으로 매우 탄력적이다. 소득 탄력성은 0.267, 대체 탄력성은 0.161로 추정되었다. 모두 5% 유의수준에서 통계적으로 유의미하였다.

```
> stargazer(lm.dem2, lm.iv2, type="text",
+           column.labels          = c("OLS", "IV"),
+           keep.stat              = c("n"),
+           model.names            = FALSE,
+           dep.var.labels.include = FALSE,
+           dep.var.caption        = "Dependent variable: log(quantity)" )

================================================
           Dependent variable: log(quantity)
           ----------------------------------
                 OLS                IV
                 (1)                (2)
------------------------------------------------
lprice          0.383            -3.464**
               (0.454)           (1.436)

lpcompete       0.038            0.161**
               (0.039)           (0.075)

lincome         0.011            0.267**
               (0.050)           (0.115)

Constant        1.099            13.848***
               (1.509)           (4.762)

------------------------------------------------
Observations     49                49
================================================
Note:              *p<0.1; **p<0.05; ***p<0.01
```

아래와 같은 명령을 통해 내생성 검정 등을 수행할 수 있다. 아래의 검정 결과에 따르면 weak instrument에 대한 검정은 기각할 수 있고, 내생성이 없다는 귀무가설 역시 기각할 수 있다(Wu-Hausman test).

```
> summary(lm.iv2, diagnostics = TRUE)

Call:
ivreg(formula = lquantity ~ lprice + lpcompete + lincome | lpcompete +
    lincome + lpraw, data = dem)

Residuals:
     Min       1Q   Median       3Q      Max 
-0.98871 -0.18385 -0.03238  0.21327  0.82649 

Coefficients:
            Estimate Std. Error t value Pr(>|t|)   
(Intercept) 13.84826    4.76185   2.908  0.00563 **
lprice      -3.46359    1.43592  -2.412  0.02000 * 
lpcompete    0.16080    0.07465   2.154  0.03662 * 
lincome      0.26744    0.11503   2.325  0.02465 * 

Diagnostic tests:
                 df1 df2 statistic  p-value    
Weak instruments   1  45     15.78 0.000254 ***
Wu-Hausman         1  44     55.69 2.41e-09 ***
Sargan             0  NA        NA       NA    
---
Signif. codes:  0 '***' 0.001 '**' 0.01 '*' 0.05 '.' 0.1 ' ' 1

Residual standard error: 0.3524 on 45 degrees of freedom
Multiple R-Squared: -1.427, Adjusted R-squared: -1.589 
Wald test: 2.244 on 3 and 45 DF,  p-value: 0.09616
```

경제 빅데이터 분석을 위한 R

06

패널 자료 분석

1. 패널 자료
2. 임의효과 모형
3. 고정효과 모형
4. 패널 자료의 구축
5. 패널 모형의 추정
6. 하우스만 검정
7. 동적 패널 자료 모형

1. 패널 자료

앞에서 소개한 회귀분석 혹은 도구 변수는 주로 횡단면 자료(cross-sectional data)를 분석할 때 사용된다. 횡단면 자료는 우리가 관심을 가지는 모집단을 특정 시점에 초점을 맞춰 살펴본 자료이다. 한편 시계열 자료는 특정 대상을 여러 기간에 거쳐 추적하면서 살펴본 자료이다. 따라서 인덱스(index)는 횡단면 자료에서는 개별 개체를 나타내는 i, 시계열 자료에서는 시간을 나타내는 t가 되는 것이 자연스럽다.

패널 자료 혹은 종단 자료는 여러 대상들에 대해 시간을 두고 추적 조사하여 수집한 자료이다. 패널 자료의 인덱스는 개체와 시간의 복합인 it가 된다. 패널 자료는 한 시점을 고정하면 횡단면 자료가 되고, 한 개체를 고정하면 시계열 자료가 된다. 시점의 길이가 동일한 경우 균형 패널(balanced panel), 개체마다 시점의 길이가 다르면 불균형 패널(unbalanced panel)이라고 한다.

앞에서 정책 변수의 내생성 문제에 대해 논의하였다. 정책 평가에서 정책 변수의 내생성은 거의 늘 마주칠 수 있는 문제이다. 정책 변수의 내생성의 문제를 적절히 처치하기 위해서는 도구 변수가 있어야 한다. 필자에게도 연말이 되면 보고서는 다 되었는데 적절한 도구 변수 하나만 추천해달라고 문의가 오는 경우가 많다. 하지만 도구 변수를 발견하는 것이 어디 쉬운 일인가? 연구 문제에 적절한 도구 변수를 찾기 위해서는 정책 변수의 통계적 성질뿐 아니라 제도에 대한 이해도 있어야 한다. 문제는 연구자가 좋은 도구 변수를 생각해냈다고 해도 그 변수가 우리가 분석하고 있는 자료에 없을 수도 있다는 것이다.

패널 자료를 이용할 경우 가장 큰 장점은 분석 대상의 미관측 이질성(unobserved heterogeneity)을 명시적으로 고려할 수 있게 된다는 것이다. 패널 자료가 있으면 특별히 도구 변수를 찾지 않고서도 내생성 문제의 상당 부분을 고려할 수 있게 된다. 패널 자료가 있으면 도구 변수를 힘들게 찾지 않아도 되기 때문에 정책 효과 추정에 매우 유리한 위치에 설 수 있다. 특별히, 누락 변수 때문에 내생성 문제를 쉽게 해결할 수 있다.

흡연이 암의 발병에 미치는 인과적 효과에 대한 보고서를 작성한다고 생각해보자. 흡연과 폐암에 동시에 영향을 줄 수 있는 변수가 회귀식에서 누락되었다면, OLS 추정치는 흡연의 효과를 과대 혹은 과소 추정할 가능성이 높다. 예컨대 음주 같은 경우는 흡연과도 상관이 있고 암의 발병과도 상관이 있을 수 있다. 연구자가 가지고 있는 자료에 흡연에 대한 정보는 포함되어 있지만 음주에 대한 정보가 빠진 경우 이른바 누락 변수에 의한 편의(omitted variable bias)가 발생하게 된다.

패널 자료가 있다면 이러한 누락 변수를 명시적으로 고려하는 것이 가능해진다. 누락된 변수를 이른바 미관측 이질성으로 회귀식에 포함시킬 수 있기 때문이다. 따라서 누락된 변수에 의한 편의가 완화될 수 있다.

다음과 같은 상황을 생각해보자. N명의 응답자를 T기간 동안 관측한 설문을 생각해보자. 예컨대 1,000명의 응답자가 5년 동안 관측된 경우이다. 그러면 총 관측치는 $N \times T$건인 5,000건이 된다. 우리는 Y를 1개의 정책 변수 X와 k개의 Z_k를 이용하여 설명하려고 한다.

$$Y_{i,t} = \beta_0 + \beta_1 X_{i,t}^1 + \gamma_1 Z_{i,t}^1 + \gamma_2 Z_{i,t}^2 + \cdots + \gamma_K Z_{i,t}^k + \xi_i + \epsilon_{i,t}$$

여기에서 ξ_i는 개인의 미관측 이질성을 대표한다. 미관측 이질성 ξ_i를 어떤 성질로 규정하느냐에 따라 위의 회귀모형의 특성이 결정된다. ξ_i와 $X_{i,t}$와 상관관계가 있음을 허용하면 고정효과 모형(fixed effect model)이라고 한다. 반면 ξ_i와 $X_{i,t}$가 상관관계가 없다고 제약을 하면 임의효과 모형(random effect model)이라고 한다.

2. 임의효과 모형

임의효과 모형은 미관측 이질성과 정책 변수 간 상관관계가 없다고 제약하는 모형이다. 그렇기 때문에 오차항의 ξ_i와 $\epsilon_{i,t}$와 두 개 항으로 구성이 되어 있을 뿐 기본적으로 OLS로 추정을 할 수 있다.

$$Y_{i,t} = \beta_0 + \beta_1 X_{i,t}^1 + \gamma_1 Z_{i,t}^1 + \gamma_2 Z_{i,t}^2 + \cdots + \gamma_K Z_{i,t}^k + \xi_i + \epsilon_{i,t}$$

다만, 개인에 따른 오차항이 있어 분산-공분산 행렬의 구조가 좀 더 복잡해지기 때문에 등분산성을 가정한 OLS 추정량은 비효율적일 수 있다. 예컨대, 다음과 같은 구조를 갖는 것이 보통이다. $var(\xi_i) = \sigma_\xi^2$으로 가정할 수 있다. 그러면 $cov(\xi_i + \epsilon_{i,t}, \xi_i + \epsilon_{i,s}) \neq 0$이기 때문에 계열상관이 발생할 수 있다.

따라서 OLS 추정치는 더 이상 BLUE(best linear unbiased estimator)가 아니다. 이런 경우에는 GLS(generalized least square)를 이용하면 효율적인 추정량을 얻을 수 있다. GLS 추정은 오차항들이 등분산성을 만족시킬 수 있도록 적절히 회귀식을 변환한 후 OLS 추정을 하면 정책 효과를 추정을 할 수 있다.

3. 고정효과 모형

고정효과 모형의 경우 ξ_i는 개인의 기본 수준을 위 혹은 아래로 조정하는 개별 상수의 역할을 한다. 일종의 개인별 더미 변수라고 볼 수 있다. 패널 자료가 없는 경우 이러한 ξ_i를 명시적으로 고려할 수 없다. 왜냐하면 모든 개인에게 공통인 β_0만 추정이 가능하기 때문이다. 만약 N개의 횡단면 관측치만 있다면, N개의 회귀 방정식이 있는 셈이다. 하지만 구해야 할 미지수가 N개의 ξ_i와 k+1개의 모수이기 때문에 미지수를 구할 수 없게 된다. 패널 자료가 있다면 얘기가 달라진다. 최소한 2개년도만 있어도 2N개의 방정식이 확보되기 때문이다.

고정효과 모형의 추정은 보통 1계 차분(first difference) 혹은 평균으로부터의 편차(deviations from means)를 이용하여 추정된다. 고정효과 모형의 추정에서 중요한 것은 ξ_i인데, 이를 직접 추정하면 추정해야 할 모수가 늘어나 실질적으로 추정이 어렵게 된다. 그래서 ξ_i를 성가신 모수(nuisance parameter)라고도 한다. 1계 차분이나 평균으로부터의 편차로 전환하는 이유는 ξ_i를 추정 과정에서 제외하는 것이 목적이다. ξ_i를 고려해야 하지만 ξ_i값 자체가 우리의 관심은 아니기 때문이다.

먼저 1계 차분에 대해 알아보자. 아래 식과 같이 기본 모형을 생각해보자.

$$Y_{i,t} = \beta_0 + \beta_1 X_{i,t}^1 + \gamma_1 Z_{i,t}^1 + \gamma_2 Z_{i,t}^2 + \cdots + \gamma_k Z_{i,t}^k + \xi_i + \epsilon_{i,t}$$

그리고 한 시점 전으로 이동한 모형을 생각해보자.

$$Y_{i,t-1} = \beta_0 + \beta_1 X_{i,t-1}^1 + \gamma_1 Z_{i,t-1}^1 + \gamma_2 Z_{i,t-1}^2 + \cdots + \gamma_k Z_{i,t-1}^k + \xi_i + \epsilon_{i,t-1}$$

위 식에서 아래 식을 빼면 상수와 ξ_i이 빠져나가는 것을 알 수 있다. 시점 간 동일한 요인들은 차분 과정에서 빠져나가는 것이다.

$$\Delta Y_{i,t} = \beta_1 \Delta X_{i,t}^1 + \gamma_1 \Delta Z_{i,t}^1 + \gamma_2 \Delta Z_{i,t}^2 + \cdots + \gamma_k \Delta Z_{i,t}^k + \Delta \epsilon_{i,t}$$

ΔX와 ΔZ는 외생성의 조건을 만족시키기 때문에 정책 효과 β_1는 OLS로 추정할 수 있다. 누락 변수에 따른 편의가 없어지는 것이다.

차분 대신 평균으로부터의 편차를 이용하는 추정량은 within estimator라고도 불린다. 이번에는 한 시점 전으로 가는 대신, 개인 i마다 평균을 취해보자.

$$\overline{Y}_i = \beta_0 + \beta_1 \overline{X}_i^1 + \gamma_1 \overline{Z}_i^1 + \gamma_2 \overline{Z}_i^2 + \cdots + \gamma_k \overline{Z}_i^k + \xi_i + \overline{\epsilon}_i$$

위 식의 평균을 취한 모형에서 ξ_i와 상수 β_0가 그대로 남아 있다. 원래 식에서 평균을 취한 식을 빼자. 그러면 아래와 같이 쓸 수 있다.

$$(Y_{i,t} - \overline{Y}_i) = \beta_1 (X_{i,t}^1 - \overline{X}_i^1) + \gamma_1 (Z_{i,t}^1 - \overline{Z}_i^1) + \gamma_2 (Z_{i,t}^2 - \overline{Z}_i^2) + \cdots + \gamma_k (Z_{i,t}^k - \overline{Z}_i^k) + (\epsilon_{i,t} - \overline{\epsilon}_i)$$

위의 식에서 차분의 경우와 마찬가지로 미관측 이질성인 ξ_i이 더 이상 존재하지 않음을 알 수 있다. 또한 외생성의 조건도 만족시키기 때문에 OLS로 추정이 가능하다.

시점이 2개일 때는 앞의 first-difference 방법과 within estimator과 수치적으로 동일하다. 하지만 시점이 3개 이상일 때는 within estimator가 first-difference 방법보다 분산이 작은 것으로 알려져 있다. 따라서 여러 시점의 패널 자료가 있는 경우 특별한 이유가 있는 것이 아니라면 보통의 연구에서는 within estimator를 사용하는 것이 일반적이다.

사실 고정효과 모형에서 ξ_i를 고려하는 가장 쉬운 방법은 각 개인에 대해 더미 변수를 만들어 회귀식에 포함하는 것이다. 과거에는 이론상 이러한 방법이 가능하다고 하더라도 컴퓨터 계산이 어려웠기 때문에 더미 변수를 이용하여 추정하는 것이 어려웠다. 하지만 현재에는 컴퓨터 계산 능력도 상당히 향상되었고 행렬 계산도 안정적으로 할 수 있기 때문에 고정효과를 고려할 때 더미 변수를 넣어 추정하는 방법이 많이 사용되고 있다. 이렇게 더미 변수를 이용한 추정치는 수치상으로 위의 within estimator와 동일한 것이 알려져 있다. 개인의 수가 아주 크지만 않다면 복잡한 계산을 한 번 하는 대신 더미 변수를 바로 포함시키는 방법도 자주 사용되고 있다. 특별히 횡단면 국가 패널(cross-country panel) 자료의 경우 국가의 수가 기껏해야 몇 십 개에서 백여 개에 지나지 않기 때문에 방법들이 자주 사용되고 있다. 또한 식끼리

빼는 것이 가능하지 않은 비선형 모형의 경우, 더미 변수를 이용하여 고정효과 모형을 추정하는 경우가 많다.

정책 평가를 하다 보면 지역별 평균 자료를 이용해 회귀분석을 하는 경우가 많이 생긴다. 개인별 자료를 추적하여 구축된 패널 자료는 아니지만, 매년 지역별로 횡단면 조사가 진행되어 지역별 평균이 기록된 자료가 주어진 경우이다. 지역별 평균 소득, 지역별 평균 출산율, 지역별 평균 임금 등이 좋은 예가 될 수 있다. 즉, 주어진 지역에서 특정 변수의 평균이 시간에 따라 반복적으로 관측된 경우이다.

이런 경우 지역의 미관측 이질성이 이슈로 등장할 수 있다. 예컨대 지역별 소득과 지역별 출산율 간의 관계를 살펴보는 경우를 생각해보자. 다음과 같은 모형을 상정해볼 수 있다.

$$Y_{rt} = \beta_0 + \beta_1 X_{1rt} + \beta_2 X_{2rt} + \cdots + \beta_k X_{krt} + \epsilon_{rt}$$

여기에서 종속 변수는 합계 출산율을 의미한다. 독립 변수는 지역별 소득을 포함한 지역의 특성 변수가 될 것이다. 지역의 출산율을 결정하는 미관측 이질성이 존재한다면 개인 수준의 회귀분석 모형과 동일하게 누락 변수의 편의에 대한 걱정이 있을 수밖에 없다. 예컨대 특정 지역의 가부장적인 태도 혹은 종교적인 성향 같은 것이 좋은 예가 될 수 있다. 이러한 미관측 이질성이 X들과 상관관계가 있으면 다른 경우와 마찬가지로 누락 변수에 따른 편의가 발생할 가능성이 높기 때문이다.

다음과 같은 모형을 가정하자.

$$Y_{rt} = \beta_0 + \beta_1 X_{1rt} + \beta_2 X_{2rt} + \cdots + \beta_k X_{krt} + c_r + \epsilon_{rt}$$

여기에서 c_r은 지역의 고정효과를 나타낸다. c_r은 지역별로 존재할 수 있는 출산율의 근본적인 차이를 대표한다.

앞에서 설명했던 추정 방법을 그대로 사용할 수 있다. 다만, 추가적으로 고려해야 할 사항은 대부분의 출산 정책이 중앙정부가 시행하는 정책이기 때문에 지역별로 공히 중앙 정책의 출산 장려 정책에 영향을 받을 수 있을 가능성이 있다는 점이다. 물론, 이런 중앙정부 정책의 영향은 지역별로 동일하다는 가정이 필요하다. 그리고 연도별로 다를 수 있다. 이러한 점을 고려하기 위해 다음과 같이 모형을 바꿀 필요가 있다.

$$Y_{rt} = \beta_0 + \beta_1 X_{1rt} + \beta_2 X_{2rt} + \cdots + \beta_k X_{krt} + c_r + \lambda_t + \epsilon_{rt}$$

여기에서는 λ_t 연도별로 다를 수 있는 출산율의 순환을 나타낸다. 위와 같은 모형을 추정하는 가장 쉬운 방법은 지역별 더미, 연도별 더미를 포함시키면 된다. 혹은 연도 더미만 포함시키고 지역별 고정효과는 앞에서 소개한 추정 방법을 사용할 수 있다.

뒤에서 좀 더 자세히 소개하겠지만 패널 자료를 이용해서 이중 차분 추정량을 추정할 수 있다. 예컨대 출산 시 일정 금액을 지불하는 출산 장려 정책의 효과성을 평가하는 경우를 생각해보자. 특정 지역이 출산 장려 정책을 시행하고, 인접한 다른 지역이 출산 장려 정책을 시행하지 않았다고 해보자. 다음과 같은 합계 출산율 결정 모형을 가정해보자.

$$Y_{rt} = \beta_0 + \lambda_r + \lambda_t + \delta P_{rt} + e_{rt}$$

여기에서 P_{rt}는 정책 대상 지역이면서 동시에 정책 시행 이후이면 1, 그 외에는 0의 값을 갖는 더미 변수이다. 위와 같이 회귀식을 설정하면 아래 설명한 바와 같이 δ는 이중 차분 추정량(difference-in-difference estimator)이 된다. 위 식에 따르면 출산 정책을 시행한 지역의 평균 출산율은 시행 전 $\beta_0 + \lambda_r$, 시행 후 $\beta_0 + \lambda_r + \lambda_t + \delta$가 된다. 따라서 두 시점을 차분하면 출산 정책을 시행한 전후 평균 출산율은 $\Delta Y^T = \lambda_t + \delta$만큼 증가하였다. 출산 정책을 미시행한 지역의 경우 시행 전의 평균 출산율은 β_0, 시행 후의 평균 출산율은 $\beta_0 + \lambda_t$이다. 출산 정책 미시행 지역의 출산율이 변한 부분은 $\Delta Y^C = \lambda_t$로 이는 출산 정책과는 무관한 자연 변화분일 것이다. 출산 정책 시행 지역과 미시행 지역의 자연 변화분이 동일하다면 이중 차분 추정치는 ΔY^T-ΔY^C=δ가 될 것이다. 즉, 위 식의 P_{rt}의 계수 δ는 일정한 가정하에서 저출산 정책의 효과가 된다.

4. 패널 자료의 구축

패널 자료의 구조를 살펴보자. 기본적으로 동일한 응답자가 여러 해에 걸쳐 반복적으로 유사한 질문에 응답한 것을 기록한 구조이다. 그러므로 아래와 같은 자료의 모습이 자연스러울 것이다. 동일 개인 식별자(ID)를 중심으로 연간 자료가 붙어 있는 모습이다.

	idcode	year	birth_yr	age	race	msp	nev_mar	grade	collgrad	not_smsa	c_city	south	ind_code	occ_code	union
1	1	70	51	18	2	0	1	12	0	0	1	0	6	3	NA
2	1	71	51	19	2	1	0	12	0	0	1	0	4	6	NA
3	1	72	51	20	2	1	0	12	0	0	1	0	4	6	1
4	1	73	51	21	2	1	0	12	0	0	1	0	4	6	NA
5	1	75	51	23	2	1	0	12	0	0	1	0	5	6	NA
6	1	77	51	25	2	0	0	12	0	0	1	0	12	8	0
7	1	78	51	26	2	0	0	12	0	0	1	0	5	6	NA
8	1	80	51	28	2	0	0	12	0	0	1	0	5	6	1
9	1	83	51	31	2	0	0	12	0	0	1	0	5	6	1
10	1	85	51	33	2	0	0	12	0	0	1	0	5	6	1
11	1	87	51	35	2	0	0	12	0	0	0	0	5	6	1
12	1	88	51	37	2	0	0	12	0	0	0	0	5	6	1
13	2	71	51	19	2	1	0	12	0	0	1	0	4	3	0
14	2	72	51	20	2	1	0	12	0	0	1	0	4	3	NA
15	2	73	51	21	2	1	0	12	0	0	1	0	4	6	NA
16	2	75	51	23	2	1	0	12	0	0	1	0	4	6	NA
17	2	77	51	25	2	1	0	12	0	0	1	0	4	6	1
18	2	78	51	26	2	1	0	12	0	0	1	0	4	6	1
19	2	80	51	28	2	1	0	12	0	0	1	0	4	6	1
20	2	82	51	30	2	1	0	12	0	0	1	0	4	6	1
21	2	83	51	31	2	1	0	12	0	0	1	0	4	6	1
22	2	85	51	33	2	0	0	12	0	0	1	0	4	6	1
23	2	87	51	35	2	0	0	12	0	0	1	0	4	6	1
24	2	88	51	37	2	0	0	12	0	0	1	0	4	5	1
25	3	68	45	22	2	0	1	12	0	0	1	0	4	6	NA
26	3	69	45	23	2	0	1	12	0	0	1	0	4	6	NA

Panel data

문제는 패널 자료가 처음부터 이런 식으로 주어지는 것이 아니라는 점이다. 패널 자료 조사 기간은, 각 연도별 자료(wave라고 보통 부르고 있음)를 횡단면 형태로 제공하는 것이 보통이다.

따라서 위와 같은 자료 형태로 만들고 패널 분석을 하기 위해서는 패널 자료의 각 wave를 잘 이어 붙여 패널 분석이 가능한 형태로 바꿔주는 작업이 필요하다. 이 작업을 하려면 R에서 자료를 이어 붙이도록 도와주는 merge라는 명령어를 사용해야 한다.

보통 패널 자료의 각 wave 파일은 다음과 같이 ID 변수가 포함되어 있다. 개인과 가구를 구분하는 경우에는 개인 아이디(PID)와 가구 아이디(HHID)가 자주 쓰인다. 변수 뒤에 웨이브 번호나 연도를 붙여 놓으면 나중에 패널 형태로 바꿀 때 매우 편리하다.

먼저, wave68.out과 wave69.out을 옆으로 병합해보자. 두 자료를 읽어들이자.

```
> rm(list=ls())
> wav68 <- read.csv("wave68.out" , header = T, sep = "\t")
> wav69 <- read.csv("wave69.out" , header = T, sep = "\t")
```

wav68과 wav69를 merge() 함수를 이용하여 병합하자. 병합할 때 키가 되는 변수는 idcode이다. 그리고 병합된 자료를 일단 temp 에 저장하자.

```
> temp <- merge(x  = wav68,
+               y  = wav69,
+               by ='idcode')
```

merge된 자료를 str()를 통해 확인해보자. 아래와 같이 idcode를 중심으로 각 변수가 병합되어 있고, 변수 이름 뒤에는 연도 혹은 wave를 나타내는 숫자가 포함되어 있다.

```
> str(temp)
'data.frame':   4711 obs. of  21 variables:
 $ idcode    : int  1 2 3 4 5 6 7 9 10 12 ...
 $ birth_yr68: int  NA NA 45 NA 45 46 49 NA NA NA ...
 $ age68     : int  NA NA 22 NA 22 21 19 NA NA NA ...
 $ race68    : int  NA NA 2 NA 1 1 1 NA NA NA ...
 $ grade68   : int  NA NA 12 NA 12 12 12 NA NA NA ...
 $ not_smsa68: int  NA NA 0 NA 0 0 0 NA NA NA ...
 $ south68   : int  NA NA 0 NA 0 0 0 NA NA NA ...
 $ ttl_exp68 : num  NA NA 0.923 NA 1 ...
 $ tenure68  : num  NA NA 0 NA 0 ...
 $ hours68   : int  NA NA 40 NA 40 40 40 NA NA NA ...
 $ ln_wage68 : num  NA NA 1.49 NA 1.63 ...
 $ birth_yr69: int  NA NA 45 NA 45 46 49 NA 51 NA ...
 $ age69     : int  NA NA 23 NA 23 22 19 NA 17 NA ...
 $ race69    : int  NA NA 2 NA 1 1 1 NA 1 NA ...
 $ grade69   : int  NA NA 12 NA 12 12 12 NA 10 NA ...
 $ not_smsa69: int  NA NA 0 NA 0 0 0 NA 0 NA ...
 $ south69   : int  NA NA 0 NA 0 0 0 NA 0 NA ...
 $ ttl_exp69 : num  NA NA 1.5 NA 2 ...
 $ tenure69  : num  NA NA 0.333 NA 0.833 ...
 $ hours69   : int  NA NA 40 NA 40 40 40 NA 40 NA ...
```

```
$ ln_wage69 : num  NA NA 1.7 NA 1.79 ...
```

몇 개의 변수를 head()를 이용해 살펴보자. 아래에서 볼 수 있듯이 merge 이후에는 폭으로 긴 데이터가 만들어진다. 이러한 데이터 형태를 보통 wide-form이라고 한다. 처음 본 패널 자료의 형태는 길게 되어 있다는 의미에서 long-form이라고 한다. 따라서 패널 분석을 하려면 wide-form 자료를 long-form 자료로 전환하는 작업이 필요하다.

```
> library(dplyr)
> head(temp %>%
select("idcode","age68","age69","ln_wage68","ln_wage69"), 10)
   idcode age68 age69 ln_wage68 ln_wage69
1       1    NA    NA        NA        NA
2       2    NA    NA        NA        NA
3       3    22    23  1.493561  1.702528
4       4    NA    NA        NA        NA
5       5    22    23  1.627093  1.787686
6       6    21    22  1.521732  1.479384
7       7    19    19  1.482067  1.490434
8       9    NA    NA        NA        NA
9      10    NA    17        NA  1.361601
10     12    NA    NA        NA        NA
```

wide-form 자료를 long-form 자료로 혹은 반대로 바꿔주는 함수는 reshape()이다. wide-form 자료를 전환하기 위해서는 어떤 변수가 개인 식별 변수(i)이고 어떤 변수가 시간 변수(t)인지를 지정해주어야 한다. 물론 어떤 변수를 long-form으로 전환할 것인지를 정해주는 것도 잊어서는 안 된다.

long-form으로 바꾸기 전에 한 가지 해야 할 작업이 있다. 변수 이름을 reshape()에서 잘 인식할 수 있도록 바꿔주는 것이다. 이 작업은 변수 이름이 일정 패턴을 따르고 있다면 아래와 같은 정규표현(regular expression)을 이용하여 쉽게 전환할 수 있다.

변수 이름은 크게 두 부분으로 구성되어 있다. 앞 부분은 영문, 뒷 부분은 연도를 나타내는 숫자이다. 최종적으로 앞 부분 영문과 뒷 부분 연도 사이에 점 "."을 추가한다.

```
> names(temp) <- gsub("([a-z])([0-9])","\\1\\.\\2",
+                     names(temp))
```

이렇게 바꾼 변수 이름은 다음과 같이 생겼다.

```
> head(temp %>%
select("idcode","age.68","age.69","ln_wage.68","ln_wage.69") %>%
filter(complete.cases(temp)), 10, addrownums=TRUE)
   idcode age.68 age.69 ln_wage.68 ln_wage.69
1       3     22     23   1.493561   1.702528
2       5     22     23   1.627093   1.787686
3       7     19     19   1.482067   1.490434
4      24     21     22   1.372200   1.949388
5      25     22     23   1.885603   1.990210
6      26     23     24   1.934577   2.132866
7      27     22     23   1.991736   1.990210
8      37     19     20   1.416372   1.297063
9      38     23     24   1.753725   1.754488
10     41     20     21   1.403949   1.403949
```

이제 reshape()를 이용하여 long-form으로 전환해보자. reshape()의 인자로 direction은 "long"을, 변수는 2열부터 21열까지, i 를 대표하는 변수로 "idcode"를, 새로 만들어진 시간 변수로는 "year"를 지정하였다.

```
> long <- reshape(temp,
+                 direction = "long",
+                 varying   = 2:21,
+                 idvar     = "idcode",
+                 timevar   = "year")
```

아래에서 확인할 수 있듯이 year라는 변수가 새로 생겼다. 그리고 idcode마다 68년, 69년 관측치가 생겼다. 해당 변수 아래에는 앞의 wide-form의 값들이 들어 있다.

```
> long <- long %>% arrange(idcode, year)
>
> head(long%>% filter(complete.cases(long)),10)
   idcode year birth_yr age race grade not_smsa south   ttl_exp    tenure
1       3   68       45  22    2    12        0     0 0.9230769 0.0000000
2       3   69       45  23    2    12        0     0 1.5000000 0.3333333
3       5   68       45  22    1    12        0     0 1.0000000 0.0000000
4       5   69       45  23    1    12        0     0 2.0000000 0.8333333
5       6   68       46  21    1    12        0     0 0.2884615 0.1666667
6       7   68       49  19    1    12        0     0 1.0000000 0.8333333
7       7   69       49  19    1    12        0     0 2.0000000 1.6666670
8      10   69       51  17    1    10        0     0 0.4166667 0.4166667
9      22   69       47  21    1    15        0     0 0.4230769 0.4166667
10     24   68       46  21    1    14        0     0 0.5833333 0.5833333
   hours  ln_wage
1     40 1.493561
2     40 1.702528
3     40 1.627093
4     40 1.787686
5     40 1.521732
6     40 1.482067
7     40 1.490434
8     40 1.361601
9     40 1.949388
10    40 1.372200
```

이와 같은 작업을 반복하면 다음과 같은 nlswork.csv 과 같은 패널 자료를 구축할 수 있다.

```
> rm(list=ls())
> panel <- read.csv("nlswork.csv")
> attach(panel)
>
> panel %>%
+   select("idcode","year", "age","hours","ln_wage") %>%
+   filter( idcode < 3)
   idcode year age hours  ln_wage
1       1   70  18    20 1.451214
```

```
2       1  71  19    44 1.028620
3       1  72  20    40 1.589977
4       1  73  21    40 1.780273
5       1  75  23    10 1.777012
6       1  77  25    32 1.778681
7       1  78  26    52 2.493976
8       1  80  28    45 2.551715
9       1  83  31    49 2.420261
10      1  85  33    42 2.614173
11      1  87  35    45 2.536374
12      1  88  37    48 2.462927
13      2  71  19    40 1.360348
14      2  72  20    40 1.206198
15      2  73  21    40 1.549883
16      2  75  23    40 1.832581
17      2  77  25    40 1.726721
18      2  78  26    40 1.689910
19      2  80  28    40 1.726964
20      2  82  30    38 1.808289
21      2  83  31    38 1.863417
22      2  85  33    38 1.789367
23      2  87  35    40 1.846530
24      2  88  37    40 1.856448
```

5. 패널 모형의 추정

위 패널 자료를 이용해 임금 방정식을 추정해보자.

패널 자료를 이용하여 추정할 회귀식을 다음과 같이 설정하자.

$$\log(w_{i,t}) = \beta_0 + \beta_{t1} tenure_{i,t} + \beta_{t2} tenure_{i,t}^2 + \beta_a age_{i,t} + \beta_{a^2} age_{i,t}^2 + \beta_{e1} exp_{i,t} + \beta_{e2} exp_{i,t}^2 + \beta_b I\{race_{i,t} = black\} + \beta_{ns} I\{SMSA_{i,t} = 1\} + \beta_s I\{south_{i,t} = 1\} + \xi_i + \epsilon_{i,t}$$

우리의 관심은 근속의 수익률 β_{t1}에 있다고 해보자. 즉, 근속 기간이 1년 증가할 때 임금이 평균 몇 % 정도 증가하는지 알고 싶다고 해보자.

먼저 OLS를 이용하여 위 모형을 추정해보자.

```
> lm.ols <- lm(formula =ln_wage ~ tenure + I(tenure^2) + age + I(age^2) +
ttl_exp + I(ttl_exp^2) + race + not_smsa + south, data = panel)
```

추정 결과는 다음과 같다.

```
> summary(lm.ols)

Call:
lm(formula = ln_wage ~ tenure + I(tenure^2) + age + I(age^2) +
    ttl_exp + I(ttl_exp^2) + race + not_smsa + south, data = panel)

Residuals:
    Min      1Q  Median      3Q     Max
-1.7998 -0.2293 -0.0063  0.2265  3.5109

Coefficients:
               Estimate Std. Error t value Pr(>|t|)
(Intercept)   6.841e-01  5.199e-02  13.158  < 2e-16 ***
tenure        4.810e-02  2.089e-03  23.029  < 2e-16 ***
I(tenure^2)  -2.047e-03  1.424e-04 -14.378  < 2e-16 ***
age           5.278e-02  3.682e-03  14.335  < 2e-16 ***
I(age^2)     -9.409e-04  5.981e-05 -15.732  < 2e-16 ***
ttl_exp       3.466e-02  2.474e-03  14.007  < 2e-16 ***
I(ttl_exp^2)  3.557e-05  1.325e-04   0.269    0.788
raceother     1.378e-01  2.378e-02   5.797 6.84e-09 ***
racewhite     1.183e-01  5.606e-03  21.099  < 2e-16 ***
not_smsa     -2.096e-01  5.461e-03 -38.380  < 2e-16 ***
south        -1.215e-01  5.199e-03 -23.373  < 2e-16 ***
---
Signif. codes:  0 '***' 0.001 '**' 0.01 '*' 0.05 '.' 0.1 ' ' 1

Residual standard error: 0.4022 on 28082 degrees of freedom
  (441 observations deleted due to missingness)
Multiple R-squared:  0.2916,    Adjusted R-squared:  0.2914
F-statistic:  1156 on 10 and 28082 DF,  p-value: < 2.2e-16
```

OLS 추정 결과에 따르면 우리가 관심을 가지고 있는 tenure의 수익률은 약 8% 정도인 것으로 보인다. 근속의 수익률은 근속 기간이 늘어나면서 점점 작아지는 경향이 있는 것으로 보인다. 근속 기간 변수들은 모두 통계적으로 유의하였다.

연령에 따른 임금 증가율은 약 5.28%, 경력에 대한 수익률은 3.07% 정도로 추정되었다. 백인은 흑인에 비해 11.8% 정도 임금이 높았다. 남쪽에 살고 있는 노동자는 12.2% 정도 임금이 낮았다.

이번에는 패널 모형을 추정해보자. 임의효과와 고정효과는 plm 패키지를 이용하면 쉽게 추정할 수 있다. plm을 library()를 이용하여 장착한 후, plm.data를 이용하여 패널 자료임을 선언해주자.

```
> # install.packages("plm")
> library(plm)
>
> panel <- plm.data(panel,
+                   index=c("idcode","year"))
```

임의효과 모형은 plm() 함수에 model을 “random”으로 아래와 같이 선언하면 추정할 수 있다.

```
> plm.re <-  plm(formula = ln_wage ~ tenure + I(tenure^2) + age +
I(age^2) + ttl_exp + I(ttl_exp^2) + race + not_smsa + south,
+              data    = panel,
+              model   = "random")
```

추정 결과는 다음과 같다.

```
> stargazer::stargazer(plm.re, type = "text")

============================================
                  Dependent variable:
             ---------------------------
                        ln_wage
```

```
----------------------------------------
tenure                   0.039***
                          (0.002)

I(tenure2)                -0.002***
                         (0.0001)

age                      0.039***
                          (0.003)

I(age2)                   -0.001***
                         (0.0001)

ttl_exp                   0.037***
                          (0.002)

I(ttl_exp2)                0.0001
                         (0.0001)

raceother                 0.171***
                          (0.043)

racewhite                 0.110***
                          (0.010)

not_smsa                  -0.152***
                          (0.007)

south                    -0.098***
                          (0.008)

Constant                  0.933***
                          (0.046)

----------------------------------------
Observations               28,093
R2                         0.339
Adjusted R2                 0.339
F Statistic           14,389.140***
```

```
=========================================
Note:        *p<0.1; **p<0.05; ***p<0.01
```

임의효과에 따르면 우리의 관심인 근속 기간의 수익률은 3.9%로 OLS 모형에서 추정되었던 수익률보다는 다소 작게 추정되었다. 아마도 미관측 이질성이 모종의 역할을 했다고 판단된다.

이쯤에서 OLS 모형이 옳은지 아니면 위 패널 모형처럼 미관측 이질성을 추가적으로 고려해야 하는지 검정할 필요가 있다. 아이디어는 간단하다. 만약 미관측 이질성이 없다면 OLS 추정량은 효율적인 추정량일 것이다. 그렇게 구해진 오차항들은 서로 계열 상관관계가 존재해서는 안 된다. 계열 상관관계가 있다는 것은 동일한 개인에게 시점을 관통하는 뭔가가 있다는 얘기가 되기 때문이다. 쉽게는 잔차가 AR(1)을 따르는지를 검정하면 된다. 하지만 좀 더 직접적인 검정은 $\sigma_c^2 = 0$인지를 검정하는 것이다.

다음의 예를 실습해보자. 먼저 panel 자료를 이용해 pooling 모형을 추정한다.

```
> plm.pooling <-  plm(formula = ln_wage ~ tenure + I(tenure^2) + age +
I(age^2) + ttl_exp + I(ttl_exp^2) + race + not_smsa + south,
+                    data = panel,
+                    model = "pooling")
```

추정 결과는 다음과 같다.

```
> stargazer::stargazer(plm.pooling, type = "text")

===========================================
                 Dependent variable:
            -----------------------------
                       ln_wage
-------------------------------------------
tenure                0.048***
                      (0.002)

I(tenure2)            -0.002***
                     (0.0001)
```

```
age                     0.053***
                         (0.004)

I(age2)                  -0.001***
                        (0.0001)

ttl_exp                  0.035***
                         (0.002)

I(ttl_exp2)               0.00004
                        (0.0001)

raceother                0.138***
                         (0.024)

racewhite                0.118***
                         (0.006)

not_smsa                 -0.210***
                         (0.005)

south                    -0.122***
                         (0.005)

Constant                 0.684***
                         (0.052)

-------------------------------------------
Observations              28,093
R2                        0.292
Adjusted R2                0.291
F Statistic  1,155.980*** (df = 10; 28082)
===========================================
Note:         *p<0.1; **p<0.05; ***p<0.01
```

그리고, Breusch-Pagan의 LM(lagrange multiplier) 검정을 다음과 같이 시행해보자.

```
> plmtest(plm.pooling,
+         effect = "individual",
+         type   = "bp")

    Lagrange Multiplier Test - (Breusch-Pagan) for unbalanced panels

data:  ln_wage ~ tenure + I(tenure^2) + age + I(age^2) + ttl_exp +
I(ttl_exp^2) +  ...
chisq = 18438, df = 1, p-value < 2.2e-16
alternative hypothesis: significant effects
```

검정 결과에 따르면 LM 통계량이 충분히 크기 때문에 임의효과의 분산이 0이라는 귀무가설을 기각할 수 있다. 따라서 모형에서 미관측 이질성을 고려하는 것이 적절한 것으로 판단된다.

이번에는 가장 일반적인 모형인 고정효과 모형을 추정해보자.

```
> plm.fe <-  plm(formula =  ln_wage ~ tenure + I(tenure^2) + age +
I(age^2) + ttl_exp + I(ttl_exp^2) + race + not_smsa + south,
+                data = panel,
+                model = "within")
> stargazer::stargazer(plm.fe, type = "text")

==========================================
                 Dependent variable:
             ----------------------------
                       ln_wage
------------------------------------------
tenure                0.036***
                       (0.002)

I(tenure2)            -0.002***
                      (0.0001)

age                   0.036***
                       (0.003)
```

```
I(age2)                 -0.001***
                       (0.0001)

ttl_exp                 0.033***
                        (0.003)

I(ttl_exp2)              0.0002*
                       (0.0001)

not_smsa                -0.089***
                        (0.010)

south                   -0.061***
                        (0.011)

----------------------------------------
Observations              28,093
R2                        0.173
Adjusted R2                0.006
F Statistic  610.122*** (df = 8; 23386)
========================================
Note:        *p<0.1; **p<0.05; ***p<0.01
```

우리가 관심을 가지고 있는 tenure에 대한 수익률은 3.6%로 임의효과 모형의 3.8%보다는 다소 작아졌다. 다른 변수의 수익률도 조금씩 작아졌음을 발견할 수 있다.

한 가지 특이한 점은 인종(race) 변수가 추정되지 않았다는 점이다. 이는 고정효과 모형은 개인 안의 변이를 이용하는 것인데, 시점에 따라 개인의 특성이 변하지 않았다면, 평균으로부터의 편차를 계산하는 과정에서 변수 자체가 탈락되기 때문에 추정할 수 없게 된 것이다. 인종의 경우가 대표적이다.

이상의 추정 결과를 정리해보자.

```
> stargazer:: stargazer(plm.pooling, plm.re, plm.fe,
+                       type="text",
+                       model.names = FALSE,
+                       keep.stat = c("n", "rsq"),
+                       column.labels = c("Pooling",
+                                         "Random effect",
+                                         "Fixed effect"),
+                       dep.var.caption = "Dependent variable: ln(wage)",
+                       dep.var.labels.include = FALSE,
+                       df = FALSE)

=================================================
                Dependent variable: ln(wage)
            -------------------------------------
             Pooling  Random effect Fixed effect
               (1)         (2)           (3)
-------------------------------------------------
tenure       0.048***    0.039***      0.036***
             (0.002)     (0.002)       (0.002)

I(tenure2)   -0.002***   -0.002***     -0.002***
             (0.0001)    (0.0001)      (0.0001)

age          0.053***    0.039***      0.036***
             (0.004)     (0.003)       (0.003)

I(age2)      -0.001***   -0.001***     -0.001***
             (0.0001)    (0.0001)      (0.0001)

ttl_exp      0.035***    0.037***      0.033***
             (0.002)     (0.002)       (0.003)

I(ttl_exp2)   0.00004     0.0001        0.0002*
             (0.0001)    (0.0001)      (0.0001)

raceother    0.138***    0.171***
             (0.024)     (0.043)

racewhite    0.118***    0.110***
```

```
              (0.006)      (0.010)

not_smsa      -0.210***    -0.152***    -0.089***
              (0.005)      (0.007)      (0.010)

south         -0.122***    -0.098***    -0.061***
              (0.005)      (0.008)      (0.011)

Constant      0.684***     0.933***
              (0.052)      (0.046)

--------------------------------------------------
Observations  28,093       28,093       28,093
R2            0.292        0.339        0.173
==================================================
Note:                *p<0.1; **p<0.05; ***p<0.01
```

6. 하우스만 검정

하우스만(Hausman) 검정은 임의효과 모형이 옳다는 귀무가설하에서 일치 추정량(FE)과 효율적인 추정량(RE)이 서로 일치하는지를 검정하는 통계적 장치로 다음과 같이 검정량을 계산한다.

$$H = (\hat{\beta}_{FE} - \hat{\beta}_{RE})'[Avar(\hat{\beta}_{FE}) - Avar(\hat{\beta}_{RE})]^{-1}(\hat{\beta}_{FE} - \hat{\beta}_{RE})$$

위 검정량은 β_{FE}와 β_{RE}의 거리(정확하게는 거리의 제곱)를 계산하되 추정치가 통계량이기 때문에 정보량을 고려하여 분산의 역수로 가중치를 고려하여 거리를 계산한 것이다. H는 카이제곱 분포를 따른다고 알려져 있다. 0에서 충분히 먼 값을 가지면 귀무가설을 기각한다. 즉, 임의효과의 가정이 옳지 않다 추정하는 것이다.

만약 하나의 계수에만 관심이 있다면 굳이 H처럼 거리의 제곱 형태로 나타내지 않고 t-통계량으로 표현할 수도 있다

$$\frac{(\hat{\beta}_{FE} - \hat{\beta}_{RE}))}{\sqrt{se(\hat{\beta}_{FE}) - se(\hat{\beta}_{RE})}}$$

이와 같은 하우스만 검정은 phtest() 함수를 이용한다. 한 가지 주의를 기울여야 할 점은 phtest() 함수의 첫 째 요인은 일치 추정량, 두 번째 요인은 효율적 추정량이 된다.

```
> phtest(plm.fe, plm.re)

    Hausman Test

data:  ln_wage ~ tenure + I(tenure^2) + age + I(age^2) + ttl_exp +
I(ttl_exp^2) +  ...
chisq = 604.67, df = 8, p-value < 2.2e-16
alternative hypothesis: one model is inconsistent
```

7. 동적 패널 모형

패널 모형을 구축하다 보면 종속 변수의 결정 요인으로 종속 변수의 과거 값이 중요한 경우가 있다. 즉, 종속 변수가 계열 상관을 가질 수 있다. 예컨대 종속 변수를 흡연량이라고 가정하자. 흡연은 중독성이 있으므로 현재의 흡연량은 담배 가격, 본인의 소득, 개인의 특성 외에도 과거의 흡연량이 중요한다. 이러한 종속 변수의 계열 상관을 고려하기 위해 다음과 같은 회귀모형을 생각해보자.

$$y_{i,t} = \alpha y_{i,t-1} + x_{i,t}\beta + u_i + \epsilon_{i,t}$$

위와 같이 종속 변수의 시차 변수가 설명 변수로 포함되어 있으면, 앞에서 설명한 차분을 통해 고정효과를 제거해도 외생성의 조건이 만족되지 않아 OLS를 사용할 수 없다. 먼저 1계 차분을 해보자.

$$\Delta y_{i,t} = \alpha\Delta y_{i,t-1} + \Delta x_{i,t}\beta + \Delta\epsilon_{i,t}$$

위의 차분된 회귀식에서 오른쪽 변수 중 $\Delta y_{i,t-1} = y_{i,t-1} - y_{i,t-2}$과 오차항 중 $\epsilon_{i,t-1}$간에는

내생성이 존재하게 된다. 이를 평균으로부터의 편차를 이용하여 차분한 경우에도 동일한 현상이 발생한다. 이를 Nickell 편의라고 부르기도 한다. 통상적으로 α를 과소 추정하는 것으로 알려져 있다.

고정효과인 u_i를 일단 제거했기 때문에 적절한 도구 변수를 이용하여 도구 변수 추정을 할 수 있는 상황이다. 예컨대 $y_{i,t-2}$은 $\Delta y_{i,t-1}$의 적절한 도구 변수가 될 수 있다. ϵ이 AR(1) 과정을 따르는 경우에도 $y_{i,t-3}$ 혹은 $y_{i,t-4}$도 도구 변수로 사용할 수 있다. 이러한 도구 변수를 사용하여 추정하는 방법은 Anderson-Hsiao(AH)에 의해 제안되었다.

AH 대신 주로 사용되는 모형은 Arellano & Bond(AB, Review of Economic Studies, 1991) 모형이다. AH모형은 도구 변수를 충분히 사용한 것은 아니다. AB 모형은 좀 더 많은 직교 조건을 만족시키는 도구 변수를 구축해 GMM(generalized method of moments) 추정한 것이다. AB 모형은 다음 조건에서 좀 더 잘 추정되는 것으로 알려져 있다.

- 많은 개체(N)와 짧은 시점(T)
- 선형 관계
- 종속 변수가 계열 상관을 갖는 경우
- 오른쪽 변수 중 일부가 강한 외생성을 갖지 않는 경우(과거 혹은 현재의 오차항과 상관관계가 있는 경우)
- 고정효과로 대표되는 미관측 이질성이 있는 경우

AB 모형은 xtabond로 추정 가능하며, GMM을 이용하여 추정한다. GMM에 이용될 적률 조건은 앞에서 언급했던 도구 변수 외에 도구 변수의 시차 변수도 적률 조건을 생성하는 데 사용된다.

하지만 시차 변수는 차분 값에 대한 도구 변수로서 적절하지 않은 경우가 많았다. 특히, 시계열 변수가 임의 보행(random walk)을 따르는 경우에는 문제가 좀 더 심해졌다. 해결책으로 시차 변수 외에 시차 차분(lagged differences) 변수를 도구 변수로 포함시킬 것을 제안하였다. 문헌에서는 이전의 AB 모형을 차분 GMM(difference GMM)으로 부르고, 후자를 시스템 GMM(system GMM)으로 부른다.

먼저 다음과 같은 노동 수요 함수를 상정해보자. 노동 수요는 1, 2기 전의 노동 수요와 임금과 임금 시차 변수, 자본량, 산출과 산출 시차 변수의 함수라고 가정하면, 아래와 같이 쓸 수 있다.

$$\log(L_{i,t})$$
$$= \beta_0 + \beta_1\log(L_{i,t-1}) + \beta_2\log(L_{i,t-2}) + \beta_3\log(w_{i,t}) + \beta_4\log(w_{i,t-1}) + \beta_5\log(K_{i,t}) + \beta_6\log(Y_{i,t})$$
$$+ \beta_7\log(Y_{i,t-1}) + \lambda_i + \lambda_t + \epsilon_{i,t}$$

AB 모형을 pgmm을 이용하여 추정해보자.

```
> data("EmplUK", package = "plm")
>
> # Arellano and Bond (1991)
> dpd.ab <- pgmm(log(emp) ~ lag(log(emp), 1:2) + lag(log(wage), 0:1)
+            + log(capital) + lag(log(output), 0:1) | lag(log(emp),
2:99),
+             data = EmplUK, effect = "twoways", model = "twosteps")
> summary(dpd.ab)
Twoways effects Two steps model

Call:
pgmm(formula = log(emp) ~ lag(log(emp), 1:2) + lag(log(wage),
    0:1) + log(capital) + lag(log(output), 0:1) | lag(log(emp),
    2:99), data = EmplUK, effect = "twoways", model = "twosteps")

Unbalanced Panel: n = 140, T = 7-9, N = 1031

Number of Observations Used: 611

Residuals:
      Min.    1st Qu.     Median       Mean    3rd Qu.       Max.
-0.6190677 -0.0255683  0.0000000 -0.0001339  0.0332013  0.6410272

Coefficients:
                      Estimate Std. Error z-value  Pr(>|z|)
lag(log(emp), 1:2)1    0.474151   0.185398  2.5575 0.0105437 *
lag(log(emp), 1:2)2   -0.052967   0.051749 -1.0235 0.3060506
lag(log(wage), 0:1)0  -0.513205   0.145565 -3.5256 0.0004225 ***
lag(log(wage), 0:1)1   0.224640   0.141950  1.5825 0.1135279
```

```
log(capital)           0.292723   0.062627  4.6741 2.953e-06 ***
lag(log(output), 0:1)0  0.609775   0.156263  3.9022 9.530e-05 ***
lag(log(output), 0:1)1 -0.446373   0.217302 -2.0542 0.0399605 *
---
Signif. codes:  0 '***' 0.001 '**' 0.01 '*' 0.05 '.' 0.1 ' ' 1

Sargan test: chisq(25) = 30.11247 (p-value = 0.22011)
Autocorrelation test (1): normal = -1.53845 (p-value = 0.12394)
Autocorrelation test (2): normal = -0.2796829 (p-value = 0.77972)
Wald test for coefficients: chisq(7) = 142.0353 (p-value = < 2.22e-16)
Wald test for time dummies: chisq(6) = 16.97046 (p-value = 0.0093924)
```

추정 결과를 살펴보면, 로그-고용 시차 변수들의 계수의 경우 1기 시차 0.47, 2기 시차 -0.05 이었으나, 두 변수 모두 5% 유의수준에서 통계적으로 유의하지 않았다. 임금 탄력성은 동기의 경우 -0.51, 1기 시차의 경우 0.22였다. 산출 탄력성은 동기의 경우 0.61, 1기 시차는 -0.45 정도였다.

```
> dpd.sys <- pgmm(log(emp) ~lag(log(emp), 1:2) + lag(log(wage),
+     0:1) + log(capital) + lag(log(output), 0:1) | lag(log(emp), 2:99) ,

+           data = EmplUK, effect = "twoways", model = "twostep",
+           transformation = "ld")
> summary(dpd.sys)
Twoways effects Two steps model

Call:
pgmm(formula = log(emp) ~ lag(log(emp), 1:2) + lag(log(wage),
    0:1) + log(capital) + lag(log(output), 0:1) | lag(log(emp),
    2:99), data = EmplUK, effect = "twoways", model = "twostep",
    transformation = "ld")

Unbalanced Panel: n = 140, T = 7-9, N = 1031

Number of Observations Used: 1362

Residuals:
```

```
      Min.    1st Qu.     Median       Mean    3rd Qu.       Max. 
-1.2783232 -0.0312663  0.0000000 -0.0008859  0.0305511  0.9968286 

Coefficients:
                         Estimate Std. Error z-value  Pr(>|z|)    
lag(log(emp), 1:2)1      1.159729   0.065914 17.5945 < 2.2e-16 ***
lag(log(emp), 1:2)2     -0.208429   0.052465 -3.9727 7.105e-05 ***
lag(log(wage), 0:1)0    -0.384443   0.200473 -1.9177  0.055152 .  
lag(log(wage), 0:1)1     0.345628   0.207797  1.6633  0.096254 .  
log(capital)             0.043447   0.024748  1.7555  0.079166 .  
lag(log(output), 0:1)0   0.551373   0.212272  2.5975  0.009391 ** 
lag(log(output), 0:1)1 -0.549793   0.214530 -2.5628  0.010384 *  
---
Signif. codes:  0 '***' 0.001 '**' 0.01 '*' 0.05 '.' 0.1 ' ' 1

Sargan test: chisq(37) = 57.1014 (p-value = 0.018479)
Autocorrelation test (1): normal = -2.035183 (p-value = 0.041832)
Autocorrelation test (2): normal = 0.06457302 (p-value = 0.94851)
Wald test for coefficients: chisq(7) = 50169.13 (p-value = < 2.22e-16)
Wald test for time dummies: chisq(6) = 20.07568 (p-value = 0.0026848)
```

System-GMM을 이용해 추정한 경우, 각 계수의 방향성은 유사하였지만 효과의 크기와 통계적 유의성은 대체로 증가하였음을 확인할 수 있다. 예컨대, 로그-고용의 1기 시차 변수의 경우 1.16, 2기 시차 변수의 경우 -0.21로 절댓값의 의미에서 효과의 크기가 증가하였다. 그리고 두 변수 모두 1% 유의 수준에서 통계적으로 유의하였다.

이상의 추정 결과를 stargazer()를 이용해 정리하면 다음과 같다.

```
> library(stargazer)
> stargazer(dpd.ab, dpd.sys,
+           type="text",
+           model.names = FALSE,
+           column.labels = c("difference-GMM", "system-GMM"),
+           dep.var.caption="Dependent variable: log(emp)",
+           dep.var.labels.include = FALSE,
+           omit.stat = "f")
```

```
====================================================
                    Dependent variable: log(emp)
                    -----------------------------
                     difference-GMM   system-GMM
                          (1)            (2)
----------------------------------------------------
lag(log(emp), 1:2)1      0.474**       1.160***
                        (0.185)        (0.066)

lag(log(emp), 1:2)2      -0.053        -0.208***
                        (0.052)        (0.052)

lag(log(wage), 0:1)0    -0.513***       -0.384*
                        (0.146)        (0.200)

lag(log(wage), 0:1)1     0.225          0.346*
                        (0.142)        (0.208)

log(capital)            0.293***        0.043*
                        (0.063)        (0.025)

lag(log(output), 0:1)0   0.610***       0.551***
                        (0.156)        (0.212)

lag(log(output), 0:1)1   -0.446**       -0.550**
                        (0.217)        (0.215)

----------------------------------------------------
Observations               140            140
====================================================
Note:                  *p<0.1; **p<0.05; ***p<0.01
```

07

이산 선택 모형

1. 이산 반응 모형

종속 변수는 특성에 따라 연속 변수(continuous variable)와 이산 변수(discrete variable)로 나누어볼 수 있다. 지금까지 소개한 회귀분석은 연속 변수에 기초한 분석이었다. 하지만 실제 분석에서는 종속 변수가 이산인 경우가 많다. 종속 변수가 0, 1, 2, … n과 같은 형태를 갖기 때문에, 연속 확률 변수에 기초한 모형이 잘 맞지 않는 경우가 발생한다.

이산 변수에 기초한 분석으로 좋은 예는 의료 시설 이용 정도를 파악하기 위해 병원에 몇 번 다녀왔는지를 사용하는 경우이다. 또 다른 예로, 중소기업이 정책 자금 수혜 여부 같은 경우, 변수가 값을 두 개만 갖는 이항 변수(binary variable)이다. 유사한 경우로 저소득 가구의 국민기초생활보장제도 수급 여부를 들 수 있다.

한편 이산 변수 중에서 값의 크기가 큰 의미를 갖지 않는 경우가 있다. 출퇴근 시 교통 유형 선택 결정 요인을 분석하는 경우를 생각해보자. 이 경우가 특정 교통 유형을 선택하는 경우이기 때문에 이산 선택의 경우라고 할 수 있다. 운임 혹은 서비스가 직장인들의 출퇴근 교통 유형 선택에 미치는 효과를 분석한하는 경우를 생각해 보자. 지하철을 선택했을 경우 1, 버스를 선택했을 경우는 2, 택시를 선택했을 경우는 3이라고 하자. 이때의 종속 변수는 이산 변수이다. 이 이산 변수의 특징은 위에서 정해진 숫자는 숫자 자체로 큰 의미는 없다. 버스가 1, 택시는 2, 지하철은 3이라고 순서를 바꿔도 분석 결과에는 본질적 차이가 없다.

이산 선택 모형에서 중요한 포인트는 개인의 최적화 과정을 통해 개별 주체가 선택한 최선의 선택의 결과로 종속 변수가 실현된다는 것이다. 선택 집합이 유한(finite)하기 때문에 최적화의 해가 구석 해(corner solution)의 형태를 갖게 된다. 보통 최적화 문제에서 선택 변수가 연속 변수의 경우 최적화의 1계 필요조건(1st order necessary condition)인 오일러 방정식을 통해 결정된다. 이 오일러 방정식을 GMM(generalzied method of moment)을 통해 추정할 수 있다. 하지만 선택 변수가 이산 변수인 경우에는 구석 해의 형태를 갖게 되고, 최적화 조건은 부등식을 통해 정의되어 오일러 방정식을 통한 추정이 불가능해진다. 따라서 처음부터 부등식 조건을 염두에 둔 모형이 필요하다.

이산 반응 모형(discrete response model)을 크게 다음과 같은 몇 가지로 분류하고 R을 이용한 추정법을 살펴보자.

- 2항 선택 모형(binary choice model): LPM, logit, probit
- 2항 선택 모형+연속 모형: tobit, heckit

먼저, 이항 선택 모형은 종속 변수의 선택 집합이 2개로 구성된 모형을 의미한다. 예를 들어 일을 할 것인지 말 것인지, 정책 자금을 받을 것인지 말 것인지 등이 이에 속한다. 2항 선택 모형+연속 모형의 좋은 예는 내구재 소비의 경우이다. 가구를 살 것인지 말 것인지 결정하고, 산다면 얼마나 살 것인지를 결정하는 경우이다. 따라서 자료에는 무시하지 못할 정도의 빈도로 0이 포함된다.

2. 이항 선택 모형

실증 분석에서 종속 변수가 2개 값만을 갖는 이항 선택(binary choice)의 상황은 대단히 많다. 예컨대 경제 활동 참가 여부, 출산 여부, 기업의 재무 성과 향상 여부, 아동 발달 지표 변화 여부 등이 이에 해당한다.

보통 연구자들은 주된 관심을 갖고 있는 선택을 1, 나머지 선택을 0의 값을 갖도록 확률 변수를 정의한다. 따라서 이항 선택 모형의 기본은 의사 결정 주체인 개인, 기업 등이 선택 가능한 대안 중 대안 1을 선택할 확률을 구하는 것이다. 이를 수식으로 표현하면 아래 식과 같다.

$$\Pr(y = 1|x)$$

위 확률을 어떻게 모형화하는지에 따라 이항 선택 모형(binary choice model)이 결정된다. 이 확률의 형태에 대한 가정에 따라 선형 확률 모형, 로짓-모형, 프로빗-모형 등으로 구분해볼 수 있다.

① 선형 확률 모형

선택 확률이 선형 함수의 형태를 띈다고 가정하면 아래 식과 같은 선형 확률 모형이 된다.

$$\Pr(y = 1|x) = E[y|x] = \beta_0 + \beta_1 x$$

선형 확률 모형(linear probability model, LPM)의 장점은 회귀분석을 이용해 모수를 비교적 쉽게 추정 가능하다는 점이다. 그리고 추정 결과에 대한 해석도 아주 쉽다. 패널 자료를 이용한 고정효과 모형도 비교적 쉽게 추정할 수 있다. 선형 모형이 아닌 경우에는 고정효과를 추정하는 데 기술적 어려움이 많다. LPM 모형의 경우 계산 시간이 매우 짧기 때문에 대규모 빅데이터 자료를 사용하는 경우에 이점이 있다. 비선형 모형의 경우 최우 추정법을 이용하는 경우가 많은데, 추정해야 할 모수가 많거나 자료가 방대한 경우에는 모수 추정에 상당한 시간이 소요된다.

하지만 단점 역시 분명하다. 가장 큰 단점은 선형 확률 모형이 확률임에도 불구하고, x 값에 따라 확률이 0보다 작아지거나, 1보다 큰 경우가 발생한다는 것이다. 이는 확률의 정의에 반하는 확률을 추정하는 것이므로 논리적 정합성에 심각한 문제가 발생한다. 특히, 예측 모형으로 사용하는 경우에는 매우 심각한 문제이다.

선형 확률 모형은 R의 lm() 함수를 이용하여 추정한다. 한 가지 주의해야 할 점은 선형 확률 모형의 분산이 모형의 구조상 반드시 이분산성(heteroskedasticity)을 가지게 된다는 점이다. 따라서 선형 확률 모형을 이용할 때에는 이분산성을 반드시 고려해야 한다. R에서는 sandwich, lmtest 같은 패키지를 이용한다.

② 로짓 모형과 프로빗 모형

로짓(logit) 모형과 프로빗(probit) 모형은 선형 확률 모형의 단점을 극복한 모형이다. 선형 확률 모형의 경우 확률이 0과 1사이를 벗어날 수 있는 가능성을 보완하기 위해 선택 확률이 특정한 함수 형태를 갖도록 가정한 것이다.

특별히 선택 확률이 로지스틱 함수(logistic function)의 형태를 갖는다고 가정하면 로짓 모형이 된다. 선택 확률이 표준 정규 분포 함수의 형태를 갖는다고 가정하면 프로빗 모형이 된다. 로지스틱 함수와 표준 정규 분포 함수 모두 0과 1사이의 값을 갖기 때문에 확률에 대한 좋은 근사가 된다.

로짓 및 프로빗 모형의 중요한 특징 중 하나는 단일 지표 모형(single index model)이라는 점이다. 공변량 X가 단일 지표를 통해서만 확률에 영향을 주게 되어 있다.

기본 모형은 아래와 같다.

$$\Pr(y = 1|x) = G(x'b)$$

$$0 < G(u) < 1$$

앞에서 잠깐 언급했듯이 $G(\cdot)$에 대한 가정에 따라 로짓 혹은 프로빗 모형으로 나뉜다. $G(\cdot)$가 로지스틱 함수(logistic function)인 경우 로짓 모형이라고 부른다. 로지스틱 함수는 다음과 같은 형태를 가지고 있다.

$$G(u) = \frac{\exp(u)}{1 + \exp(u)} = \frac{1}{1 + \exp(-u)}$$

그리고 로지스틱 함수의 모형은 아래 그림과 같이 생겼다. 0과 1 사이에 있고, u에 대해서는 단조 증가 함수이다. 로지스틱 함수 혹은 곡선은 S자 곡선을 대표하는 함수이다. 시간의 경과에 따른 인구 규모의 변화를 묘사하기 위한 곡선으로 사용되었다. 초기에는 인구가 서서히 늘다가 기하학적으로 빠르게 증가하고, 일정한 수준의 규모에 이르면 성장이 멈추는 모습을 보여준다.

로지스틱 함수가 어떻게 생겼는지를 아래의 예를 통해 살펴보자. 먼저, -4부터 4까지의 자료를 data.frame을 생성하고, 이를 x라고 하자. 그리고 $y = 1/(1 + exp(-x))$의 값을 갖도록 $y1$을 생성하자.

```
> library(dplyr)
> te = data.frame(seq(-4,4, by = 0.1))
> names(te) <- c("x")
>
> te <- te %>%
+   mutate( y1 = 1/(1+exp(-x)))
```

$y1$을 그리면 아래와 같다.

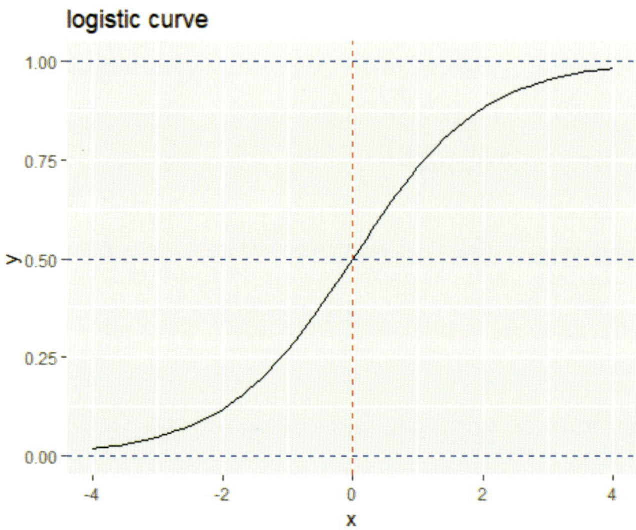

한편, $G(\cdot)$가 표준 정규 분포 함수(standard normal distribution)를 따른다고 가정하는 경우 해당 모형을 프로빗 모형이라고 한다. 표준 정규 분포의 분포 함수는 아래와 같다.

$$G(u) = \Phi(u) \equiv \int_{-\infty}^{u} \phi(z)dz$$

$$\phi(z) = \frac{1}{\sqrt{2\pi}}\exp(-\frac{z^2}{2})$$

표준 정규 분포의 분포 함수는 아래와 같은 모양을 가진다.

```
> te <- te %>%
+   mutate( y2 = pnorn(-x,0,1) )
> ggplot(data=te, mapping = aes(x = x, y = y2)) +
+   geom_line() +
+   xlab("x") +
+   ylab("y")
```

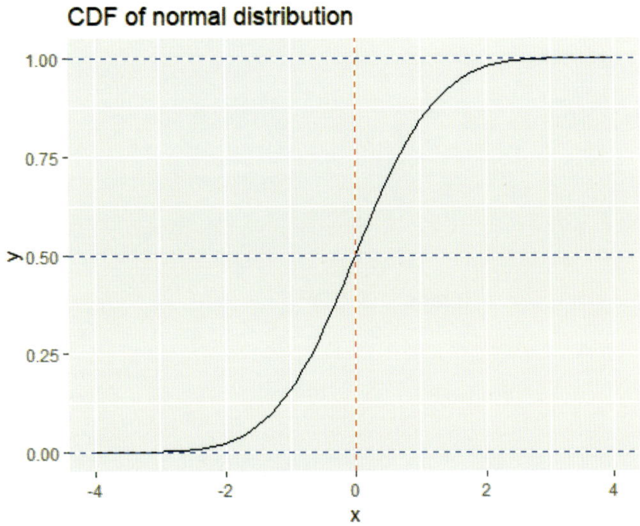

위의 두 그래프는 유사해보이지만 겹쳐서 그리면 약간의 차이가 있다. 로짓 혹은 프로빗 모형 모두, u가 점점 큰 값을 가지면(u→ ∞), G(u)는 1에 가깝게 된다(G(u)→ 0). u가 점점 작은 값을 가지면(u→ −∞), G(u)는 0에 가깝게 간다(G(u)→ 0)는 특성이 있다. 하지만 로지스틱 함수는 양극단에 좀 더 많은 값이 분포하는 두꺼운 꼬리(fat tail)를 가지고 있다.

```
> library(tidyverse)
>
> te <- te %>%
+   gather('y1','y2', key = "type", value = "y")
>
> te$type = factor(te$type, labels = c("logistic", "CDF"))
>
> ggplot(data=te, mapping = aes(x = x, y = y, colour = type)) +
+   geom_line() +
+   geom_vline(xintercept = 0.0,
+              linetype   = "dashed") +
+   geom_hline(yintercept = c(0, 1.0),
+              colour     = "blue",
+              alpha      = 0.5,
```

```
+               linetype    = "dashed") +
+   ggtitle("Logistic & CDF") +
+   xlab("x") +
+   ylab("y") +
+   scale_color_brewer(palette = "Set1")
```

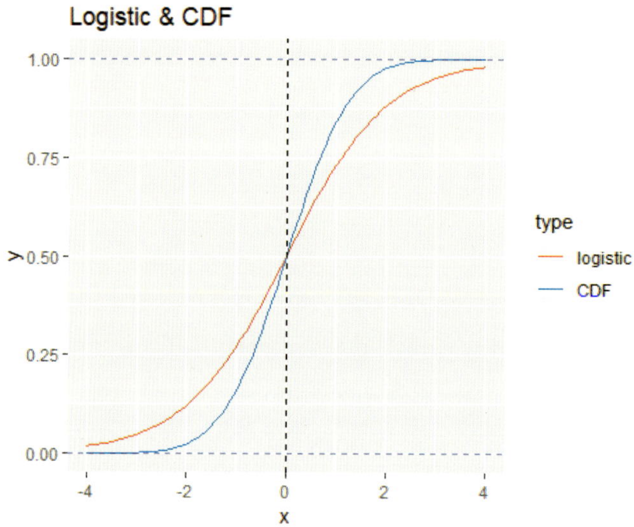

이항 모형에 대한 위와 같은 이해는 통계학적 접근이다. 이러한 접근법은 경제학적으로 보았을 때 큰 도움이 되지는 않는다. 경제학적 이해와 맥을 같이 하는 접근법은 잠재 변수 모형(latent variable model)이다.

잠재 변수 모형을 이용하면 경제 주체의 최적화 과정을 고려할 수 있다. 각 선택에 따른 목적 함수(효용 함수 혹은 이윤 함수)가 존재한다. 하지만 이 목적 함수의 수준은 직접 관측되지 않는 잠재 변수이다. 경제 주체는 이 잠재 변수가 특정 수준을 넘어설 때 특정 대안을 선택하게 된다.

예컨대 잠재 변수 y^*가 아래와 같이 결정되고, y^*가 0보다 큰 경우 경제 주체는 1을 선택한다고 해보자. 그리고 선택 결과인 y가 관측된다고 해보자.

$$y^* = \beta_0 + x\beta - e$$

$$y = 1\{y^* \geq 0\}$$

관측된 결정 중 $y=1$일 확률을 구하면 다음과 같다.

$$\Pr(y = 1|x) = \Pr(y^* \geq 0|x) = \Pr(\beta_0 + x\beta \geq e|x) = G_e(\beta_0 + x\beta)$$

여기에서 e가 1종 극한 분포(type-I extreme value distribution)을 따르면 로짓 모형이, 표준 정규 분포를 따르면 프로빗 모형이 도출된다.

로짓, 프로빗 모형의 추정은 최우 추정법을 이용한다. 다음의 우도 함수를 로그를 취한 후 합하여 모수에 대하여 극대화시키게 된다.

$$f(y|x;\beta) = [G(x\beta)]^y[1 - G(x\beta)]^{1-y}$$

$$y = 0,1$$

R에서 로짓 모형과 프로빗 모형은 glm() 함수를 이용해 추정 가능하다.

예컨대 여성의 경제 활동 참가에 학력이 얼마나 영향을 주는지 알고 싶을 때, 다음과 같은 로짓 혹은 프로빗 모형을 추정하면 된다. 여성의 경제 활동 참가 여부에 미치는 요인을 추정해 보자.

women_work.csv 자료를 읽어 들이자. 그리고 기혼 여부를 나타내는 married 변수를 factor 변수로 전환하자.

```
> rm(list=ls())
> par <- read.csv("women_work.csv")
> par$married <- factor(par$married, labels = c("single","married"))
```

wome_work.csv 에는 경제 활동 참가 여부(participation), 임금(wage), 자녀 수(children), 결혼 여부(married), 교육(education) 및 연령(age)이 포함된다.

```
> str(par)
'data.frame':	2000 obs. of  13 variables:
 $ c1           : num  -0.436 0.352 1.077 1.021 -0.443 ...
 $ c2           : num  -0.0969 0.3005 -1.596 -1.7105 0.3083 ...
 $ u            : num  -0.218 0.176 0.539 0.511 -0.221 ...
 $ v            : num  -0.3757 0.4612 -0.3762 -0.497 -0.0925 ...
 $ county       : int  1 2 3 4 5 6 7 8 9 0 ...
 $ age          : int  22 36 28 37 39 33 57 45 39 25 ...
 $ education    : int  10 10 10 10 10 10 10 16 12 10 ...
 $ married      : Factor w/ 2 levels "single","married": 2 2 2 2 2 2 2 2 2 
1 ...
 $ children     : int  0 0 0 0 1 2 1 0 0 3 ...
 $ select       : num  16.8 32.4 19.2 21.3 32 ...
 $ wagefull     : num  12.8 20.3 23.1 24.5 16.1 ...
 $ wage         : num  NA 20.3 NA NA 16.1 ...
 $ participation: int  0 1 0 0 1 1 1 1 0 1 ...
```

자료에서 관측된 여성의 경제 활동 참가 여부를 아래와 같은 코드를 이용하여 살펴보자. 샘플에 포함된 약 67%가 경제 활동에 참가하는 반면, 32.9%는 경제 활동에 참가하지 않고 있다.

```
> library(dplyr)
> par %>%
+   group_by(participation)  %>%
+   summarise(n = n())  %>%
+   mutate(totalN = (cumsum(n)),
+          percent = round((n / sum(n))*100, 1),
+          cumpercent = round(cumsum(freq = n / sum(n)), 3)*100)
# A tibble: 2 x 5
  participation     n totalN percent cumpercent
          <int> <int>  <int>   <dbl>      <dbl>
1             0   657    657    32.9       32.8
2             1  1343   2000    67.2      100
```

이번에는 어떤 여성들이 경제 활동에 참가하는지를 생각해보자. 경제 활동에 참가하는 여성은 자신이 생각하는 유보 임금(w^*)과 노동시장에서 제안 받은 임금(w)을 비교한다. 제안 받은 임금이 유보 임금보다 큰 여성은 경제 활동에 참가하고 그렇지 않은 여성은 노동시장에 나오지 않는다.

$$w^* \leq w$$

유보 임금과 제안받은 임금을 설명하는 변수로서는 연령, 교육, 결혼, 자녀 수 등이 있다고 가정하면, 아래와 같은 축약형 모형으로 경제 활동 참가 여부를 설명하는 모형을 추정할 수 있다.

선형 확률 모형을 추정해보자. 추정 결과를 살펴보면 경제 활동에는 연령이 높을수록, 교육 수준이 높을수록, 기혼 여성일수록, 자녀 수가 많을수록 참가할 가능성이 높다. 이분산성을 반영해야 하므로 이를 위해 sandwich, lmtest 패키지를 장착하자. sandwich는 vcocHC() 함수를, lmtest는 coeftest()함수를 사용하기 위해 장착한다.

```
> library(sandwich)
> library(lmtest)
>
> bin.lp <- lm(participation ~ age + education + married + children,
data=par)
>
> coeftest(bin.lp,
+          vcov = vcovHC(bin.lp,"HC1")) # Stata's robust

t test of coefficients:

                 Estimate Std. Error t value  Pr(>|t|)
(Intercept)    -0.2073227  0.0534581 -3.8782 0.0001086 ***
age            0.0102552  0.0012236  8.3815 < 2.2e-16 ***
education       0.0186011  0.0033006  5.6357 1.991e-08 ***
marriedmarried  0.1111116  0.0226719  4.9008 1.031e-06 ***
children        0.1153084  0.0056978 20.2374 < 2.2e-16 ***
---
Signif. codes:  0 '***' 0.001 '**' 0.01 '*' 0.05 '.' 0.1 ' ' 1
```

위 추정 결과에 따르면, 연령이 한 살 높아질수록 경제 활동에 참가할 가능성은 1%p 정도 증가하는 것으로 추정된다.

predict()를 이용하여 확률을 예측해보자. 그리고 이에 기초하여 산포도를 그려보자

```
> par <- par %>%
+   mutate(pr.lp = predict(bin.lp))
>
> ggplot(data = par, mapping = aes(x = age, y = pr.lp, colour = married)
) +
+   geom_point(size=3,
+              alpha=0.3) +
+   geom_hline(yintercept = c(0,1.0), colour="red", linetype="dashed") +

+   ylab("linear prediction") +
+   scale_color_brewer(palette = "Set1")
```

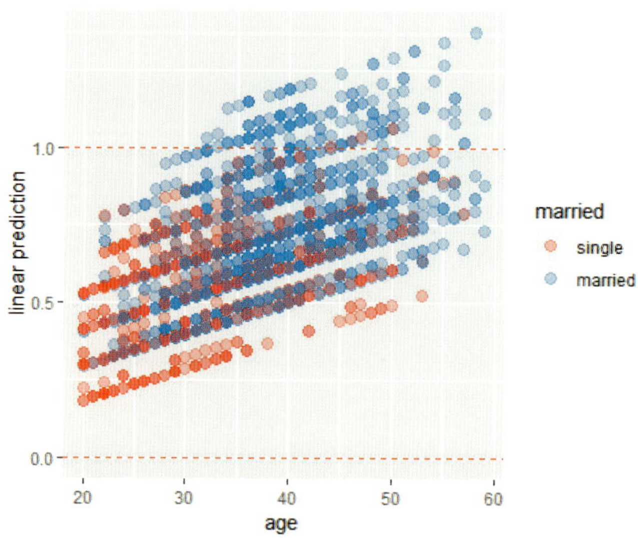

위 그림에 따르면 선형 확률 모형의 경우 앞에서 논의한대로 1보다 큰(혹은 0보다 작은) 경우가 관측된다. 즉 확률임에도 불구하고 0보다 작거나 1보다 큰 일이 발생하게 된 것이다.

이번에는 로짓 모형을 추정해보자.

```
> bin.logit <- glm(participation ~ age + education + married + children,
data = par, family="binomial")
> summary(bin.logit)

Call:
glm(formula = participation ~ age + education + married + children,
    family = "binomial", data = par)

Deviance Residuals:
    Min       1Q   Median       3Q      Max
-2.6212  -0.9292   0.4614   0.8340   2.0455

Coefficients:
                Estimate Std. Error z value Pr(>|z|)
(Intercept)    -4.159247   0.332040 -12.526  < 2e-16 ***
age             0.057930   0.007221   8.022 1.04e-15 ***
education       0.098251   0.018652   5.268 1.38e-07 ***
marriedmarried  0.741777   0.126471   5.865 4.49e-09 ***
children        0.764488   0.051529  14.836  < 2e-16 ***
---
Signif. codes:  0 '***' 0.001 '**' 0.01 '*' 0.05 '.' 0.1 ' ' 1

(Dispersion parameter for binomial family taken to be 1)

    Null deviance: 2532.4  on 1999  degrees of freedom
Residual deviance: 2055.8  on 1995  degrees of freedom
AIC: 2065.8

Number of Fisher Scoring iterations: 5
```

로짓-모형에 기반한 예측 값은 0과 1사이에 잘 들어와 있음을 아래 그림으로부터 확인할 수 있다.

```
> par <- par %>% mutate(pr.logit = predict(bin.logit,
+                                          type = "response"))
>
> ggplot(data = par, aes(x = age, y = pr.logit, colour=married) ) +
+   geom_point(size  = 2,
```

```
+               alpha = 0.3) +
+   geom_hline(yintercept = c(0,1.0), colour="red", linetype="dashed") +
+   ylab("logit-prediction") +
+   scale_color_brewer(palette = "Set1")
```

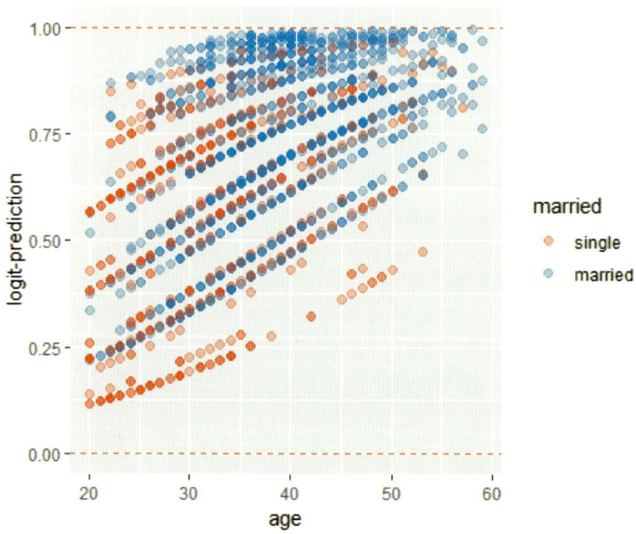

하지만 로짓 모형의 계수는 선형 확률 모형의 계수와 차이가 있다. 선형 확률의 경우, 해당 변수의 계수 자체가 선택 확률에 미치는 한계 효과를 나타낸다. 하지만 로짓 모형의 경우는 그렇지 않다. 추정된 계수는 x가 인덱스에 미치는 효과이기 때문이다. 확률에 미치는 효과는 여기에 인덱스가 확률에 미치는 효과를 곱해야 구할 수 있다. 이러한 공변량 x 가 선택 확률에 미치는 한계 효과를 추정하기 위해서는 margins() 함수를 사용하면 된다.

```
> # install.packages("margins") if necessary
> library(margins)
> m.logit <- margins(bin.logit)
> summary(m.logit)
      factor     AME     SE       z      p  lower  upper
         age 0.0100 0.0012  8.5326 0.0000 0.0077 0.0123
```

```
      children 0.1315 0.0071 18.5969 0.0000 0.1177 0.1454
     education 0.0169 0.0031  5.4108 0.0000 0.0108 0.0230
marriedmarried 0.1322 0.0227  5.8301 0.0000 0.0878 0.1766
```

이렇게 추정된 공변량이 경제 활동 참가 확률에 미친 효과는 선형 확률 모형에서 구한 것과 질적으로나 양적으로나 큰 차이가 없음을 알 수 있다. 예컨대 연령은 0.0100로서 선형 확률 모형의 계수인 0.0103과 대체로 유사한 것을 확인 할 수 있다.

이번에는 프로빗 모형을 동일한 환경에서 추정해보자. 추정 결과는 로짓-모형과 질적으로나 양적으로나 거의 유사하다.

```
> bin.probit <- glm(participation ~ age + education + married + children,
data = par, family= binomial(link="probit"))
> summary(bin.probit)

Call:
glm(formula = participation ~ age + education + married + children,
    family = binomial(link = "probit"), data = par)

Deviance Residuals:
    Min       1Q   Median       3Q      Max
-2.7594  -0.9414   0.4552   0.8459   2.0427

Coefficients:
                Estimate Std. Error z value Pr(>|z|)
(Intercept)    -2.467365   0.192291 -12.831  < 2e-16 ***
age             0.034721   0.004232   8.204 2.33e-16 ***
education       0.058365   0.011018   5.297 1.18e-07 ***
marriedmarried  0.430857   0.074310   5.798 6.71e-09 ***
children        0.447325   0.028642  15.618  < 2e-16 ***
---
Signif. codes:  0 '***' 0.001 '**' 0.01 '*' 0.05 '.' 0.1 ' ' 1

(Dispersion parameter for binomial family taken to be 1)

    Null deviance: 2532.4  on 1999  degrees of freedom
Residual deviance: 2054.1  on 1995  degrees of freedom
```

```
AIC: 2064.1

Number of Fisher Scoring iterations: 5
```

아래 그림에 따르면 probit 모형의 예측치 역시도 0과 1 사이에 잘 들어가고 있음을 확인할 수 있다.

```
> par <- par %>%
+   mutate(pr.probit = predict(bin.probit, type="response"))
>
> ggplot(data = par, mapping = aes(x = age, y = pr.probit, colour =
married) ) +
+   geom_point(size  = 2,
+              alpha = 1.0) +
+   geom_hline(yintercept = c(0,1.0),
+              colour="red",
+              linetype="dashed") +
+   ylab("probit-prediction") +
+   scale_color_brewer(palette = "Pastel2", direction = -1)
```

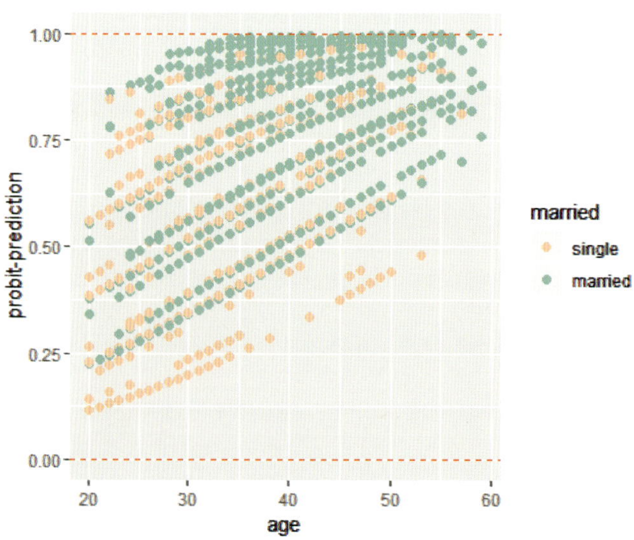

이상의 추정 결과를 정리하면 아래 표와 같다. 모형 간 질적인 차이는 없다. 차이가 굳이 있다면, 로지스틱 모형과 프로빗 모형에서 추정된 계수의 크기가 약간 차이가 난다. 얼추 보면 계수의 크기에서 logit 모형이 약 1.7배 정도 큰 것을 확인할 수 있다.

```
> stargazer::stargazer(bin.lp, bin.logit, bin.probit,
+                      type = "text",
+                      omit.stat = "f",
+                      df = FALSE)

====================================================
                          Dependent variable:
                      ------------------------------
                             participation
                        OLS     logistic    probit
                        (1)       (2)        (3)
----------------------------------------------------
age                  0.010***  0.058***   0.035***
                      (0.001)   (0.007)    (0.004)

education             0.019***  0.098***   0.058***
                      (0.003)   (0.019)    (0.011)

marriedmarried         0.111***  0.742***   0.431***
                      (0.022)   (0.126)    (0.074)

children              0.115***  0.764***   0.447***
                      (0.007)   (0.052)    (0.029)

Constant              -0.207*** -4.159***  -2.467***
                      (0.054)   (0.332)    (0.192)

----------------------------------------------------
Observations            2,000     2,000      2,000
R2                     0.203
Adjusted R2             0.201
Log Likelihood                  -1,027.914 -1,027.062
Akaike Inf. Crit.                2,065.829 2,064.123
Residual Std. Error   0.420
```

```
=========================================================
Note:                    *p<0.1; **p<0.05; ***p<0.01
```

3. 토빗 모형 추정

종속 변수 중에서 연속 변수와 이항 변수의 속성을 동시에 갖는 경우가 있다. 예컨대 내구재나 혹은 담배 소비의 경우 소비자가 양(+)의 소비를 하기도 하지만 상당수의 소비자들은 아예 소비하지 않아 0의 값을 갖게 되는 경우도 많다. 종속 변수가 0의 값을 갖는 경우가 무시할 수 없을 정도로 크고 0이상인 경우에는 연속 변수의 성질을 갖는 경우이다.

종속 변수가 이러한 특성을 가지고 있을 때, 평균 설명 변수 근처에서 일반적인 선형 모형을 추정할 경우, 평균 근방에서는 큰 문제가 없을 수 있다. 하지만 어떤 구간에서는 LPM처럼 음(−)의 소비가 발생할 가능성이 있다. 토빈(J. Tobin)은 이러한 경우에 어떤 방법으로 추정하는 것이 바람직한 것인지를 제시하였다.

연구자의 관심이 소비가 0을 초과하는 부분에 대한 평균 소비에 관심이 있을 수 있다. 하지만 0을 포함한 부분, 즉 전체에 대한 평균 소비에 관심이 있을 수 있다. 그런 경우, 토빗 모형이 유용하다.

토빗 모형(tobit model)의 기본형은 아래 식과 같다. 잠재 변수 y^*가 있다. y^*가 0보다 작은 경우에는 0이 관측되고, 0보다 큰 경우에만 소비가 온전한 소비가 관측되는 모형이다. 예컨대 내구재에 대한 선호가 있다고 해보자. 효용이 어떤 기준 수준보다 작을 때에는 내구재 구입을 하지 않다가 효용이 그 기준 수준을 넘어서면 원하는 만큼 소비를 하는 경우이다.

$$y^* = \beta_0 + x\beta + u$$

$$y = \max\{y^*, 0\}$$

$$u|x \sim N(0, \sigma^2)$$

위 식의 토빗 모형은 최우 추정법(maximum likelihood estimation, MLE)으로 추정할 수

있다. 개별 우도 함수는 관측치가 $y = 0$인 경우에는 아래와 같이 분포 함수의 형태로 주어진다.

$$\Pr(y = 0|x)$$
$$= \Pr(y^* \leq 0|x) = \Pr(u \leq -x\beta|x) = \Pr(\frac{u}{\sigma} \leq -\frac{x\beta}{\sigma}|x) = \Phi(-\frac{x\beta}{\sigma}) = 1 - \Phi(\frac{x\beta}{\sigma})$$

반면 $y > 0$인 경우에는 아래와 같이 밀도 함수의 형태로 주어진다.

$$\frac{1}{\sigma}\phi(\frac{y - x\beta}{\sigma})$$

위의 두 경우를 합쳐서 쓰면, 개별 로그-우도 함수는 아래와 같이 쓸 수 있다.

$$L(\beta, \sigma) = 1\{y = 0\}\log(1 - \Phi(\frac{x\beta}{\sigma})) + 1\{y > 0\}\log(\frac{1}{\sigma}\phi(\frac{y - x\beta}{\sigma}))$$

위의 우도 함수를 극대화시켜 주는 β, σ를 찾으면 그 값이 최우 추정치가 된다.

R에서 토빗 모형을 추정하는 함수는 AER 패키지 안에 포함된 tobit()이다. 다음과 같은 예를 이용하여 토빗 모형을 살펴보자[1)]

이 자료에는 200개의 관측치가 포함되어 있다. 수학 능력(apt) 변수와, 읽기(reading) 및 수학(math) 점수가 포함되어 있다. prog는 특정 학생이 어떤 프로그램에 참여하고 있는지를 보여준다. 1은 학술 프로그램, 2는 일반, 3은 직업 교육이다. 마지막으로 id는 학생 식별자이다.

```
> rm(list=ls())
> tob <- read.csv("https://stats.idre.ucla.edu/stat/data/tobit.csv")
> tob$prog <- as.factor(tob$prog)
> str(tob)
'data.frame':   200 obs. of  5 variables:
 $ id  : int  1 2 3 4 5 6 7 8 9 10 ...
 $ read: int  34 39 63 44 47 47 57 39 48 47 ...
 $ math: int  40 33 48 41 43 46 59 52 52 49 ...
 $ prog: Factor w/ 3 levels "academic","general",..: 3 3 2 2 2 2 2 2 3 1
...
 $ apt : int  352 449 648 501 762 658 800 613 531 528 ...
```

1) https://stats.idre.ucla.edu/r/dae/tobit-models

주요 변수들과의 분포와 상관관계는 다음과 같다. 한편 종속 변수로 사용할 apt의 분포는 최댓값인 800에 집중적으로 모여 있음을 확인할 수 있다. 즉, 800에서 잘린 top-coding되어 있을 가능성이 있다.

```
> if (!require(GGally)) install.packages("GGally")
> library(GGally)
>
> library(ggplot2)
> ggpairs(tob[,c("read", "math", "apt")],
ggplot2::aes(colour=tob$prog, alpha=0.2))
```

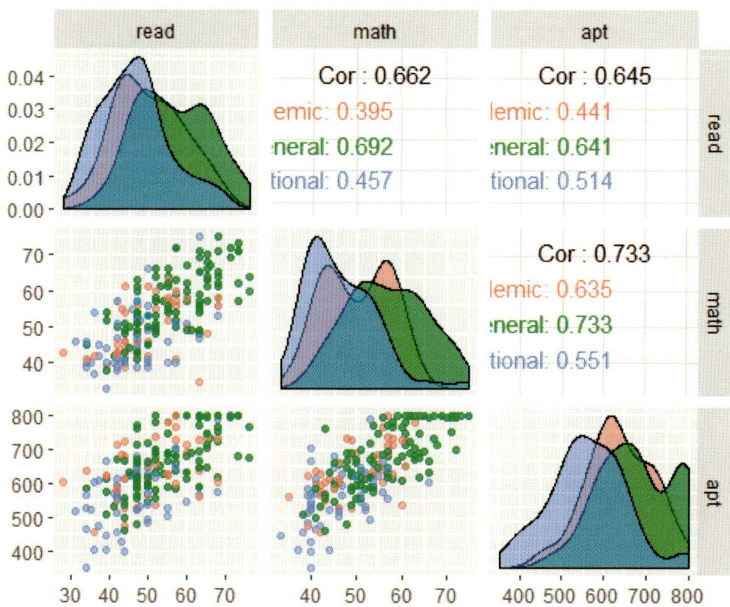

이번에는 read와 apt의 산포도를 좀 더 자세히 살펴보자. 위에서 살펴본 것과 마찬가지로 apt는 800을 상한으로 하고 있고, 탑코딩되어 있음을 알 수 있다.

```
> library(ggplot2)
>
> ggplot(data=tob, mapping = aes(x=read, y = apt)) +
+   geom_point(size   = 5,
+              alpha  = 0.5,
+              colour ="blue")
```

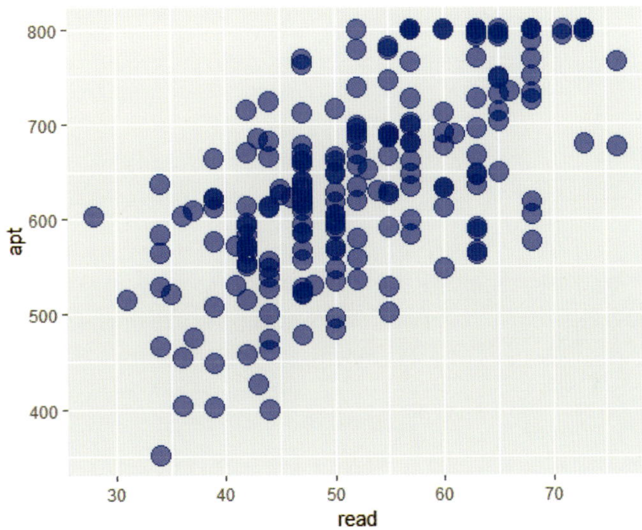

선형 회귀를 이용하여 추정한 결과 ex.lm와 토빗 모형을 추정한 결과인 ex.tobit 을 비교한 결과이다.

먼저 선형 회귀분석을 해보자. 그리고 그 계수만 추출하자.

```
> ex.lm <- lm(apt ~ read , data=tob)
> coef.lm <- coef(ex.lm)
```

그 다음으로는 cenReg() 함수를 이용하여 토빗 모형을 추정하자.

```
> # install.packages("censReg") # if necessary
> library(censReg)
> ex.tobit <- censReg(apt ~ read , right = 800, data=tob)
> coef.tobit <- coef(ex.tobit)
```

위 추정 결과들을 정리해보자. read 변수의 계수를 보면 선형인 경우에는 6.24인 데 반해, 토빗 모형에서는 6.73으로 좀 더 커졌다.

```
> stargazer::stargazer(ex.lm, ex.tobit, type="text",
+                      column.labels = c("linear", "tobit"),
+                      model.names=FALSE,
+                      dep.var.labels.include = FALSE,
+                      dep.var.caption="Dependent variable: apt",
+                      df = FALSE
+                      )

================================================
                      Dependent variable: apt
                     ----------------------------
                       linear          tobit
                        (1)             (2)
------------------------------------------------
read                  6.243***        6.725***
                      (0.525)         (0.573)

logSigma                              4.395***
                                      (0.053)

Constant             313.967***      292.628***
                     (27.967)        (30.340)

------------------------------------------------
Observations            200             200
R2                     0.416
Adjusted R2            0.413
Log Likelihood                       -1,081.844
Akaike Inf. Crit.                     2,169.688
```

```
Bayesian Inf. Crit.                 2,179.583
Residual Std. Error     76.002
F Statistic           141.147***
==================================================
Note:                 *p<0.1; **p<0.05; ***p<0.01
```

이와 같은 결과는 아래 그림을 통해 확인할 수 있다. 토빗 모형에 비해 선형 모형의 기울기가 탑코딩 때문에 작아졌음을 알 수 있다.

```
> library(ggplot2)
>
> ggplot(data=tob, mapping = aes(x=read)) +
+   geom_point(aes(y = apt, colour = "steelblue"),
+             size  = 5,
+             alpha = 0.2) +
+   geom_abline(aes(intercept = coef.lm[1],
+                   slope     = coef.lm[2],
+                   colour    ='red')) +
+   geom_abline(aes(intercept = coef.tobit[1],
+                   slope     = coef.tobit[2],
+                   colour    = 'blue')) +
+   scale_color_identity(name   = "model",
+                        breaks = c("green","red","blue"),
+                        labels = c("data","linear","tobit"),
+                        guide  = "legend")
```

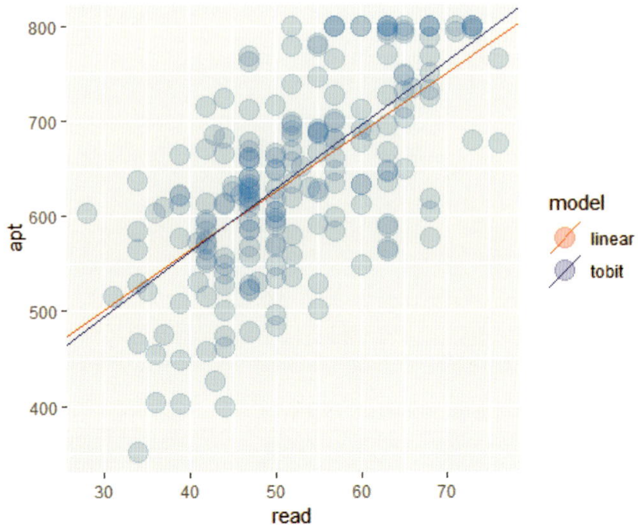

4. 헤킷 모형의 추정

대부분의 계량경제 모형은 통계학의 결과들을 원용하고 있다. 적게는 10년 많게는 30~40년 정도 계량경제학이 통계학에 비해 뒤쳐져 있다고 보는 학자도 있다. 하지만 계량경제학 중에서 통계학에서 미진했던 부분을 계량경제학이 메운 연구도 있는데, 그중 하나로 헥크만(J. Heckman)의 표본 혹은 자기 선택(sample or self-selection) 모형을 들 수 있다.

기본적인 셋업은 앞의 토빗 모형과 유사하다. 하지만 근본적인 차이점이 존재한다. 토빗 모형은 종속 변수가 0으로 관측될 뿐 다른 변수들은 이상 없이 관측되는 truncated distribution이다. 이에 반해 헤크만 모형은 일부 표본만 관측되어 변수의 값이 없는 censored distribution인 경우이다.

예컨대, 임금이 여성의 노동 공급(노동 시간)에 어떤 영향을 받는지, 즉 여성의 노동 공급 함수를 추정해보자. 노동시장에서 일 하고 있는 여성은 노동 시간과 임금이 관측된다. 하지만 전 시간을 가사 노동에 종사하는 여성의 경우 노동 시간은 0이고 임금은 관측되지 않는다.

여성 노동 공급과 관련된 초기 연구에서는 이런 경우에 노동 시간을 0으로 두고, 예측된 임금을 대입하여 노동 공급 함수를 추정하곤 했다. 하지만 이러한 추정 방법에 심각한 오류가 있다는 점은 곧 알려졌다.

다른 방법으로는 임금이 있는 사람들, 즉 노동시장에 참가한 사람들만 모아서 노동 공급 함수를 추정하는 방법이 있다. 문제는 노동시장에 참가한 사람들은 노동(혹은 여가)에 대해 특별한 선호를 가진 사람들이라는 것이다. 이러한 사람들만 모아놓고 노동 공급 함수를 추정하면 임금 탄력성에 대한 일치 추정량을 얻을 수 없다.

노동 공급 함수를 아래와 같다고 가정해보자. y는 노동 공급을 나타내는 노동 시간, x는 노동의 가격인 시간당 임금을 나타낸다고 하자.

$$y_i = x_i\beta + u_i$$

$$E[u|x] = 0$$

우리의 목적은 위 노동 공급 방정식에서 임금의 계수인 β를 편의 없이 추정하는 것이다. 그런데 모분포로부터 임의적으로 추출된 표본을 관측하는 것이 아니라, 자기 선택 과정에 따라 특정한 특성을 가진 경제 주체를 관측하는 경우가 발생한다(대표적으로 Roy 모형을 들 수 있다).

여성의 노동시장 참가 결정은 다음과 같은 모형에 의해 정해진다고 가정하자.

$$s = 1\{z\gamma + v \geq 0\}$$

즉, $z\gamma + v$가 0보다 큰 경우 노동시장에 참가하고, 그렇지 않은 경우는 전일제 가사 노동에 전념하는 경우이다. 여기에서 z는 외생성, 특히 제외 제약 조건을 만족시킨다고 가정하자.

$$E(u|x, z) = 0$$

그리고 v의 경우 z와 독립이면서 표준 정규 분포를 따르고, u와는 이항 정규 분포를 따른다고 가정하는 것이 일반적이다.

$$\begin{pmatrix} u \\ v \end{pmatrix} \sim N(\begin{pmatrix} 0 \\ 0 \end{pmatrix}, \begin{pmatrix} \sigma_u^2 & \sigma \\ \sigma & 1 \end{pmatrix})$$

u와 v가 양의 상관관계를 갖는 경우, v가 큰 경제 주체가 자기 선택할 가능성이 높아지고,

덩달아 u도 커지기 때문에 y가 커질 가능성이 높다는 것이다. 따라서 y가 높은 것이 b의 공헌 때문이 아니라, u가 큰 값을 가지기 때문인 것이다. 이러한 표본 선택의 영향을 고려해주지 않으면 β가 과대 추정(over-estination)될 가능성이 높다.

이를 다음과 같은 과정을 통해 살펴볼 수 있다. z와 v에 조건했을 때, y의 조건부 기대값은 다음과 같다.

$$E(y|x,z,v) = x\beta + E(u|x,z,v) = x\beta + E(u|v)$$

u와 v가 이항 정규 분포를 따르기 때문에면, u의 조건부 기댓값은 아래와 같다.

$$E(u|v) = \sigma v$$

위의 관계를 이용하면 아래와 같이 다시 쓸 수 있다.

$$E(y|x,z,v) = x\beta + \sigma v$$

위 식은 v가 관측 불가능하므로 바로 회귀분석에 사용할 수는 없다. 하지만 자기 선택을 고려했을 때, 즉 $s=1$인 경우의 회귀식을 분석할 때 매우 유용하다. 아래의 식을 살펴보자.

$$E(y|x,z,s=1) = x\beta + \sigma E(v|x,z,s=1)$$

그러면 이항 정규 분포를 따를 경우 조건부 평균의 성질은 다음과 같은 형태를 갖게 된다.

$$E[v|v > -x] = \Lambda(x) = \frac{\phi(x)}{\Phi(x)}$$

이 관계를 이용하면 다음의 관계를 도출할 수 있다.

$$E(v|x,z,s=1) = E(v|v \geq -z\gamma) = \Lambda(z\gamma)$$

최종적으로는 아래와 같은 식이 도출된다.

$$E(y|x,z,s=1) = x\beta + \sigma\Lambda(z\gamma)$$

위 식이 헥킷 추정 과정에서 가장 중요한 식이다. 표본 선택 과정이 있었을 경우, 선형 항목 xb 외에도 비선형 항목인 inverse Mill's ratio가 등장한다. inverse Mill ratio를 포함해 회귀분석하는 것을 문헌에서는 통제 함수 접근(control function approach)이라고 부르기도 한다.

문제는 우리가 γ값에 대해 알지 못한다는 것이다. 그렇기 때문에 추정 과정에서 γ를 따로 추정할 필요가 있다.

헥크만은 γ를 다음과 같은 프로빗 모형을 이용해 추정할 것을 제안하였다.

$$\Pr(s=1|z)=\Phi(z\gamma)$$

정리하면, 통상적으로 Heckman의 모형은 다음과 같은 2단계 추정을 통해 이루어진다.

- 1단계: 프로빗모형을 통해 γ추정
- 2단계: inverse Mill's ratio를 대입하여 y를 x,$\hat{\Lambda}$에 대해 회귀분석

다음에는 sampleSelection 패키지에 포함된 heckit() 함수를 이용해 기혼 여성의 임금 방정식을 추정해보자. 데이터는 패키지에 포함되어 있는 Mroz87 자료를 사용하자.

다음과 같이 자료를 불러들인다.

```
> # install.packages("sampleSelection")
> rm(list=ls())
> library(sampleSelection)
> library(psych)
> data(Mroz87)
```

Mroz87에는 22개 변수에 753명의 여성이 포함되어 있다. 경제 활동 참여 여부를 나타내는 lfp, 노동 시간 hours, 시간당 임금을 나타내는 wage 등의 노동시장 변수들과 개인의 특성을 나타내는 다수의 변수가 포함되어 있다.

```
> str(Mroz87)
'data.frame':   753 obs. of  22 variables:
 $ lfp     : int  1 1 1 1 1 1 1 1 1 1 ...
 $ hours   : int  1610 1656 1980 456 1568 2032 1440 1020 1458 1600 ...
 $ kids5   : int  1 0 1 0 1 0 0 0 0 0 ...
 $ kids618 : int  0 2 3 3 2 0 2 0 2 2 ...
```

```
 $ age     : int  32 30 35 34 31 54 37 54 48 39 ...
 $ educ    : int  12 12 12 12 14 12 16 12 12 12 ...
 $ wage    : num  3.35 1.39 4.55 1.1 4.59 ...
 $ repwage : num  2.65 2.65 4.04 3.25 3.6 4.7 5.95 9.98 0 4.15 ...
 $ hushrs  : int  2708 2310 3072 1920 2000 1040 2670 4120 1995 2100 ...
 $ husage  : int  34 30 40 53 32 57 37 53 52 43 ...
 $ huseduc : int  12 9 12 10 12 11 12 8 4 12 ...
 $ huswage : num  4.03 8.44 3.58 3.54 10 ...
 $ faminc  : int  16310 21800 21040 7300 27300 19495 21152 18900 20405
20425 ...
 $ mtr     : num  0.722 0.661 0.692 0.781 0.622 ...
 $ motheduc: int  12 7 12 7 12 14 14 3 7 7 ...
 $ fatheduc: int  7 7 7 7 14 7 7 3 7 7 ...
 $ unem    : num  5 11 5 5 9.5 7.5 5 5 3 5 ...
 $ city    : int  0 1 0 0 1 1 0 0 0 0 ...
 $ exper   : int  14 5 15 6 7 33 11 35 24 21 ...
 $ nwifeinc: num  10.9 19.5 12 6.8 20.1 ...
 $ wifecoll: Factor w/ 2 levels " TRUE","FALSE": 2 2 2 2 1 2 1 2 2 2 ...
 $ huscoll : Factor w/ 2 levels " TRUE","FALSE": 2 2 2 2 2 2 2 2 2 2 ...
```

요약 통계량은 psych 패키지의 describe() 함수를 이용하면 쉽게 구할 수 있다.

```
> psych::describe(Mroz87,
+                 na.rm = TRUE,
+                 skew = FALSE,
+                 ranges = FALSE)
         vars   n    mean     sd    se
lfp         1 753    0.57   0.50  0.02
hours       2 753  740.58 871.31 31.75
kids5       3 753    0.24   0.52  0.02
kids618     4 753    1.35   1.32  0.05
age         5 753   42.54   8.07  0.29
educ        6 753   12.29   2.28  0.08
wage        7 753    2.37   3.24  0.12
repwage     8 753    1.85   2.42  0.09
hushrs      9 753 2267.27 595.57 21.70
husage     10 753   45.12   8.06  0.29
huseduc    11 753   12.49   3.02  0.11
```

```
huswage      12 753     7.48     4.23   0.15
faminc       13 753 23080.59 12190.20 444.24
mtr          14 753     0.68     0.08   0.00
motheduc     15 753     9.25     3.37   0.12
fatheduc     16 753     8.81     3.57   0.13
unem         17 753     8.62     3.11   0.11
city         18 753     0.64     0.48   0.02
exper        19 753    10.63     8.07   0.29
nwifeinc     20 753    20.13    11.63   0.42
wifecoll*    21 753     1.72     0.45   0.02
huscoll*     22 753     1.61     0.49   0.02
```

아래 표에 따르면 경제 활동에 참가하고 있는 여성은 약 56.8%인 428명이다. 이 여성들의 경우에는 임금이 관측된다.

```
> library(dplyr)
> Mroz87 %>%
+   group_by(lfp)  %>%
+   summarise(n = n())  %>%
+   mutate(totalN = (cumsum(n)),
+          percent = round((n / sum(n))*100, 1),
+          cumpercent = round(cumsum(freq = n / sum(n))*100, 1))
# A tibble: 2 x 5
    lfp     n totalN percent cumpercent
  <int> <int>  <int>   <dbl>      <dbl>
1     0   325    325    43.2       43.2
2     1   428    753    56.8      100
```

관측된 여성만을 대상으로 임금 방정식을 추정했을 경우에는, 앞에서 설명한 표본 선택 편의가 발생할 가능성이 높다. 왜냐하면, 임금이 관측되었다는 것 자체가 노동시장에 참여할 동기가 높은 여성들이기 때문이다.

다음과 같이 경제 활동에 참가한 여성만을 대상으로 단순 OLS 를 이용해 임금 방정식을 추정해보자. 먼저 경제 활동에 참가하고 있는 여성 lfp = 1 만을 골라내어, Mroz.lfp 자료에 저장하자.

```
> Mroz.lfp <- Mroz87 %>%
+   filter(lfp==1)
```

단순 OLS를 다음과 같이 구해보자.

```
> wage.ols <-  lm(formula = log(wage) ~ educ + exper + I( exper^2 ) +
city,
+                data= Mroz.lfp)
>
> summary(wage.ols)

Call:
lm(formula = log(wage) ~ educ + exper + I(exper^2) + city, data =
Mroz.lfp)

Residuals:
     Min       1Q   Median       3Q      Max
-3.10084 -0.32453  0.05292  0.36261  2.34806

Coefficients:
              Estimate Std. Error t value Pr(>|t|)
(Intercept) -0.5308476  0.1990253  -2.667  0.00794 **
educ         0.1057097  0.0143280   7.378 8.58e-13 ***
exper        0.0410584  0.0131963   3.111  0.00199 **
I(exper^2)  -0.0007973  0.0003938  -2.025  0.04352 *
city         0.0542225  0.0680903   0.796  0.42629
---
Signif. codes:  0 '***' 0.001 '**' 0.01 '*' 0.05 '.' 0.1 ' ' 1

Residual standard error: 0.6667 on 423 degrees of freedom
Multiple R-squared:  0.1581,    Adjusted R-squared:  0.1501
F-statistic: 19.86 on 4 and 423 DF,  p-value: 5.389e-15
```

위 추정 결과에 따르면 교육에 대한 수익률은 약 10.57% 정도로 추정되었다.

다음으로는 heckit() 함수를 이용하여 추정해보자. heckit() 함수의 경우 2개의 방정식이 사용된다. 첫 번째 방정식은 경제 활동 참여를 결정하는 식, 두 번째 방정식은 앞에서 본 임금 방정식이다. 참여 방정식에는 임금 방정식에 포함되지 않는 변수가 최소 1개 이상 포함되어야 모형이 식별된다.

```
> library(sampleSelection)
> wage.heckit = heckit( lfp ~ age + I( age^2 ) + kids5  + huswage + educ
+ faminc + unem,
+                     log(wage) ~ educ + exper + I( exper^2 ) + city,
+                     data = Mroz87 )
> summary(wage.heckit)
--------------------------------------------
Tobit 2 model (sample selection model)
2-step Heckman / heckit estimation
753 observations (325 censored and 428 observed)
16 free parameters (df = 738)
Probit selection equation:
              Estimate Std. Error t value Pr(>|t|)
(Intercept)  1.266e-01  1.540e+00   0.082    0.934
age         -2.185e-02  7.001e-02  -0.312    0.755
I(age^2)    -1.452e-04  7.944e-04  -0.183    0.855
kids5       -8.299e-01  1.153e-01  -7.196 1.52e-12 ***
huswage     -1.002e-01  1.860e-02  -5.387 9.67e-08 ***
educ         1.241e-01  2.416e-02   5.138 3.56e-07 ***
faminc       2.961e-05  6.669e-06   4.440 1.04e-05 ***
unem         1.033e-03  1.599e-02   0.065    0.949
Outcome equation:
              Estimate Std. Error t value Pr(>|t|)
(Intercept) -0.0307994  0.2727045  -0.113  0.91011
educ         0.0831797  0.0168451   4.938 9.77e-07 ***
exper        0.0376765  0.0130390   2.890  0.00397 **
I(exper^2)  -0.0006683  0.0003899  -1.714  0.08692 .
city         0.0813378  0.0680578   1.195  0.23242
Multiple R-Squared:0.1738,  Adjusted R-Squared:0.164
   Error terms:
              Estimate Std. Error t value Pr(>|t|)
invMillsRatio  -0.3655     0.1319  -2.772  0.00571 **
sigma           0.7084         NA      NA       NA
rho            -0.5160         NA      NA       NA
---
Signif. codes:  0 '***' 0.001 '**' 0.01 '*' 0.05 '.' 0.1 ' ' 1
--------------------------------------------
```

위 추정 결과에 따르면 먼저 inverse-Mill ratio의 계수는 -0.3655로 음수이고 통계적으로 유의하였다. 추정 결과에 따르면, 여러 변인들을 통제한 이후에 평균적으로 임금이 낮을 경향이 있는 사람들이 노동시장에 좀 더 많이 참가하고 있는 것으로 보였다.

교육 변수는 이전 10% 정도였던 것이, 표본 선택을 통제한 이후에는 8.3%로 좀 더 작게 추정되었다. 경력 변수도 3.8%로 OLS의 4.1%로 좀 더 작게 추정되었다.

이번에는 two-step 추정 외에 MLE(maximum likelihood estimation)를 이용하여 모형을 추정해보자.

```
> wage.mle = selection( lfp ~ age + I( age^2 ) + kids5  + huswage + educ
+ faminc + unem,
+                        log(wage) ~ educ + exper + I( exper^2 ) + city,
+                        data = Mroz87 )
> summary(wage.mle)
--------------------------------------------
Tobit 2 model (sample selection model)
Maximum Likelihood estimation
Newton-Raphson maximisation, 5 iterations
Return code 2: successive function values within tolerance limit
Log-Likelihood: -874.5664
753 observations (325 censored and 428 observed)
15 free parameters (df = 738)
Probit selection equation:
              Estimate Std. Error t value Pr(>|t|)
(Intercept) -2.123e-01  1.422e+00  -0.149    0.881
age         -1.018e-02  6.442e-02  -0.158    0.875
I(age^2)    -2.163e-04  7.306e-04  -0.296    0.767
kids5       -6.877e-01  1.172e-01  -5.869 6.61e-09 ***
huswage     -9.994e-02  1.761e-02  -5.675 2.00e-08 ***
educ         1.062e-01  2.343e-02   4.533 6.78e-06 ***
faminc       3.605e-05  6.251e-06   5.767 1.19e-08 ***
unem         1.720e-03  1.453e-02   0.118    0.906
Outcome equation:
              Estimate Std. Error t value Pr(>|t|)
(Intercept)  0.1896935  0.2537801   0.747   0.4550
educ         0.0752775  0.0160621   4.687 3.31e-06 ***
exper        0.0313440  0.0132350   2.368   0.0181 *
```

```
I(exper^2)  -0.0005203  0.0003885  -1.339   0.1809
city         0.0877104  0.0667839   1.313   0.1895
   Error terms:
      Estimate Std. Error t value Pr(>|t|)
sigma  0.74225    0.03978  18.661  < 2e-16 ***
rho   -0.66279    0.09315  -7.116 2.64e-12 ***
---
Signif. codes:  0 '***' 0.001 '**' 0.01 '*' 0.05 '.' 0.1 ' ' 1
--------------------------------------------
```

이상에서의 결과를 한꺼번에 살펴보자. 아래 추정 결과에 따르면, 일하는 여성만을 대상으로 추정한 임금 방정식은 선택 편의가 10% 이상 존재한다는 사실을 확인할알 수 있다.

```
> library(stargazer)
> stargazer(wage.ols, wage.heckit, wage.mle,
+           title="Married women's wage regressions",
+           type   = "text",
+           df     = FALSE,
+           omit.stat = "f",
+           digits = 3)

Married women's wage regressions
==================================================================
                              Dependent variable:
                  ----------------------------------------------
                                   log(wage)
                      OLS        Heckman            selection
                                selection
                      (1)          (2)                (3)
------------------------------------------------------------------
educ               0.106***     0.083***          0.075***
                   (0.014)      (0.017)           (0.016)

exper              0.041***     0.038***           0.031**
                   (0.013)      (0.013)           (0.013)

I(exper2)          -0.001**     -0.001*            -0.001
                   (0.0004)     (0.0004)          (0.0004)
```

```
city                 0.054        0.081            0.088
                    (0.068)      (0.068)          (0.067)

Constant            -0.531***    -0.031            0.190
                    (0.199)      (0.273)          (0.254)

----------------------------------------------------------------
Observations          428          753              753
R2                   0.158        0.174
Adjusted R2          0.150        0.164
Log Likelihood                                   -874.566
rho                              -0.516      -0.663*** (0.093)
Inverse Mills Ratio          -0.366*** (0.132)
Residual Std. Error  0.667
================================================================
Note:                              *p<0.1; **p<0.05; ***p<0.01
```

08

시계열

1. 시계열의 용도와 정상성
2. 시계열 자료 파악하기
3. 오차항이 계열 상관 관계를 가질 때
4. 자기 상관 시차 모형
5. 시차 결정

1. 시계열의 용도와 정상성

경제 분석에서 시계열은 자주 사용된다. 특히 경제 전체에 대한 논의에서 시계열 자료는 압도적인 위치를 점하고 있다.

시계열 분석의 용도는 크게 두 가지 정도라고 볼 수 있다.

첫째, 동적인 인과 효과를 살펴볼 수 있다. 즉 독립 변수가 변할 때 종속 변수에 시차를 두고 어떤 인과적 효과를 가지고 오는지에 대한 답을 할 수 있다. 예컨대 중앙은행이 기준금리를 올렸을 때 시차를 두고 가계 부채에 어떤 효과를 미칠 것인지(dynamic causal effects)에 대해 실증 분석할 수 있다.

둘째, 우리가 관심을 가지는 변수가 미래의 특정 시점에 어떤 값을 가질 것인지에 대해 예측(forecasting)할 수 있다. 예컨대 정책 결정에 다음 분기의 인플레이션율 예측이 필요한 경우가 있다. 만약 향후 인플레이션 예측을 과학적으로 일관성 있게 할 수 있다면 정책적인 관점에서 유용한 정보가 될 것이다.

인과관계와 예측의 문제는 회귀모형을 사용한다는 점에서 유사하기는 하지만 근본적인 차이점이 있다. 예를 들어보자. 길거리 행인들이 우산을 들고 지나가는 것을 본다면 당연히 "오늘 언제쯤 비가 오겠네"라고 예측할 수 있다. 즉 우산을 들고 출근하는 직장인의 수는 오늘 오후 비가 올지 여부를 예측하는 데 유용한 정보가 된다. 하지만 그 행인들이 들고 다니는 우산이 비를 오게 하는 인과적 관계에 있는 것은 아니다. 우산을 들고 다니는 행인의 수를 2배로 늘린다고 오늘 비가 올 확률이 영향을 받는 것은 아니기 때문이다.

시계열 분석에서 예측은 기본적으로 과거의 관계가 계속 유지된다는 가정하에 진행된다. 이러한 특성을 정상성(staionarity)이라고도 부른다. 시계열이 정상성을 가지고 있어야 안정적으로 예측할 수 있을 것이다. 하지만 이러한 정상성의 가정은 다양한 이유로 성립하지 않을 수 있다. 즉, 시계열이 비정상(non-stationary) 시계열일 수 있다.

보통 문헌에서는 두 가지 이유로 시계열이 정상성을 갖지 않을 수 있다고 제시한다. 첫째, 시계열 자료가 장기 추세(long-run trends)를 가져 시계열이 지속적으로 한 방향으로 움직이는 경향을 가질 수 있다. 이럴 때 시계열은 추세를 갖게 된다. 시계열이 추세를 갖게 되면 비정상 시계열일 가능성이 있다. 둘째, 시계열 자료가 절단(break) 현상을 가질 수 있다. 예컨대 정부의 개입 전후로 시계열이 매우 다르게 움직일 가능성이 있다. 이때에도 시계열은 비정상 시계열이 된다.

이러한 이유 외에도 다양한 이유로 시계열 자료가 비정상성(non-stationarity)을 가지면 예측과 추론(forecasting & inference)이 어려워진다. 통상적으로 사용해오던 추정 방법이 우리가 알고 있는 대로 작동하지 않을 수 있다. 그리고 검정을 위해 사용하던 검정 통계량의 분포가 비정규 분포(non-standard)를 따를 수도 있다. 다행히 몇 경우에는 이러한 문제점을 포착하고 수정할 수 있는 통계적 방법들이 알려져 있다.

이번 장에서는 R을 이용한 시계열 분석 방법에 대해서 알아보자.

2. 시계열 자료 파악하기

① 시계열 자료 그리기

시계열 자료는 두 가지 특징을 갖는다.

첫째, 시간별 순서(temporal order)가 있다. 시계열 자료는 대개 집계 변수인 것이 많다. GDP, 이자율, 물가, 인플레이션율 등 거시 집계 변수들이 많다. 그리고 발생한 시간 순서대로 나열을 바꿔도 분석에 영향을 주지 않는다. 하지만 시계열 자료는 순서 그 자체가 중요하다.

둘째 위와 같은 시간 순서하에 시계열 자료는 종속성을 갖게 된다. 즉 변수가 어제 어떤 값을 가지고 있었는지 자체가 오늘의 값에 영향을 주게 된다.

대표적인 몇 개의 시계열 변수를 살펴보자. 4장에서 살펴보았던 필립스 곡선의 중요한 두 요소인 인플레이션율과 실업률을 살펴보자. 먼저 macro.dta 자료를 불러 오자.

```
> rm(list=ls())
>
> library(zoo)
> library(lubridate)
>
> macro <- read.csv("macro.csv")
```

이렇게 불러들인 날짜를 나타내는 변수인 datxx를 살펴보자. datxx는 연도:분기 형태로 되어 있는 분기 자료임을 알 수 있다.

```
> head(macro$datxx)
[1] 1957:01 1957:02 1957:03 1957:04 1958:01 1958:02
172 Levels: 1957:01 1957:02 1957:03 1957:04 1958:01 1958:02 ... 1999:04
```

lubridate 패키지에 포함된 yq() 함수를 이용하여 분기 자료를 선언하자.

```
> macro$datxx <- lubridate::yq(macro$datxx)
```

macro.csv에는 어떤 변수들이 포함되어 있는지 살펴보자. 1957년 1사분기부터 1994년 4사분기까지 실업률(lhur), 소비자 물가지수(punew), 인플레이션율(inf), 중앙은행 금리(fyff) 등의 변수가 포함되어 있다.

```
> str(macro)
'data.frame':	172 obs. of  10 variables:
 $ datxx: Date, format: "1957-01-01" "1957-04-01" ...
 $ lhur : num  3.93 4.1 4.23 4.93 6.3 ...
 $ punew: num  27.8 28 28.3 28.4 28.7 ...
 $ fyff : num  2.96 3 3.47 2.98 1.2 ...
 $ fygm3: num  3.08 3.29 3.53 3.04 1.3 ...
 $ fygt1: num  3.42 3.65 4.07 3.18 1.84 ...
 $ exruk: num  279 279 279 281 282 ...
 $ gdpjp: num  10149 10904 11231 11075 10973 ...
 $ time : Factor w/ 172 levels "1957q1","1957q2",..: 1 2 3 4 5 6 7 8 9 10
...
 $ inf  : num  NA 0.852 0.892 0.484 1.185 ...
> head(macro)
       datxx     lhur    punew fyff fygm3 fygt1    exruk   gdpjp   time
1 1957-01-01 3.933333 27.77667 2.96  3.08  3.42 279.3047 10149.0 1957q1
2 1957-04-01 4.100000 28.01333 3.00  3.29  3.65 279.0237 10904.0 1957q2
3 1957-07-01 4.233333 28.26333 3.47  3.53  4.07 278.5088 11231.0 1957q3
4 1957-10-01 4.933333 28.40000 2.98  3.04  3.18 280.5796 11075.0 1957q4
5 1958-01-01 6.300000 28.73667 1.20  1.30  1.84 281.5398 10973.0 1958q1
6 1958-04-01 7.366667 28.93000 0.93  0.83  1.23 281.1111 11325.3 1958q2
        inf
```

```
1        NA
2 0.8520376
3 0.8924321
4 0.4835429
5 1.1854440
6 0.6727802
```

주요 변수 중 인플레이션율(inf) 과 실업률(lhur)의 추이를 아래와 같이 살펴보자. 이전 그림들과는 다르게 theme_light()를 적용해보았다. 그리고, 범례의 위치를 그림의 안쪽으로 넣었다.

```
> library(ggplot2)
>
> ggplot(data = macro,
+        mapping = aes(x = datxx)) +
+   geom_line(aes(y      = lhur,
+                 colour = "#3300FF")) +
+   geom_line(aes(y      = inf,
+                 colour = "#FF3366")) +
+   xlab("date") +
+   ylab("%") +
+   scale_color_identity(name   = "Variables",
+                        labels = c("unemployment","inflation"),
+                        guide  = "legend") +
+   theme_light() +
+   theme(legend.position = c(0.12, 0.85),
+         legend.background = element_blank())
```

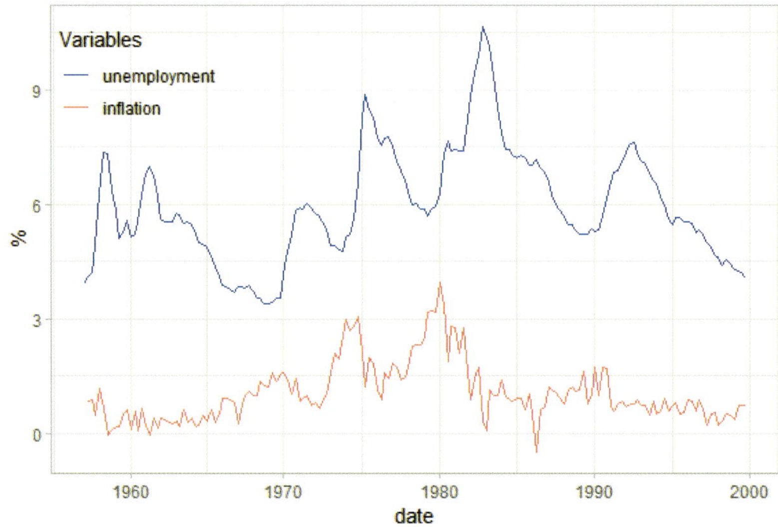

위 그림에 따르면 인플레이션율과 실업률은 상승과 하강을 반복하면서 일정 정도의 순환을 가진다는 것을 알 수 있다. 또한 실업률이 떨어지는 시기에는 인플레이션이 일정 정도 상승하는 모습을 적어도 1970년 이전에는 확인할 수 있다.

이번에는 인플레이션과 실업률 외에도 중요한 시계열 변수로서 중앙은행의 기준 금리(federal funds rate), 환율, 주요 경쟁국인 일본의 GDP, T-bill 혹은 T-bond의 이자율 등을 생각해볼 수 있다. 이러한 변수들의 추이를 그려보자.

먼저 분석의 편의를 위해 주요 변수만을 포함하고 있는 자료 macro.sub를 만들자. 그리고 tidyverse 패키지의 gather()를 이용하여 다음과 같이 자료 구조를 변환하자.

```
> library(tidyverse)
>
> macro.sub <- macro %>%
+   select(datxx,
+          fyff,
+          fygm3) %>%
+   gather(key   = "variable",
+          value = "value",
```

```
+         -datxx) %>%
+   arrange(datxx, variable)
```

그러면 아래와 같이 한 분기에 variable이 fyff와 fygm3 값을 갖고, value에 원래 값들에 들어가게 된다.

```
> head(macro.sub)
       datxx variable value
1 1957-01-01     fyff  2.96
2 1957-01-01    fygm3  3.08
3 1957-04-01     fyff  3.00
4 1957-04-01    fygm3  3.29
5 1957-07-01     fyff  3.47
6 1957-07-01    fygm3  3.53
```

이렇게 만들어진 자료를 가지고 아래 그림을 그려보자.

```
> ggplot(macro.sub, aes(x = datxx, y = value, colour = variable)) +
+   geom_line() +
+   scale_color_brewer(palette = "Set2",
+                      direction = -1,
+                      labels = c("federal fund rate",
+                                 "3 month T-bill")) +
+   xlab("date") +
+   ylab("interest rate (%)")
```

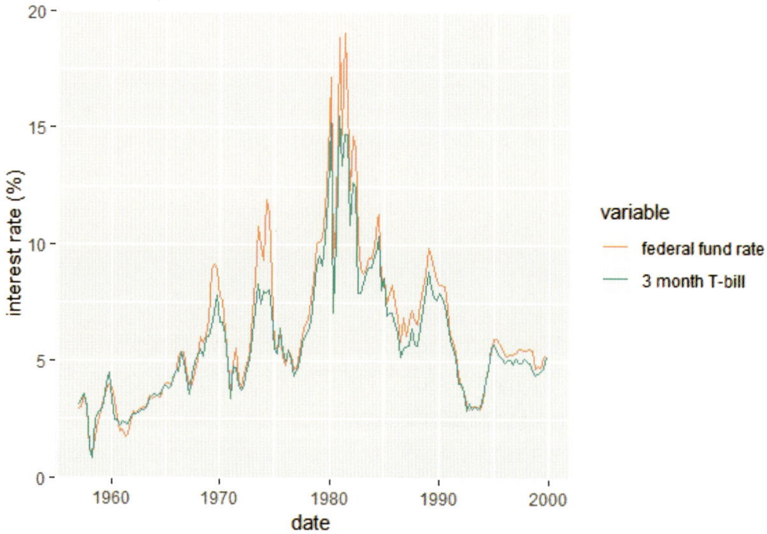

한편, geom_area를 이용하여 면적이 있는 그림을 그릴 수도 있다.

```
> ggplot(macro.sub, mapping = aes(x    = datxx,
+                                 y    = value,
+                                 fill = variable)) +
+   geom_area() +
+   scale_fill_brewer(palette   = "Pastel1",
+                     direction = -1,
+                     labels    = c("federal fund rate",
+                                   "3 month T-bill")) +
+   xlab("date") +
+   ylab("interest rate (%)")
```

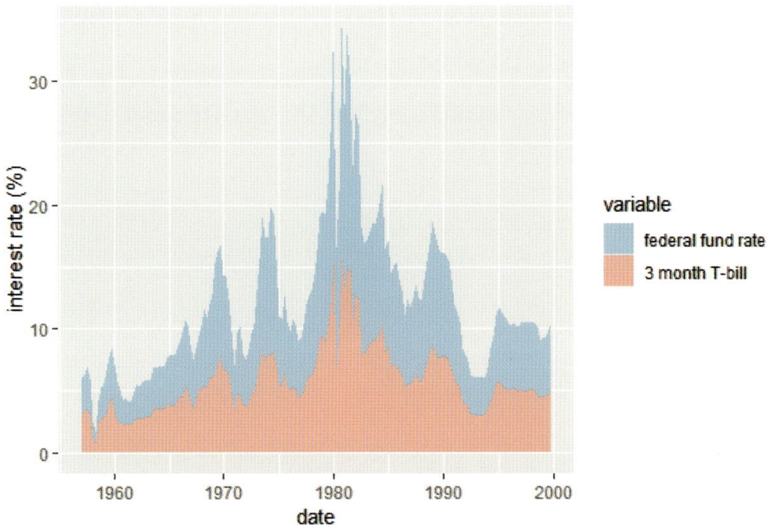

이번에는 다른 자료를 읽어 들이자. 필요한 패키지들을 장착하고, 엑셀 형태의 자료를 읽어 들여보자.

```
> # install.packages("quantmod") if necessary
> library(quantmod)
> library(readxl)
>
> USmacro <- readxl::read_xlsx("us_macro_quarterly.xlsx",
+                               col_types = c("text", rep("numeric",9)))
>
>
> USmacro$DATE <- zoo::as.yearqtr(USmacro$DATE,
+                                  format = "%Y:0%q")
>
> colnames(USmacro) <- c("Date", "GDPC96", "JAPAN_IP", "PCECTPI",
"GS10", "GS1", "TB3MS", "UNRATE", "EXUSUK", "CPIAUCSL")
```

이번에는 xts 패키지를 이용하여 자료를 다뤄보자. xts는 eXtensible Time Series의 약자이고, 기존의 zoo 패키지를 확장시킨 것이다.

USmacro 자료에서 1960년과 2013년 사이의 GDPC96과 Date 변수만 따로 뽑아 GDP 자료를 생성하자.

```
> GDP <- xts(x = USmacro$GDPC96, order.by = USmacro$Date)["1960::2013"]
```

전기 대비 GDP 연간성장률은 아래와 같이 구할 수 있다. 분기별 GDP이기 때문에 분기별 성장률에 4를 곱해줘야 한다.

```
> GDP.gr <- xts(400*log(GDP/lag(GDP)))
```

그러면 ggplot을 이용하여 다음과 같이 GDP와 성장률을 그릴 수 있다. 여기에서 주의해야 할 점은 x 변수의 이름이 대문자 I 로 시작하는 Index라는 것이다. 소문자로 시작하는 index의 경우 에러를 생성한다.

```
> f1 <- ggplot(data = GDP, mapping = aes(x = Index, y = GDP)) +
+   geom_line(color = "steelblue") +
+   xlab("Date") +
+   ylab("Real GDP") +
+   ggtitle("U.S. Quarterly Real GDP")
>
> f2 <- ggplot(data = GDP.gr, mapping = aes(x = Index, y = GDP.gr)) +
+   geom_line(color = "steelblue") +
+   xlab("Date") +
+   ylab("Growth rate(%)") +
+   ggtitle("U.S. Real GDP Growth Rate")
>
> gridExtra::grid.arrange(f1, f2,
+                         ncol = 1)
```

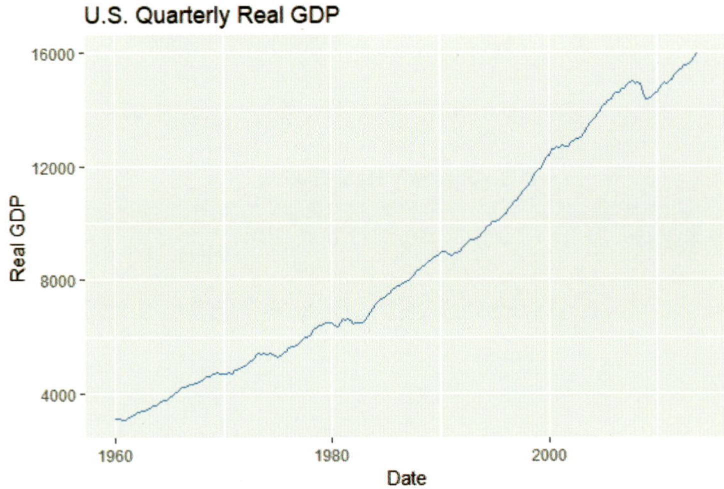

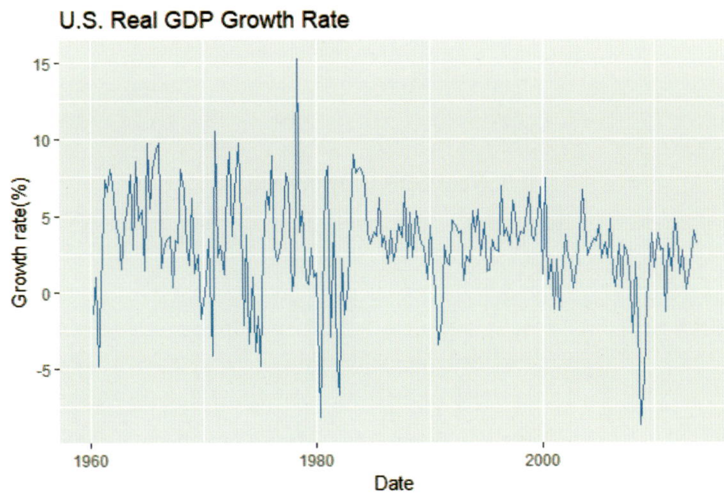

cowplot 패키지의 plot_grid() 함수를 이용해도 다음과 같이 그릴 수 있다.

```
> # install.packages("cowplot") # if necessary
> library(cowplot)
>
> plot_grid(f1, f2,
+          align = "v",
```

```
+           nrow = 2,
+           rel_heights = c(1, 1))
```

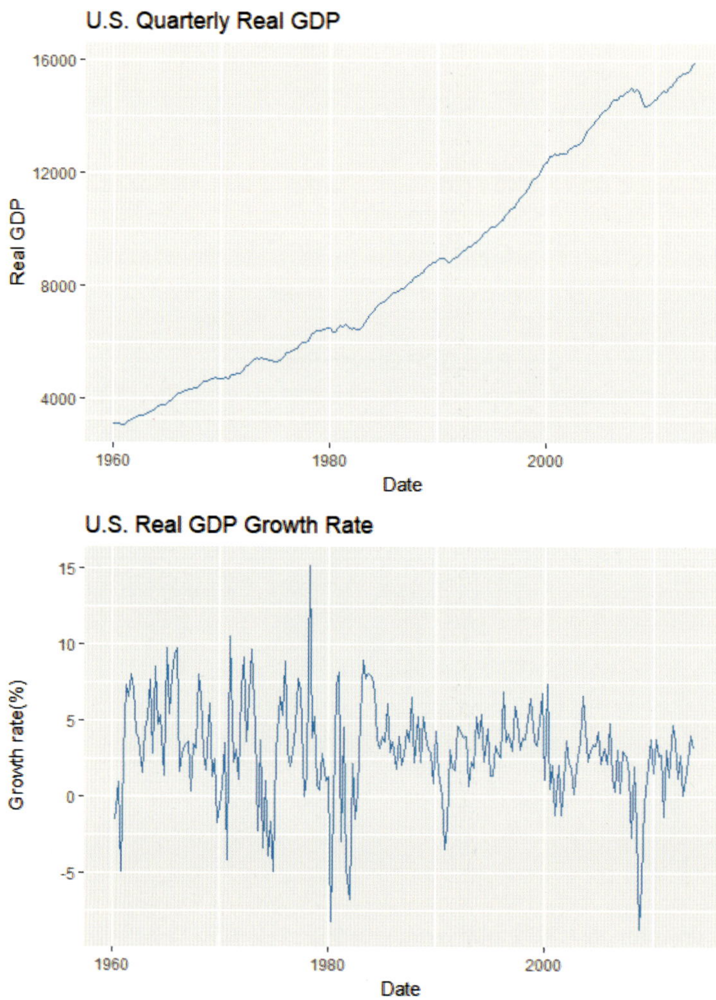

② 시차 변수와 차분 변수

시계열 분석에서는 특히 다양한 수준의 시차 변수와 차이 변수가 사용된다. 예컨대 집계 변수 y_t의 첫 번째 시차 변수는 y_{t-1}이다. 당연히 j번째 시차변수는 y_{t-j}이다.

시계열 분석에서는 이러한 시차 변수가 다양하게 사용된다. 따라서 시차 변수를 쉽게 생성할 수 있다면 매우 편할 것이다. 한편 과거 변수 외에도 미래 변수가 필요할 경우도 있다.

R에서는 과거 시차 변수를 lag() 함수를 이용해 쉽게 생성할 수 있다. 예컨대 실업률(lhur)의 1기 시차 변수는 lag(lhur,1)이고, 2기 시차변수는 lag(lhur,2)이다. 아래 표를 살펴보면, 시차 변수들이 전기 값을 가지고 있다는 것을 확인할 수 있다.

```
> macro <- macro %>%
+   mutate(lhur.L1 = lag(lhur,1),
+          lhur.L2 = lag(lhur,2))
>
> head(macro %>%
+        select(datxx,
+               lhur,
+               lhur.L1,
+               lhur.L2),20)
        datxx     lhur  lhur.L1  lhur.L2
1  1957-01-01 3.933333       NA       NA
2  1957-04-01 4.100000 3.933333       NA
3  1957-07-01 4.233333 4.100000 3.933333
4  1957-10-01 4.933333 4.233333 4.100000
5  1958-01-01 6.300000 4.933333 4.233333
6  1958-04-01 7.366667 6.300000 4.933333
7  1958-07-01 7.333334 7.366667 6.300000
8  1958-10-01 6.366667 7.333334 7.366667
9  1959-01-01 5.833334 6.366667 7.333334
10 1959-04-01 5.100000 5.833334 6.366667
11 1959-07-01 5.266667 5.100000 5.833334
12 1959-10-01 5.600000 5.266667 5.100000
13 1960-01-01 5.133333 5.600000 5.266667
14 1960-04-01 5.233333 5.133333 5.600000
15 1960-07-01 5.533333 5.233333 5.133333
16 1960-10-01 6.266667 5.533333 5.233333
```

```
17 1961-01-01 6.800000 6.266667 5.533333
18 1961-04-01 7.000000 6.800000 6.266667
19 1961-07-01 6.766667 7.000000 6.800000
20 1961-10-01 6.200000 6.766667 7.000000
```

한편 시계열 분석에서는 수준 변수(level variable)도 중요하지만 차분 변수(differenced variable)도 자주 사용된다. 특히 뒤에 소개하겠지만 시계열이 단위근(unit root)을 갖는 경우, 수준 변수 대신 차분 변수가 사용되는 경우가 많다. 1계 차분 변수 혹은 2계 차분 변수는 아래와 같이 정의할 수 있다.

$$\Delta y_t = y_t - y_{t-1}$$

$$\Delta^2 y_t = \Delta y_t - \Delta y_{t-1} = (y_t - y_{t-1}) - (y_{t-1} - y_{t-2}) = y_t - 2y_{t-1} + y_{t-2}$$

R에서는 diff() 함수를 이용하면 쉽게 차분 변수를 생성할 수 있다.

```
> macro <- macro %>%
+   mutate(lhur.d1 = c(NA,diff(lhur,1)),
+          lhur.d2 = c(NA,diff(lhur.d1,1)))
>
> head(macro %>%
+        select(datxx,
+               lhur,
+               lhur.d1,
+               lhur.d2),
+      20)
       datxx     lhur    lhur.d1    lhur.d2
1  1957-01-01 3.933333         NA         NA
2  1957-04-01 4.100000  0.1666665         NA
3  1957-07-01 4.233333  0.1333332 -0.0333333
4  1957-10-01 4.933333  0.7000003  0.5666671
5  1958-01-01 6.300000  1.3666668  0.6666665
6  1958-04-01 7.366667  1.0666666 -0.3000002
7  1958-07-01 7.333334 -0.0333333 -1.0999999
8  1958-10-01 6.366667 -0.9666667 -0.9333334
9  1959-01-01 5.833334 -0.5333333  0.4333334
```

```
10 1959-04-01 5.100000 -0.7333336 -0.2000003
11 1959-07-01 5.266667  0.1666670  0.9000006
12 1959-10-01 5.600000  0.3333330  0.1666660
13 1960-01-01 5.133333 -0.4666667 -0.7999997
14 1960-04-01 5.233333  0.0999999  0.5666666
15 1960-07-01 5.533333  0.3000002  0.2000003
16 1960-10-01 6.266667  0.7333336  0.4333334
17 1961-01-01 6.800000  0.5333333 -0.2000003
18 1961-04-01 7.000000  0.1999998 -0.3333335
19 1961-07-01 6.766667 -0.2333331 -0.4333329
20 1961-10-01 6.200000 -0.5666671 -0.3333340
```

차분 변수를 이용하면 편리한 점이 있다. 특히 수준 변수에 로그를 취하고 차분하면 해당 변수의 성장률의 근사치를 얻을 수 있다.

예컨대 현재 자료에 들어 있는 분기별 소비자 물가지수(CPI)를 이용하여 연간 인플레이션율을 계산해보자. 먼저 로그 차분을 통해 분기별 성장률의 근사치를 계산하자. 분기별 성장률에 4를 곱해 연간화하자. 다시 100을 곱해 퍼센티지로 전환하는 것이다. 다음과 같은 공식을 적용할 수 있다.

$$4 \times [\log(CPI_t) - \log(CPI_{t-1})] \times 100$$

mutate() 함수를 이용해 분기별 물가지수 자료를 이용하여 연간 인플레이션율, 시차 변수, 그리고 차분 변수를 각각 구해보자.

```
> # annual inflation rate
> macro <- macro %>%
+   mutate(annual_inf = 4*(log(punew)-lag(log(punew),1))*100)
>
> # lagged annual inflation rate
> macro <- macro %>%
+   mutate(annual_inf.L1 = lag(annual_inf,1))
>
> # change in inflation rate
> macro <- macro %>%
+   mutate(annual_inf.D1 = annual_inf - annual_inf.L1)
```

```
>
> head(macro %>%
+       select(datxx,
+              annual_inf,
+              annual_inf.L1,
+              annual_inf.D1),
+     20)
       datxx annual_inf annual_inf.L1 annual_inf.D1
1  1957-01-01         NA            NA            NA
2  1957-04-01  3.3937038            NA            NA
3  1957-07-01  3.5538941     3.3937038   0.160190299
4  1957-10-01  1.9295196     3.5538941  -1.624374479
5  1958-01-01  4.7138893     1.9295196   2.784369702
6  1958-04-01  2.6821003     4.7138893  -2.031789022
7  1958-07-01 -0.2304985     2.6821003  -2.912598730
8  1958-10-01  0.4148044    -0.2304985   0.645302913
9  1959-01-01  0.6904230     0.4148044   0.275618607
10 1959-04-01  0.6892058     0.6904230  -0.001217202
11 1959-07-01  2.0605621     0.6892058   1.371356234
12 1959-10-01  2.4133672     2.0605621   0.352805113
13 1960-01-01  0.3630085     2.4133672  -2.050358664
14 1960-04-01  2.3967105     0.3630085   2.033702013
15 1960-07-01  0.2253558     2.3967105  -2.171354740
16 1960-10-01  2.5602378     0.2253558   2.334881971
17 1961-01-01  0.8050858     2.5602378  -1.755151969
18 1961-04-01 -0.1340707     0.8050858  -0.939156524
19 1961-07-01  1.5613737    -0.1340707   1.695444470
20 1961-10-01  0.5783839     1.5613737  -0.982989799
```

이번에는 시차 변수를 이용하여 거시경제학에서 잘 알려진 오쿤의 법칙(Okun's law)을 추정해보자. 오쿤의 법칙은 실업률의 변화는 GDP의 변화에 의해 결정된다는 것이다. 따라서 다음과 같이 표현 가능하다.

$$U_t - U_{t-1} = -\gamma(Y_t - Y^*)$$

위의 식을 회귀식의 형태로 다시 쓰면 아래와 같다.

$$U_t - U_{t-1} = \beta_0 + \beta_1 Y_t + \epsilon_t$$

여기에서 $\beta_0 = \gamma Y^*$이고, $\beta_1 = -\gamma$이다.

okun.csv 자료를 읽어 들이자. 실업률 u와 GDP를 나타내는 y가 포함되어 있다.

```
> okun <- read.csv("okun.csv")
>
>
> head(okun, 10)
     u   y time
1  7.3 1.4    1
2  7.2 2.0    2
3  7.0 1.4    3
4  7.0 1.5    4
5  7.2 0.9    5
6  7.0 1.5    6
7  6.8 1.2    7
8  6.6 1.5    8
9  6.3 1.6    9
10 6.0 1.7   10
```

독립 변수인 y와 종속 변수인 $U_t - U_{t-1}$에 대해 산포를 그려보자.

```
> okun <- okun %>%
+   mutate(u.d = u - Lag(u))
>
> library(ggplot2)
>
>
>  ggplot(data = okun, mapping = aes(x = y, y = u.d, colour = time)) +
+    geom_point(size = 3,
+               alpha = 0.8) +
+   scale_colour_gradient2(low = "red",
+                          high="blue",
+                          mid = "white") +
+   xlab("Output") +
+   ylab("Change in unemployment rate")
```

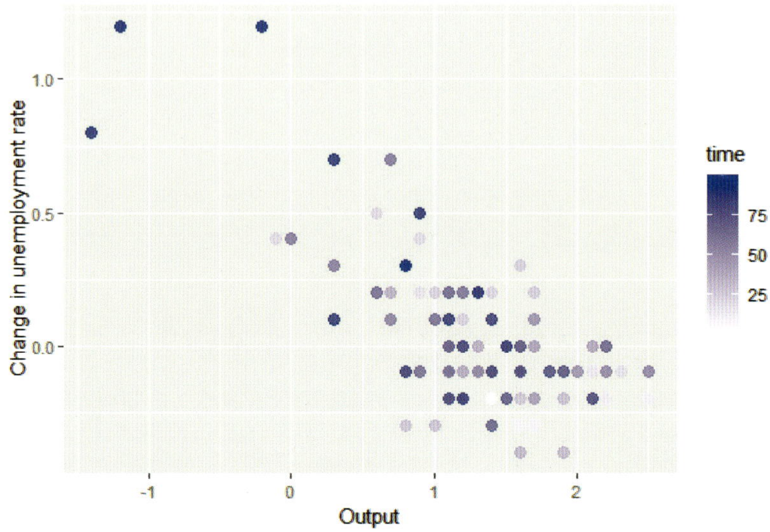

위 모형은 다음과 같은 선형 회귀분석을 통해 추정할 수 있다. 아래의 추정 결과에 따르면 B_y는 0.311이다. y^*는 위의 식과 추정 결과에 따라 약 1.35(=0.421/0.311)이다.

```
> lm.okun <- lm(formula = u.d ~ y,
+               data    = okun)
> summary(lm.okun)

Call:
lm(formula = u.d ~ y, data = okun)

Residuals:
    Min      1Q  Median      3Q     Max
-0.4719 -0.1536 -0.0160  0.1087  0.7163

Coefficients:
            Estimate Std. Error t value Pr(>|t|)
(Intercept)  0.42134    0.04600   9.159 1.04e-14 ***
y           -0.31180    0.03217  -9.692 7.53e-16 ***
---
Signif. codes:  0 '***' 0.001 '**' 0.01 '*' 0.05 '.' 0.1 ' ' 1
```

```
Residual standard error: 0.2049 on 95 degrees of freedom
  (1 observation deleted due to missingness)
Multiple R-squared:  0.4972,	Adjusted R-squared:  0.4919
F-statistic: 93.93 on 1 and 95 DF,  p-value: 7.532e-16
```

위 모형에 GDP의 효과가 2기간까지 시차를 두고 영향을 준다고 가정해보자. 그러면 다음과 같이 해당 모형을 추정할 수 있다.

```
> lm.okun2 <- lm(u.d ~ y + Lag(y,1) + Lag(y,2), data=okun)
> summary(lm.okun2)

Call:
lm(formula = u.d ~ y + Lag(y, 1) + Lag(y, 2), data = okun)

Residuals:
     Min       1Q   Median       3Q      Max 
-0.42713 -0.13869  0.01658  0.11170  0.42382 

Coefficients:
            Estimate Std. Error t value Pr(>|t|)    
(Intercept)  0.58356    0.04721  12.360  < 2e-16 ***
y           -0.20202    0.03238  -6.238 1.33e-08 ***
Lag(y, 1)   -0.16533    0.03354  -4.930 3.63e-06 ***
Lag(y, 2)   -0.07001    0.03310  -2.115   0.0371 *  
---
Signif. codes:  0 '***' 0.001 '**' 0.01 '*' 0.05 '.' 0.1 ' ' 1

Residual standard error: 0.1726 on 92 degrees of freedom
  (2 observations deleted due to missingness)
Multiple R-squared:  0.6539,	Adjusted R-squared:  0.6427 
F-statistic: 57.95 on 3 and 92 DF,  p-value: < 2.2e-16
```

이상의 결과를 정리해보자.

```
> stargazer::stargazer(lm.okun, lm.okun2,
+                      type = "text",
+                      df = FALSE)
```

```
==================================================
                    Dependent variable:
               -----------------------------
                           u.d
                     (1)            (2)
--------------------------------------------------
y                 -0.312***      -0.202***
                   (0.032)        (0.032)

Lag(y, 1)                        -0.165***
                                  (0.034)

Lag(y, 2)                        -0.070**
                                  (0.033)

Constant           0.421***       0.584***
                   (0.046)        (0.047)

--------------------------------------------------
Observations          97             96
R2                  0.497          0.654
Adjusted R2         0.492          0.643
Residual Std. Error  0.205          0.173
F Statistic        93.930***      57.951***
==================================================
Note:              *p<0.1; **p<0.05; ***p<0.01
```

이번에는 간단한 함수를 이용해 시리즈, 로그-시리즈, 시차 변수, 연간 성장률을 계산해보자.

이를 위해 간단한 함수를 정의해보자. growth()라는 이름의 함수를 정의한 것이다. data를 함수의 인자로 받는다. data.frame에 원래 자료, 로그 변환한 변수, 1계 시차 변수, 전기 대비 연간 경제 성장률을 계산하는 함수이다.

```
> growth <- function(data) {
+
+   d <- data
+
```

```
+   return(
+     data.frame("Original" = d,
+                "Log" = log(d),
+                "Lag" = lag(d),
+                "AnnualGR" = 400*(log(d)-log(lag(d))))
+
+   )
+ }
>
> growth(GDP["2000-01::2003-01"])
        Original      Log      Lag   AnnualGR
2000 Q1 12365.16 9.422638       NA         NA
2000 Q2 12598.72 9.441351 12365.16  7.4849182
2000 Q3 12614.81 9.442626 12598.72  0.5102975
2000 Q4 12681.97 9.447936 12614.81  2.1238808
2001 Q1 12645.65 9.445069 12681.97 -1.1470492
2001 Q2 12712.79 9.450364 12645.65  2.1180219
2001 Q3 12674.11 9.447317 12712.79 -1.2186767
2001 Q4 12705.16 9.449763 12674.11  0.9785943
2002 Q1 12824.60 9.459121 12705.16  3.7429216
2002 Q2 12894.68 9.464570 12824.60  2.1796310
2002 Q3 12956.67 9.469366 12894.68  1.9185111
2002 Q4 12962.92 9.469848 12956.67  0.1928734
2003 Q1 13028.60 9.474902 12962.92  2.0214946
```

③ 자기 상관 관계

시계열의 대표적인 특징 중 하나는 종속성이 있다는 것이다. 즉 시계열 자료의 경우 현재의 값과 다음 기 혹은 과거의 값과는 통상적으로 상관관계가 존재한다는 것이다. 특정 변수가 자신의 시차 변수와 상관관계가 존재할 때 자기 상관 관계(auto-correlation) 혹은 계열 상관(serial correlation)이 존재한다고 한다. Y_t가 Y_{t-1} 혹은 Y_{t-2} 등의 시차 변수와 상관관계를 갖는다는 것이다.

상관계수는 공분산을 분산으로 나눈 값이고, 이는 표본에서 상응하는 표본 공분산을 표본 분산으로 나누어 구할 수 있다. 즉 아래와 같이 구할 수 있다.

$$\rho_j = \frac{\widehat{cov(Y_t, Y_{t-j})}}{\widehat{var(Y_t)}}$$

R에서는 acf()라는 명령어를 이용하여 자기 상관계수를 쉽게 계산하고 그림으로도 표현할 수 있다. 아래 acf()는 y의 자기 상관계수를 시차 15까지 계산하는 것이다.

```
> acf <- acf(okun$y,
+           lag.max=15,
+           plot=FALSE)
>
> summary(acf)
       Length Class  Mode
acf    16     -none- numeric
type    1     -none- character
n.used  1     -none- numeric
lag    16     -none- numeric
series  1     -none- character
snames  0     -none- NULL
> acf

Autocorrelations of series 'okun$y', by lag

     0      1      2      3      4      5      6      7      8      9
 1.000  0.494  0.411  0.154  0.200  0.090  0.024 -0.030 -0.082  0.044
    10     11     12     13     14     15
-0.021 -0.087 -0.204 -0.144 -0.069 -0.064
```

먼저 계산된 자기 상관계수를 살펴보자. 1기 시차까지의 자기 상관계수는 0.494였고, 2기부터 점차 감소하기 시작하여 6기에 이르면 0.024까지 떨어진다. 7기부터는 오히려 음수로 -0.03이 되었다.

아래 그림은 자기 상관계수를 그림으로 표현한 것이다. acf() 함수의 모수 중 plot을 TRUE로 바꿨다.

```
> acf(okun$y, lag.max=15, plot=TRUE)
```

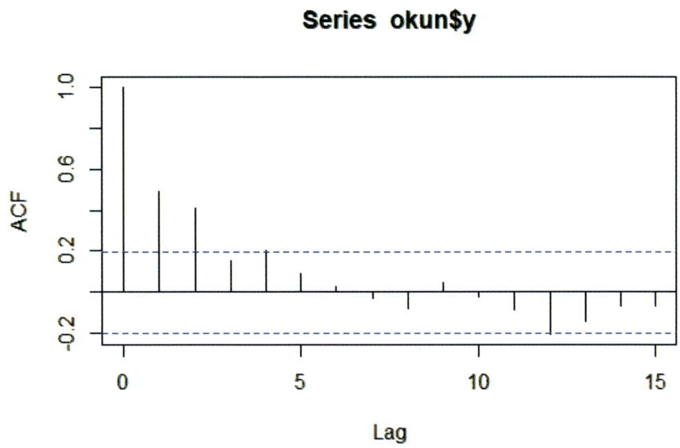

위 그림을 ggplot2 패키지를 이용해 다시 그려볼 수 있다.

```
> acf.data <- with(acf, data.frame(lag, acf))
>
>
> ggplot(data = acf.data, aes(x = lag, y = acf)) +
+   geom_bar(stat = "identity")
```

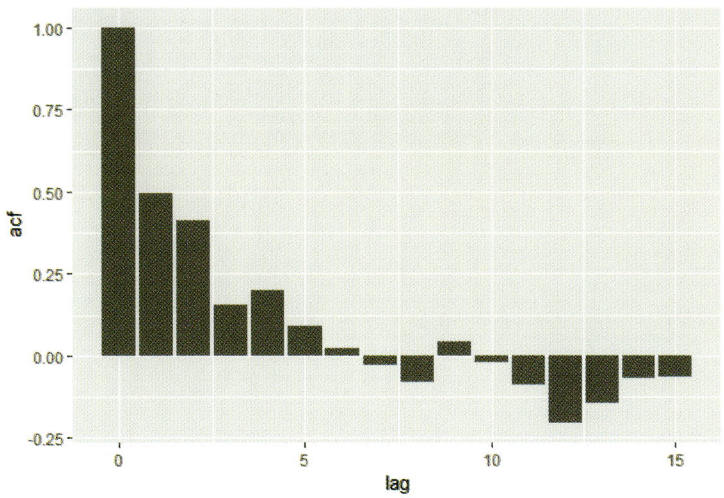

위 그림에 따르면, 시차 1기에서 6기 시차까지는 양의 상관관계를 갖고 있고, 좀 더 큰 시차는 음의 상관관계를 갖고 있음을 보여준다.

같은 그림은 ggfortify 패키지의 autoplot을 이용해 그릴 수도 있다.

```
> # install.packages('ggfortify') if necessary
> library(ggfortify)
> library(ggplot2)
>
> autoplot(acf(okun$y,
+             lag.max=15,
+             plot=FALSE),
+         conf.int.fill = '#0000FF',
+         conf.int.type = 'ma')
```

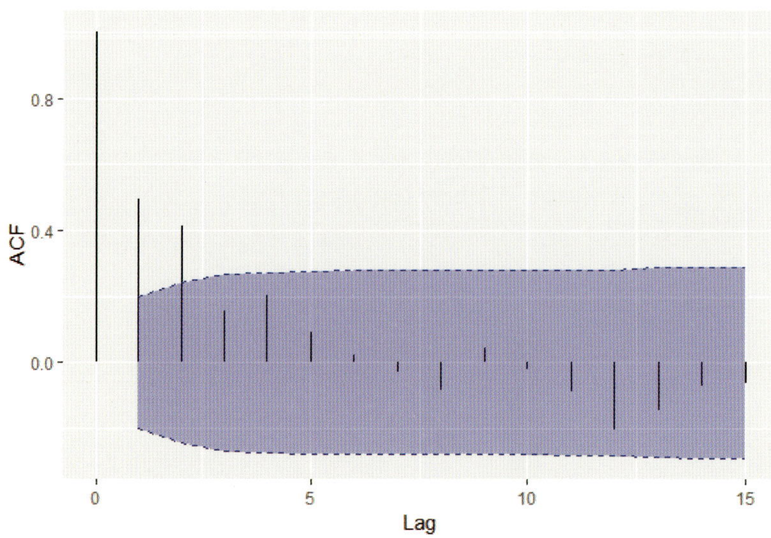

3. 오차항이 계열 상관 관계를 가질 때

기본적으로 회귀모형이 설명 변수 안에 시차 변수를 포함하지 않으면 오차항이 계열 상관(serial correlation)을 가진다 하더라도 OLS 추정량은 여전히 일치성을 갖는다. 다만 추정량의 표준오차가 잘못 추정될 가능성이 있다. 이럴 경우에는 Newey-West가 제시한 표준오차를 사용하여 표준오차에 대한 일치 추정량을 구할 수 있다. Newey-West의 표준오차를 흔히 HAC 추정량이라고 부르기도 한다. HAC은 이분산-자기상관(Heteroskedasticity and autocorrelation)을 지칭한다.

HAC 추정량을 사용하는 다양한 형태의 계열 상관하에서도 표준오차에 대한 일치 추정량을 얻을 수 있다는 장점을 갖고 있다. coeftest() 함수를 이용하여 구할 수 있다.

```
> library(lmtest)
> library(sandwich)
> library(ggfortify)
>
> okun.nw <- lm(u.d ~ y,
+              data=okun)
>
> c.nw <- coeftest(okun.nw,
+                  vcov = NeweyWest(okun.nw, verbose = 1))

Lag truncation parameter chosen: 2
> c.lm <- coeftest(lm.okun)
```

추정결과는 다음과 같다.

```
> stargazer::stargazer(c.lm, c.nw,
+                      type = "text",
+                      df   = FALSE)

======================================
            Dependent variable:
        ----------------------------

             (1)           (2)
```

```
---------------------------------------
y          -0.312***     -0.312***
            (0.032)       (0.058)

Constant    0.421***      0.421***
            (0.046)       (0.092)

=======================================
=======================================
Note:     *p<0.1; **p<0.05; ***p<0.01
```

위의 결과를 단순 회귀분석한 추정 결과(모형(1))와 Newey-West 분산-공분산을 사용한 결과(모형(2))를 비교해보자. 추정 방법 간에 추정치 자체는 차이가 없다. 다만 표준오차가 좀 더 일반적으로 가정한 경우 보다 더 크게 추정되고 있음을 확인할 수 있다.

4. 자기 상관 시차 모형

경제 이론에 따르면 우리가 관심 가지는 변수들은 다양한 변수뿐 아니라 자신의 과거 변수 값에 의해서도 영향을 받는다. 따라서 영향을 주고 받는 변수들의 값들을 알고 있으면 관심 변수의 미래 값 예측에 도움이 된다. 이러한 변수들을 자기 상관 모형에 더하면 모형의 예측력을 높일 수가 있다. 자기의 시차 변수 외에도 다른 변수들의 현재 및 시차 변수를 포함한 모형을 자기 상관 시차 모형(ADL, autoregressive distributed lag model)이라고 한다.

예컨대 단기 필립스 곡선을 생각해보자. 필립스 곡선에 따르면 실업률이 높은 경우 미래의 인플레이션률이 낮아지는 경향이 있다. 이러한 관계는 다음과 같은 분석으로부터 확인할 수 있다.

먼저 macro2.csv를 읽어 들이자.

```
> rm(list = ls())
> phil <- read.csv("macro2.csv")
```

그리고 인플레이션율의 변화를 1년 후(4분기 전)의 실업률에 회귀분석을 해보자.

```
> phil.lm <- lm(formula = dinfa ~ Lag(lhur,4),
+               data    = phil)
>
> summary(phil.lm)

Call:
lm(formula = dinfa ~ Lag(lhur, 4), data = phil)

Residuals:
    Min      1Q  Median      3Q     Max 
-4.0482 -1.0686 -0.0041  0.7271  5.0026 

Coefficients:
             Estimate Std. Error t value Pr(>|t|)    
(Intercept)   2.46462    0.51892   4.750 4.11e-06 ***
Lag(lhur, 4) -0.41438    0.08495  -4.878 2.32e-06 ***
---
Signif. codes:  0 '***' 0.001 '**' 0.01 '*' 0.05 '.' 0.1 ' ' 1

Residual standard error: 1.667 on 183 degrees of freedom
  (8 observations deleted due to missingness)
Multiple R-squared:  0.1151,	Adjusted R-squared:  0.1102 
F-statistic: 23.79 on 1 and 183 DF,  p-value: 2.323e-06
```

회귀분석 결과에 따르면, 실업률이 높으면 1년 후에 인플레이션율의 변화가 감소하는 것을 확인할 수 있다. 실업률에 포함된 정보가 인플레이션율의 변화 방향을 예측하는 데 도움을 주는 것처럼 보인다. 특히 실업률의 시차 변수가 인플레이션율 변화의 시차 변수에 포함되어 있지 않은 정보를 포함하고 있다면 미래 인플레이션율의 예측에 과거 실업율에 대한 정보는 큰 도움이 될 것이다.

추정된 회귀분석 식을 그려 두 변수 간의 관계를 살펴보자.

```
> library(ggplot2)
>
> ggplot(data = phil, mapping = aes(x = Lag(lhur,4),
```

```
+                                  y = dinfa)) +
+   geom_point(alpha = 0.3,
+              colour= "steelblue",
+              size  = 3) +
+   geom_smooth(colour = "red",
+               method = "lm") +
+   xlab("unemployment rate in t-4") +
+   ylab("change in inflation rate in t")
```

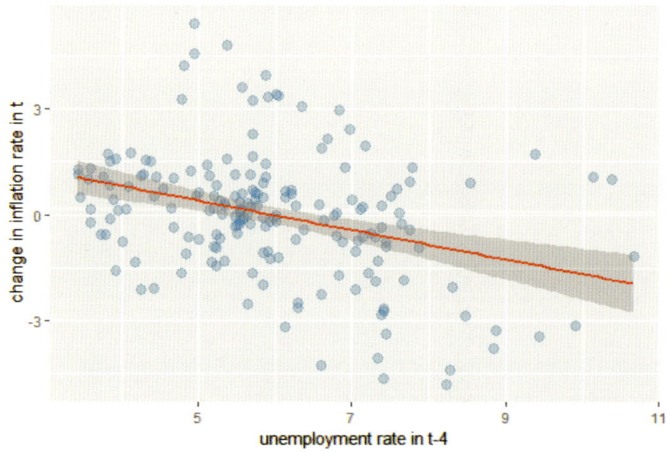

일반적으로 자기 상관 시차 모형은 ADL(p,q)로 표현할 수 있다. 자기 상관은 p까지 다른 독립변수의 시차는 q까지 포함된 모형이다.

아래와 같이 써 볼 수 있다.

$$Y_t = \beta_0 + \beta_1 Y_{t-1} + \cdots + \beta_p Y_{t-p} + \gamma_1 X_{t-1} + \gamma_2 X_{t-2} + \cdots + \gamma_q X_{t-q} + e_t$$

위의 모형은 설명 변수에 종속 변수의 시차 변수들(자기 상관 요소)과 다른 설명 변수들의 시차 변수들을 포함하고 있는 모형이다. 좀 더 일반적으로는 설명 변수가 하나가 아니라 복수의 설명 변수의 시차 변수들을 포함할 수 있다. 위의 인플레이션의 변화 예측에 실업률이 도움이 되는지 알기 위해 다음과 같이 좀 더 일반적인 ADR(4,1) 모형을 추정해보자.

$$
\begin{aligned}
\Delta IR_t &= \beta_0 + \beta_1 \Delta IR_{t-1} + \beta_2 \Delta IR_{t-2} + \beta_3 \Delta IR_{t-3} + \beta_4 \Delta IR_{t-4} \\
&+ \gamma_1 UR_{t-1} + e_t
\end{aligned}
$$

다음과 같이 회귀분석을 해보자.

```
> ir <- lm(formula = dinf ~ Lag(dinf,1) + Lag(dinf,2) + Lag(dinf,3) +
Lag(dinf,4) + Lag(lhur,1),
+          data     = phil)
>
> stargazer::stargazer(ir,
+                      type="text",
+                      df = FALSE)

================================================
                    Dependent variable:
                ---------------------------
                          dinf
------------------------------------------------
Lag(dinf, 1)             -0.338***
                         (0.075)

Lag(dinf, 2)             -0.386***
                         (0.079)

Lag(dinf, 3)              0.059
                         (0.080)

Lag(dinf, 4)             -0.094
                         (0.075)

Lag(lhur, 1)             -0.238***
                         (0.086)

Constant                 1.408***
                         (0.519)

------------------------------------------------
Observations               187
R2                        0.231
```

```
Adjusted R2                    0.210
Residual Std. Error             1.511
F Statistic                  10.889***
===================================================
Note:                 *p<0.1; **p<0.05; ***p<0.01
```

위 추정 결과에 따르면, 실업률이 증가하면 1기 후에 인플레이션 변화분이 감소하는 것으로 보인다. 즉, 1%p 만큼 실업률이 증가하면 다음 기에는 인플레이션률 변화가 0.24%p 감소하고 있었다.

이번에는 추정된 모형을 이용하여 인플레이션율 차분 변수의 시차 변수들의 통계적 유의성을 검정해보자. 차분 변수가 인플레이션 변화를 설명하는 데 도움이 되는지 살펴보기 위해 다음과 같은 귀무가설을 상정해보자.

$$H_0: \beta_2 = \beta_3 = \beta_4 = 0$$

다음과 같이 가설 검정을 할 수 있다.시차 변수들이 모두 0이라는 가설은 비교적 쉽게 기각할 수 있었다.

```
> library(car)
> linearHypothesis(ir,c("Lag(dinf, 2)=0","Lag(dinf, 3)=0","Lag(dinf,
4)=0"))
Linear hypothesis test

Hypothesis:
Lag(dinf, 2) = 0
Lag(dinf, 3) = 0
Lag(dinf, 4) = 0

Model 1: restricted model
Model 2: dinf ~ Lag(dinf, 1) + Lag(dinf, 2) + Lag(dinf, 3) + Lag(dinf,
    4) + Lag(lhur, 1)

  Res.Df    RSS Df Sum of Sq      F    Pr(>F)
1    184 494.08
2    181 413.15  3     80.93 11.818 4.174e-07 ***
```

```
---
Signif. codes:  0 '***' 0.001 '**' 0.01 '*' 0.05 '.' 0.1 ' ' 1
```

이번에는 앞에서 읽어 들인 USmacro.csv 자료를 이용하여 분석해보자.

앞에서 실습했던 대로 자료를 불러들이고, 변수의 성질과 이름을 정리하자.

```
> library(quantmod)
> library(readxl)
>
> USmacro <- read_xlsx("us_macro_quarterly.xlsx", col_types= c("text",
rep("numeric",9)))
>
> USmacro$DATE <- as.yearqtr(USmacro$DATE,
+                            format="%Y:0%q")
>
> colnames(USmacro) <- c("Date",
+                        "GDPC96",
+                        "JAPAN_IP",
+                        "PCECTPI",
+                        "GS10",
+                        "GS1",
+                        "TB3MS",
+                        "UNRATE",
+                        "EXUSUK",
+                        "CPIAUCSL")
>
> GDP <- xts(USmacro$GDPC96,
+           USmacro$Date)["1960::2013"]
>
> GDP.gr <- xts(400*log(GDP/Lag(GDP)))
```

3개월 T-bill과 10년 T-bond, 그리고 장단기 채권 수익률의 차이인 스프레드 변수 spread를 생성하자.

```
> library(xts)
>
```

```
> tb3m <- xts(USmacro$TB3MS,
+             USmacro$Date)["1960::2010"] # 3 month T-bill interest rate
> tb10y <- xts(USmacro$GS10,
+              USmacro$Date)["1960::2010"] # 10 year T-bond interest rate
>
> spread <- tb10y - tb3m # Yield spread
```

아래 새롭게 정의한 trans 함수는 연도 변수에 쿼더 요소인 Q1, Q2, Q3, Q4를 붙이고, 이를 다시 연도-분기 날짜 변수로 인식하는 역할을 해준다.

```
> # define function that transform years to class 'yearqtr'
> trans <- function(years) {
+   return(
+       sort(as.yearqtr(sapply(years, paste, c("Q1", "Q2", "Q3", "Q4"))))
+   )
+ }
>
>
> # Defining recession periods
> recessions <- trans(c(1961:1962, 1970, 1974:1975, 1980:1982,
1990:1991, 2001, 2007:2008))
```

우리가 관심 있는 tb3m과 tb10y를 tb로 병합하자. tb1은 zoo 패키지를 이용하여 병합한 것이고, tb2는

```
> # merge the series of interest
> tb1 <- merge(as.zoo(tb3m), as.zoo(tb10y))
> tb2 <- merge(tb3m, tb10y, join = 'inner')
> l.col <- c("#FF0000FF", "#1380a1")
> l.typ <- c("dashed","solid")
>
> plot(tb1,
+      plot.type = "single",
+      col       = l.col,
+      lwd       = 2,
+      lty       = l.typ,
```

```
+     xlab      = "Date",
+     ylab      = "Interest rate",
+     main      = "3-month T-bill & 10-year T-Bond")
>
> # add color shading for recessions
> xblocks(time(as.zoo(tb3m)),
+         c(time(tb3m) %in% recessions),
+         col = alpha("pink", alpha = 0.3))
>
> # add a legend
> legend("topleft",
+        legend = c("3-month T-bill", "10-year T-bond"),
+        col    = l.col,
+        lwd    = c(1, 1),
+        lty    = l.typ)
```

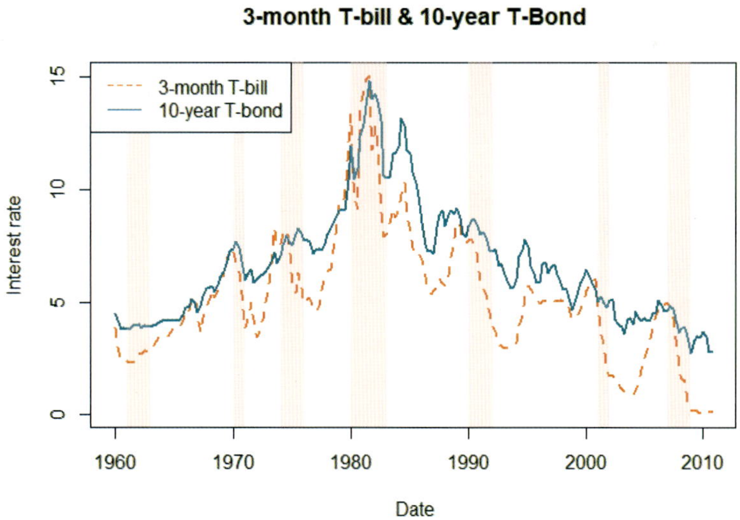

위 자료를 이용하여 GDP 성장률의 예측 모형을 만들어보자. 먼저, 아래와 같이 자료를 구축해보자.

```
> GDP.gr.ts <- ts(GDP.gr,
+                 start(1960,1),
+                 end = c(2013,4),
+                 frequency = 4)
>
> spread.ts <- ts(spread,
+                 start(1960,1),
+                 end=c(2013,4),
+                 frequency = 4)
>
> ts.data <- as.data.frame(ts.union(GDP.gr.ts, spread.ts))
>
> data(ts.data)
>
> head(ts.data)
   GDP.gr.ts spread.ts
1         NA 0.6133333
2 -1.5199689 1.2666667
3  0.9951704 1.4733333
4 -4.8714878 1.5800000
5  2.7104051 1.4366667
6  7.3666822 1.4866667
```

이렇게 구축된 자료를 이용해 GDP 성장률의 과거치와 현재 성장률과 관계를 그려보자.

```
> library(ggplot2)
> library(Hmisc)
>
>
> ggplot(data    = ts.data,
+        mapping = aes(x = Lag(GDP.gr.ts),
+                      y = GDP.gr.ts)) +
+   geom_point(color = "red") +
+   geom_smooth(color = "blue") +
+   scale_color_identity()
```

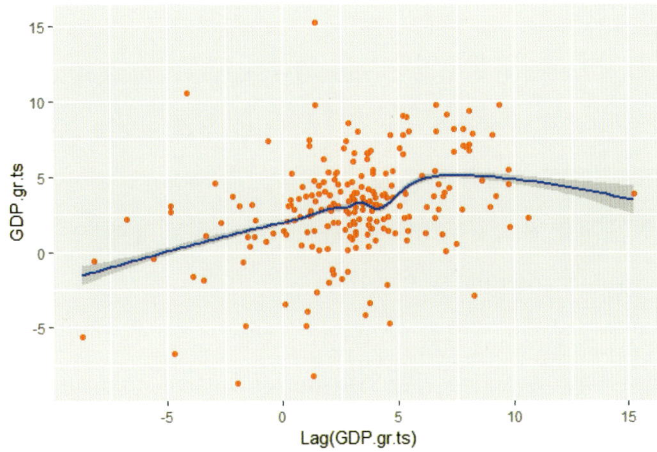

ADL(2,1) 모형은 다음과 같이 추정할 수 있다.

```
> library(dynlm)
> adl.2.1 <- dynlm(GDP.gr.ts ~ L(GDP.gr.ts) +  L(GDP.gr.ts, 2) +
L(spread.ts), start = c(1962,1), end=c(2013,4) )
>
> coeftest(adl.2.1, vcov. = sandwich)

t test of coefficients:

                 Estimate Std. Error t value  Pr(>|t|)
(Intercept)      1.810681   0.500748  3.6160 0.0003784 ***
L(GDP.gr.ts)     0.285392   0.077657  3.6750 0.0003051 ***
L(GDP.gr.ts, 2)  0.183077   0.081399  2.2491 0.0255884 *
L(spread.ts)    -0.126481   0.195439 -0.6472 0.5182624
---
Signif. codes:  0 '***' 0.001 '**' 0.01 '*' 0.05 '.' 0.1 ' ' 1
```

5. 시차 결정

이제 남은 문제는 자기 상관을 고려한 시차 모형에서 몇 개의 시차를 모형에 포함시킬 것인가이다. 모형에 시차 변수를 하나 더 추가하면 추가 정보에 의해 예측력의 향상을 기대해볼 수 있다. 하지만 동시에 추정치의 불확실성, 즉 추정치의 분산이 커질 가능성이 있다. 따라서 추가적인 시차 변수의 추가가 가져올 이득과 손실을 따져봐야 한다. 이때 이른 바 정보 기준(information criterion)을 이용한다.

정보 기준에 있어 중요한 아이디어는 다음과 같다. 추가적인 시차 변수가 포함되면 설명되지 않는 부분, 즉 오차 제곱합 SSR(sum of squared residuals)이 감소할 것이다. 이에 대해 시차 변수를 더해 나가면서 발생하는 불확실성의 증가에 대한 패널티 부분을 적절히 포함하면 최적 시차 변수를 찾기 위한 목적 함수인 정보 기준을 만들 수 있다. 즉 이러한 목적 함수가 최소가 되는 시차 변수를 찾으면 된다.

예컨대 BIC(Bayes Information Criterion)는 다음과 같이 정의된다. 시차항의 수가 늘어나면 첫 번째 항인 SSR(p)은 감소하지만 반면 두 번째 항은 적절한 속도로 증가한다.

$$BIC(p) = \ln\left(\frac{SSR(p)}{T}\right) + (p+1)\frac{\ln(T)}{T}$$

BIC와 유사한 다른 정보 기준으로는 AIC(Akaike Information Criterion)이다. BIC와의 차이점은 추가적인 시차항에 따라 패널티가 늘어나는 속도가 차이가 있다.

$$AIC(p) = \ln\left(\frac{SSR(p)}{T}\right) + (p+1)\frac{2}{T}$$

위와 같은 정보 기준은 모형 추정 후에 다음과 같은 BIC() 함수를 이용하여 구할 수 있다. 예컨대 다음과 같이 구할 수 있다.

```
> library(stats4)
> ir.1 <- lm( dinf ~ lag(dinf,1) , data=phil)
> aic.1 <- AIC(ir.1)
> print(aic.1)
[1] 733.9831
```

```
> bic.1 <- BIC(ir.1)
> print(bic.1)
[1] 743.7242
```

다만 정보 기준이 주어진 모형에서 계산되기 때문에 다양한 시차 변수를 이용하여 BIC와 AIC의 크기를 비교해야 한다. 아래의 그림에 따르면 BIC에 따르는 경우 5번째 시차까지, AIC를 따르는 경우 3번째 시차까지 포함시키는 것이 정보 기준을 가장 최소화시키는 시차임을 알 수 있다.

```
> # install.packages("dynlm")
>
>
>
> i <- 1
> o <- 5
>
> k <- c()
> A <- array(0,c(o,2))
>
> for (i in 1:o) {
+
+   j <- paste("lag(dinf,",i,")",sep = "")
+   k <- paste(k, j , sep = "+")
+   n <- as.formula(paste("dinf ~ ",k , sep = ""))
+   l <- lm( n, data=phil)
+   m <- paste0("ir.", i, sep = "")
+   assign(m, l)
+   n <- eval(parse(text = paste("ir.", i, sep = "")))
+   A[i,1] = AIC(n)
+   A[i,2] = BIC(n)
+
+ }
>
>
> aic_min <- which.min(A[,1])
> bic_min <- which.min(A[,2])
>
```

```
>
> A = data.frame(A)
> names(A) = c("AIC","BIC")
>
> library(ggplot2)
> ggplot(data=A, aes(x=c(1:o))) +
+   geom_line(aes(y=AIC, color = "red")) +
+   geom_point(aes(y=AIC, color = "red")) +
+   geom_line(aes(y=BIC, color = "blue")) +
+   geom_point(aes(y=BIC, color = "blue")) +
+   xlab("number of lags") +
+   ylab("AIC & BIC")+
+   scale_color_identity("",labels=c("AIC","BIC"), guide ="legend" )
```

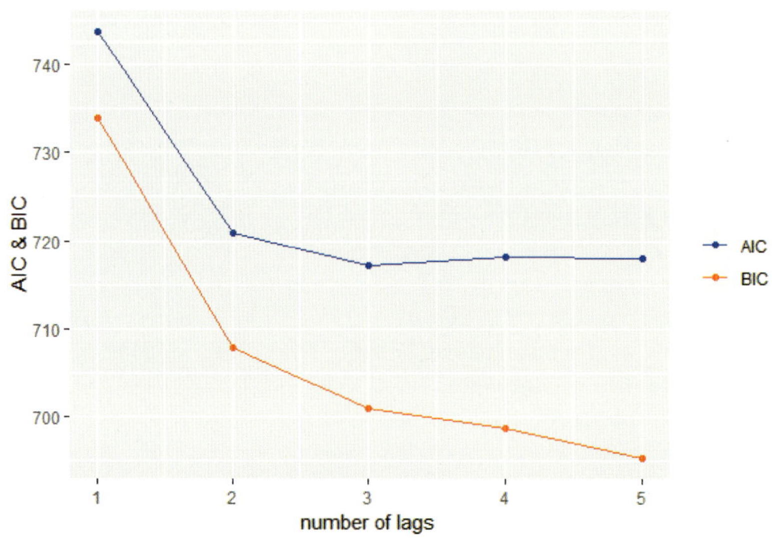

09

비정상 시계열

1. 비정상 시계열과 임의 보행

지금까지 명시적으로 언급하지 않았지만 시계열 분석에서 사용된 종속변수와 독립변수 모두 정상성(stationarity)의 성질을 갖고 있다고 암묵적으로 가정했다.

분석하는 시계열이 비정상 시계열이라면 지금까지 흔히 해오던 가설의 검정, 신뢰 구간 계산, 미래 값 예측 등 대부분의 작업 결과를 사용할 수 없게 된다.

이럴 때에는 해당 시계열이 비정상성을 띄게 되는 이유를 파악하는 것이 중요하다. 왜냐하면 발생 요인에 따라 해법이 다를 수 있기 때문이다.

시계열이 비정상성을 갖게 되는 이유 중 하나는 시계열이 추세를 갖기 때문이다.

추세는 시계열의 지속적인 장기 움직임(persistent long-term movement)이다. 추세는 확정적 추세(deterministic trend)와 확률적 추세(stochastic trend)로 구분해볼 수 있다.

경제 현상의 복잡성 때문에 시계열이 하나의 추세를 오랫동안 가지기보다는 시점에 따라 상승하기도 하고 감소하기도 하는 것이 일반적이다. 따라서 통상적으로 시계열 추세에 관한 분석에서는 확정적 추세보다는 확률적 추세에 초점을 맞추는 것이 보다 현실적이다.

확률적 추세 모형 중에서 가장 간단한 모형이 임의 보행(random walk) 모형이다. 예컨대 어떤 시계열이 아래와 같이 정의된다고 하자.

$$Y_t = Y_{t-1} + e_t$$

e_t는 IID(independently identically distributed) 오차항이다.

임의 보행을 따르는 시계열의 값은 과거의 값 Y_{t-1} 에 예측 불가능한 변화 e_t를 더한 것이다. 그래서 Y_t의 움직임을 예측하기 쉽지 않다.

Y의 현재까지의 실현치가 주어져 있을 때, 다음 기 Y의 제일 좋은 예측치는 현재 값이다. 식으로 쓰면 아래와 같다.

$$E[Y_{t+1}|Y_t, Y_{t-1}, \dots] = Y_t$$

2. 가성 회귀의 문제

가성 회귀는 특별히 언급할 필요가 있다. 예를 들어 Y_t와 X_t가 아래와 같이 단위 근을 갖는다고 해보자.

$$Y_t = Y_{t-1} + e_{1t}$$

$$X_t = X_{t-1} + e_{2t}$$

그리고 X_t와 Y_t가 서로 확률적으로 독립이라고 해보자. Y_t를 X_t에 대해 회귀분석하면 그 추정 계수는 0이 나오는 것이 당연하다. 하지만 두 변수가 위와 같이 단위 근을 갖는 경우에는 그렇지 않을 수 있다. 즉 상관관계가 가짜로 존재할 가능성이 있다.

예컨대 미국의 인플레이션율과 일본의 GDP 사이에는 별다른 상관관계가 존재하지 않을 가능성이 높다. 아래의 예를 보자.

macro2.dta 자료를 불러들여 ts에 저장하자.

```
> library(dplyr)
> library(knitr)
> ts <- read.csv("macro2.csv")
```

ts에 포함된 주요 변수는 다음과 같다.

```
> head(ts %>% select(datxx, lhur, punew, inf, gdpjp),12)
     datxx     lhur    punew         inf   gdpjp
1  1957:01 3.933333 27.77667          NA 10149.0
2  1957:02 4.100000 28.01333  0.85203755 10904.0
3  1957:03 4.233333 28.26333  0.89243215 11231.0
4  1957:04 4.933333 28.40000  0.48354289 11075.0
5  1958:01 6.300000 28.73667  1.18544400 10973.0
6  1958:02 7.366667 28.93000  0.67278016 11325.3
7  1958:03 7.333334 28.91333 -0.05760944 11734.1
8  1958:04 6.366667 28.94333  0.10375413 12080.1
9  1959:01 5.833334 28.99333  0.17275532 12223.0
10 1959:02 5.100000 29.04333  0.17245081 12869.0
```

```
11 1959:03 5.266667 29.19333  0.51646835 13680.0
12 1959:04 5.600000 29.37000  0.60516614 13819.0
```

다음과 같이 날짜 변수를 생성해보자.

```
> #install.packages("quantmod")
> library(quantmod)
>
> ts$datxx <- as.yearqtr(ts$datxx,
+                        format("%Y:0%q"))
```

그리고 몇 개의 주요 변수들을 따로 뽑아내자. 여기에서는 로그 변환한 일본 GDP 변수를 ln.gdpjp, 미국 인플레이션을 inf로 정의하고, 두 시계열 변수를 series 자료로 병합하자.

```
> ln.gdpjp <- xts(log(ts$gdpjp), ts$datxx)["1957::2005"]
> inf <- xts(ts$inf, ts$datxx)["1957::2005"]
>
> series <- merge(as.zoo(ln.gdpjp), as.zoo(inf))
> #series <- merge(ln.gdpjp, inf)
```

아래와 같이 그림을 그려보자.

앞에서 설명한 대로 일본 GDP와 미국 인플레이션율 사이에는 유의한 상관관계가 있다고 보기 어렵다.

```
> l.col <- c("red","#1380a1")
> l.typ <- c("solid","dashed")
>
> plot(series,
+      col = l.col,
+      plot.type = "single",
+      lty = l.typ,
+      xlab ="date",
+      ylab = "",
+      main = "Japanes GDP and Inflation rate"
```

```
+     )
>
> legend("right",legend = c("log(GDP) of Japan","iflation rate"),
col=l.col, lty = l.typ)
```

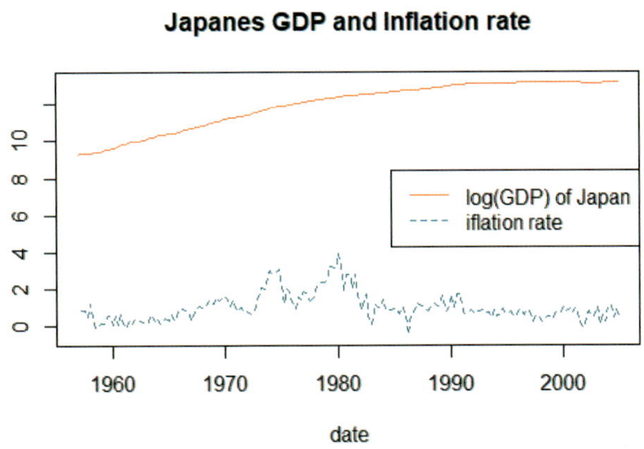

다음과 같이 ggplot2로도 그림을 그릴 수 있다.

```
> library(ggplot2)
>
>
>
> series <- data.frame(ts$datxx, series)
> colnames(series) <- c("date", "ln.gdp.jp", "inf")
>
> ggplot(data=series, aes(x=date)) +
+   geom_line(aes(y = ln.gdp.jp, na.rm = TRUE , color = "red"))  +
+   geom_line(aes(y = inf, na.rm = TRUE, color = "steelblue")) +
+   xlab("date") +
+   ylab("value") +
+   scale_color_identity(name = "",
+                        labels = c("log(gdp) in Japan",
```

```
+                          "inflation in US"),
+                  guide = "legend")
```

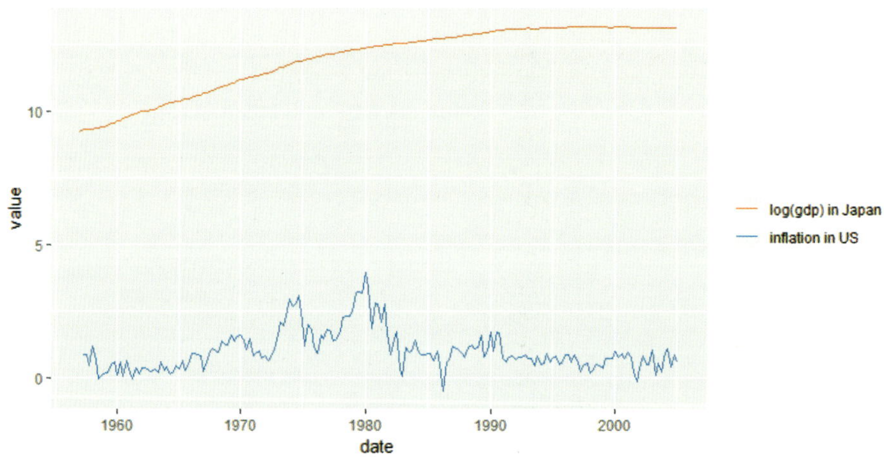

다음으로 회귀분석을 해보자. 1982년 이전 자료만 추출하여 subset1으로 저장하자.

```
> library(dplyr)
> library(lubridate)
>
> subset1 <- series %>% filter( year(date)<1982)
> tail(subset1)
       date ln.gdp.jp      inf
95  1980 Q3  12.40477 1.876784
96  1980 Q4  12.42900 2.803367
97  1981 Q1  12.44729 2.765877
98  1981 Q2  12.45135 2.084916
99  1981 Q3  12.47241 2.784998
100 1981 Q4  12.48375 1.625722
```

하지만 회귀분석을 해보면 일본 GDP가 증가할 때, 미국의 인플레이션이 증가하는 것으로 추정된다. 그리고 그 관계는 통계적으로 유의하다.

```
> lm.1 <- lm(inf~ln.gdp.jp,
+            data = subset1 )
>
> summary(lm.1)

Call:
lm(formula = inf ~ ln.gdp.jp, data = subset1)

Residuals:
     Min       1Q   Median       3Q      Max
-1.11151 -0.38976 -0.07517  0.27863  1.68099

Coefficients:
            Estimate Std. Error t value Pr(>|t|)
(Intercept) -7.03810    0.60648  -11.61   <2e-16 ***
ln.gdp.jp    0.75299    0.05493   13.71   <2e-16 ***
---
Signif. codes:  0 '***' 0.001 '**' 0.01 '*' 0.05 '.' 0.1 ' ' 1

Residual standard error: 0.5489 on 97 degrees of freedom
  (1 observation deleted due to missingness)
Multiple R-squared:  0.6595,    Adjusted R-squared:  0.656
F-statistic: 187.9 on 1 and 97 DF,  p-value: < 2.2e-16
```

이번에는 1981년 이후의 기간에 대해 다시 회귀분석해보자.

```
> subset2 <- series %>% filter( year(date)>=1982)
> tail(subset2)
      date ln.gdp.jp       inf
88 2003 Q4  13.12640 0.2169247
89 2004 Q1  13.13727 0.9559863
90 2004 Q2  13.13398 1.0898734
91 2004 Q3  13.13221 0.4065019
92 2004 Q4  13.13246 0.8801294
93 2005 Q1  13.13923 0.5932636
```

회귀분석 결과는 다음과 같다. 1982년 이후에는 일본 GDP가 증가할 때 미국 인플리에션은 감소하는 경향을 보여준다. 이 관계 역시 통계적으로 유의하다.

```
> lm.2 <- lm(formula = inf~ln.gdp.jp,
+            data    = subset2 )
>
> summary(lm.2)

Call:
lm(formula = inf ~ ln.gdp.jp, data = subset2)

Residuals:
     Min       1Q   Median       3Q      Max 
-1.39537 -0.17142  0.01235  0.19462  0.97225 

Coefficients:
            Estimate Std. Error t value Pr(>|t|)   
(Intercept)   7.9219     2.3398   3.386  0.00105 **
ln.gdp.jp    -0.5509     0.1803  -3.055  0.00295 **
---
Signif. codes:  0 '***' 0.001 '**' 0.01 '*' 0.05 '.' 0.1 ' ' 1

Residual standard error: 0.3689 on 91 degrees of freedom
Multiple R-squared:  0.09301,	Adjusted R-squared:  0.08304 
F-statistic: 9.332 on 1 and 91 DF,  p-value: 0.002954
```

이상의 회귀분석 결과를 비교해보자.

1981년까지는 일본의 GDP가 1% 성장할 때, 미국의 인플레이션율이 0.75%p 증가하였다. 하지만 1982년부터의 관계는 오히려 이 관계가 반대로 추정되었다. 즉 일본의 GDP가 성장하면 미국의 인플레이션은 감소하였다.

```
> stargazer::stargazer(lm.1, lm.2,
+                      type = "text",
+                      df   = FALSE)

================================================
                    Dependent variable:     
                ----------------------------
                            inf             
                     (1)            (2)     
```

```
---------------------------------------------------
ln.gdp.jp              0.753***       -0.551***
                       (0.055)        (0.180)

Constant               -7.038***      7.922***
                       (0.606)        (2.340)

---------------------------------------------------
Observations             99             93
R2                     0.660           0.093
Adjusted R2             0.656           0.083
Residual Std. Error     0.549           0.369
F Statistic            187.896***     9.332***
===================================================
Note:                *p<0.1; **p<0.05; ***p<0.01
```

하지만 이러한 관계를 설명할 수 있는 경제학적 이유를 찾기는 힘들다. 일본의 GDP와 미국의 인플레이션율이 서로 관련이 되어 있고, 왜 1982년을 기점으로 이 관계가 반대로 되었는지에 대해 설명하기 힘들다.

이러한 현상이 발생하는 것은 아마도 인플레이션율과 일본의 GDP가 확률적 추세를 가진 시계열일 가능성이 높기 때문이다. 이런 경우 두 변수 간에 가성 회귀가 존재할 가능성이 높다. 다시 말해, 두 시계열이 서로 상관관계가 없음에도 불구하고 통계적으로 유의한 상관관계를 갖고 있는 것으로 추정할 수 있다.

시계열이 확률적 추세를 갖는 경우 OLS 추정량은 통계적 문제가 있을 수 있다. 단, 두 시계열이 동일한 확률적 추세를 공유하고 있으면 OLS에 기초한 추정치도 괜찮은 결과를 가져온다. 이런 경우를 두 시계열이 공적분(cointegrated)되어 있다고 표현한다. 공적분 관계에 대해서는 뒤에서 보다 자세히 설명한다.

3. 확률적 추세

위와 같은 이유로 시계열 분석을 하기 전에 시계열이 확률적 추세를 가지고 있는지 확인하는 것은 매우 중요한 단계이다. 특정 시계열이 확률적 추세를 가지고 있는지 없는지를 알아보는 방법으로 크게 눈을 이용하는 방법과 통계적 검정을 이용하는 방법이 있다.

눈을 이용하는 방법은 분석 대상 시계열의 추이를 그려 시각적으로 확인하는 것이다. 그리고 시차 변수와의 자기 상관계수를 계산하여 1과 얼마나 차이가 나는지를 보면 된다. 예컨대 앞의 분석에서 사용된 미국의 인플레이션율을 찍어보자.

```
> library(ggplot2)
>
> ggplot(data=series,mapping = aes(x = date, y = inf )) +
+   geom_line(colour = "steelblue") +
+   geom_vline(xintercept = as.numeric(1981),
+              colour="red",
+              linetype=2) +
+   ylab("inflation using CPI")
```

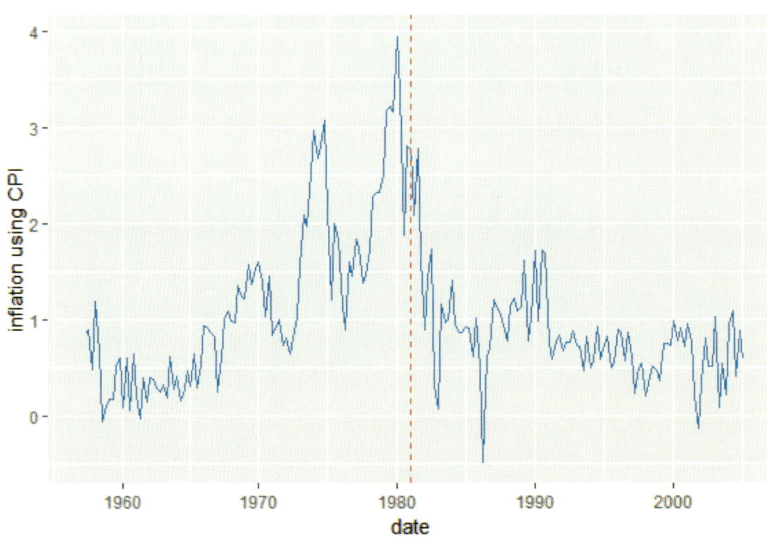

위 그림에 따르면 전반부에는 지속적으로 상승 추세로 가다 1981년 이후 점점 감소 추세를 보여준다. 일관되지는 않지만 인플레이션이 어느 정도 추세를 갖고 있는 것을 확인할 수 있다.

이번에는 자기 상관계수를 구해보자. 앞에서 사용했던 acf() 함수를 이용하자. 1계 상관계수는 0.838로 정확히 1은 아니지만 1에서 아주 먼 값은 아니다. 위의 두 결과를 종합하면 최소한 인플레이션율이 단위 근을 가질 가능성을 배제할 수 없다.

```
> library(ggfortify)
> library(tidyverse)
>
> acf(inf,
+     na.action = na.pass,
+     lag.max = 5,
+     plot = FALSE)

Autocorrelations of series 'inf', by lag

 0.00  0.25  0.50  0.75  1.00  1.25
1.000 0.838 0.762 0.765 0.676 0.611
> inf %>%
+   acf(plot      = FALSE,
+       lag.max   = 15,
+       na.action = na.pass) %>%
+   autoplot
```

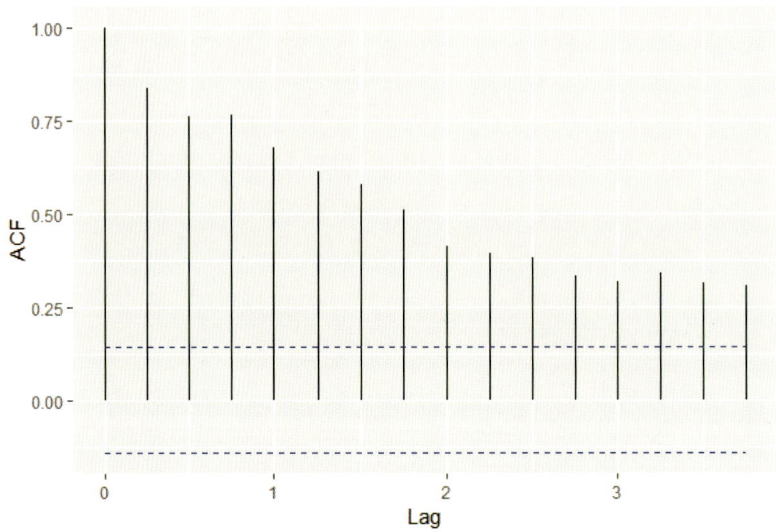

이번에는 통계적 검정 방법을 이용하여 확률적 추세의 존재 여부에 대해 검정해보자.

가장 자주 사용되는 검정 방법은 Dickey-Fuller 검정이다. 귀무가설을 자기 상관계수가 1인 것으로 상정하고, 대립가설을 자기상관계수가 1보다 작다고 상정한다. 아래와 같은 모형을 가정해보자.

$$Y_t = \rho_0 + \rho_1 Y_{t-1} + e_t$$

위 모형을 이용해서 귀무가설 검정을 위한 가설은 다음과 같다.

$$H_0 \; : \; \rho_1 = 1$$
$$H_1 \; : \; \rho_1 < 1$$

즉, 귀무가설은 시계열이 단위 근을 갖는 경우이고, 대립가설은 그렇지 않은 경우이다. 실제 검정에서는 위 모형을 그대로 추정하기보다는 양변에서 Y_{t-1}을 뺀 후에 추정 결과를 사용한다. 즉 아래와 같은 모형을 추정하고 귀무가설을 적절히 수정하여 검정한다.

$$\Delta Y_t = \delta_0 + \delta_1 Y_{t-1} + e_t$$

$$\delta_1 = \rho_1 - 1$$

그러면 이에 해당하는 귀무가설과 대립가설은 아래와 같다.

$$H_0 \quad : \quad \delta_1 = 0$$
$$H_1 \quad : \quad \delta_1 < 0$$

즉, Y_t의 차분 변수를 Y_{t-1}에 대해 회귀분석을 한 후, t-값을 계산하면 이것이 Dickey-Fuller 통계량이 된다. 아래의 t-값을 보면, 음수이고 −4.05라는 비교적 큰 값을 가지고 있다.

```
> lm.1 <- lm(formula = diff(inf,1) ~ lag(inf,1),
+            data    = inf)
> summary(lm.1)

Call:
lm(formula = diff(inf, 1) ~ lag(inf, 1), data = inf)

Residuals:
     Min       1Q   Median       3Q      Max
-1.31263 -0.24138 -0.00584  0.26341  1.12590

Coefficients:
            Estimate Std. Error t value Pr(>|t|)
(Intercept)  0.16198    0.05027   3.222   0.0015 **
lag(inf, 1) -0.16053    0.03962  -4.052 7.42e-05 ***
---
Signif. codes:  0 '***' 0.001 '**' 0.01 '*' 0.05 '.' 0.1 ' ' 1

Residual standard error: 0.415 on 189 degrees of freedom
  (2 observations deleted due to missingness)
Multiple R-squared:  0.07992,    Adjusted R-squared:  0.07505
F-statistic: 16.42 on 1 and 189 DF,  p-value: 7.418e-05
```

Dickey-Fuller 검정에서는 다음과 같은 점에 특별히 유의할 필요가 있다. 첫째, 통상적으로 t-값의 경우 양측 검정을 염두에 두는 반면, 단위 근 검정의 경우에는 대립가설에 의해 단측 검정을 한다. 즉, 이 경우에는 t-값이 절댓값이 큰 음이라면 귀무가설을 기각한다. 둘째, 위의 Dickey-Fuller 검정은 시계열이 AR(1) 과정을 따를 때를 염두에 둔 것이다. 만약 좀 더 일반적인 AR(p) 과정을 따르는 경우 위와는 다른 검정이 필요하다.

예컨대, 위의 식을 약간 변형시켜보자.

$$\Delta Y_t = \delta_0 + \delta_1 Y_{t-1} + \gamma_1 \Delta Y_{t-1} + \gamma_2 \Delta Y_{t-2} + \cdots + \gamma_p \Delta Y_{t-p} + e_t$$

여기에서 귀무가설인 $\delta_1 = 0$이면, Y_t는 확률적 추세를 갖는다. 반대로 대립가설인 $\delta_1 < 0$이면 Y_t가 정상 시계열이 된다. 따라서 OLS 추정량을 계산하고 t-값을 이용하여 $\delta_1 = 0$인지 여부를 검정하면 된다. 이러한 검정을 시차 변수가 더해졌다고 해서 augmented Dickey-Fuller 검정이라고 한다. 다만 이때 주의해야 할 점은 귀무가설하에서 t-값이 정규 분포를 갖지 않게 된다는 것이다. 따라서 통상적인 임계치(critical value)와는 다르다.

이러한 과정을 R에서는 adf.test()라는 함수를 이용해 검정할 수 있다. adf.test()에서는 검정할 시계열과 시차를 몇 기까지 적용할 것인지만 정해주면 된다. 그러면 t-값과 동시에 임계치도 같이 제시해준다. 예컨대 p=4인 경우 ADF 검정을 해보자.

```
> # install.packages("tseries") %if necessary
> # install.packages("urca") %iif necessary
> library(tseries)
> library(urca)
>
> subset3 <- series %>%
+   filter(complete.cases(series))
> df.1 <- ur.df(subset3$inf, lags=4, type="none")
> summary(df.1)

###############################################
# Augmented Dickey-Fuller Test Unit Root Test #
###############################################

Test regression none


Call:
lm(formula = z.diff ~ z.lag.1 - 1 + z.diff.lag)

Residuals:
     Min       1Q   Median       3Q      Max
```

```
-1.29794 -0.16344  0.05579  0.26136  1.01285

Coefficients:
            Estimate Std. Error t value Pr(>|t|)
z.lag.1     -0.03302    0.02294  -1.440 0.151715
z.diff.lag1 -0.25828    0.07505  -3.442 0.000717 ***
z.diff.lag2 -0.28971    0.07677  -3.774 0.000217 ***
z.diff.lag3  0.15395    0.07635   2.016 0.045249 *
z.diff.lag4 -0.02815    0.07402  -0.380 0.704115
---
Signif. codes:  0 '***' 0.001 '**' 0.01 '*' 0.05 '.' 0.1 ' ' 1

Residual standard error: 0.3872 on 182 degrees of freedom
Multiple R-squared:  0.208, Adjusted R-squared:  0.1862
F-statistic:  9.56 on 5 and 182 DF,  p-value: 4.086e-08


Value of test-statistic is: -1.4395

Critical values for test statistics:
      1pct  5pct 10pct
tau1 -2.58 -1.95 -1.62
```

위의 추정 결과에 따르면 t-값은 −2.5413로 p-value가 0.3496이다. 따라서 인플레이션율은 단위 근을 갖고 있다고 볼 수 있다.

한편, 위의 검정은 분석하고 있는 시계열이 정상 시계열이라는 대립가설을 전제한다. 대신, 대립가설이 확정적 추세 근처의 정상 시계열이라면 시간 추세항이 포함되어야 한다. 예컨대 다음과 같은 모형이 추정되어야 한다.

$$\Delta Y_t = \delta_0 + \alpha t + \delta_1 Y_{t-1} + \gamma_1 \Delta Y_{t-1} + \gamma_2 \Delta Y_{t-2} + \cdots + \gamma_p \Delta Y_{t-p} + e_t$$

위 모형은 R에서는 type="trend" 파라미터를 더하면 쉽게 구할 수 있다.

추정 결과는 아래에 있다. 시간 추세항을 포함시켜도 역시 유의 수준 10%에서도 기각할 수 없다. 즉, 단위 근이 존재한다고 볼 수 있다.

```
> df.2 <- ur.df(subset3$inf, lags=4, type="trend")
> summary(df.2)

###############################################
# Augmented Dickey-Fuller Test Unit Root Test #
###############################################

Test regression trend


Call:
lm(formula = z.diff ~ z.lag.1 + 1 + tt + z.diff.lag)

Residuals:
    Min      1Q  Median      3Q     Max
-1.1720 -0.2006  0.0209  0.2367  0.9523

Coefficients:
              Estimate Std. Error t value Pr(>|t|)
(Intercept)  0.1287974  0.0728418   1.768  0.07872 .
z.lag.1     -0.1032844  0.0406419  -2.541  0.01189 *
tt          -0.0002490  0.0005217  -0.477  0.63366
z.diff.lag1 -0.2122371  0.0777599  -2.729  0.00698 **
z.diff.lag2 -0.2482496  0.0789268  -3.145  0.00194 **
z.diff.lag3  0.1810311  0.0769783   2.352  0.01977 *
z.diff.lag4 -0.0045401  0.0744146  -0.061  0.95142
---
Signif. codes:  0 '***' 0.001 '**' 0.01 '*' 0.05 '.' 0.1 ' ' 1

Residual standard error: 0.3846 on 180 degrees of freedom
Multiple R-squared:  0.2273,    Adjusted R-squared:  0.2016
F-statistic: 8.825 on 6 and 180 DF,  p-value: 1.94e-08


Value of test-statistic is: -2.5413 2.1994 3.2982

Critical values for test statistics:
      1pct  5pct 10pct
tau3 -3.99 -3.43 -3.13
phi2  6.22  4.75  4.07
phi3  8.43  6.49  5.47
```

4. 공적분 관계

공적분 관계는 두 개의 비정상 시계열이 동일한 확률적 추세를 공유하고 있는 관계를 말한다. 즉, 바늘 가는 데 실가는 것처럼 두 시계열이 같이 움직이는(co-movement) 경향이 있다.

먼저 분석할 자료를 읽어 들이자. macro2.csv 파일을 읽어 들이자.

```
> rm(list=ls())
>
> macro <- read.csv("macro2.csv")
```

이렇게 불러들인 자료 중에서 주요 변수들만 골라 ts에 저장하고, 변수 이름을 지정해주자. 그리고 추가적으로 장단기 채권 금리차를 나타내는 spread 변수를 새로 생성하자.

```
> ts <- macro %>% select(datxx,fygm3, fygt1)
> names(ts) <- c("date","tbill","tbond")
>
> library(quantmod)
> ts$date <- as.yearqtr(ts$date, format="%Y:0%q")
>
> ts <- ts %>%
+   mutate(spread=tbond-tbill)
>
> str(ts)
'data.frame':   193 obs. of  4 variables:
 $ date  : 'yearqtr' num  1957 Q1 1957 Q2 1957 Q3 1957 Q4 ...
 $ tbill : num  3.08 3.29 3.53 3.04 1.3 ...
 $ tbond : num  3.42 3.65 4.07 3.18 1.84 ...
 $ spread: num  0.34 0.36 0.54 0.14 0.54 ...
```

아래 그림을 살펴보자.

패널 (a)는 미국 재무성의 90일 만기 T-bill의 이자율, (b)는 1년 만기 T-bond의 이자율의 추이를 보여준다. 두 시계열은 단기적 차이는 있지만 장기적으로는 거의 같이 움직이는 것을 확인할 수 있다.

패널(c)는 두 이자율의 차이, 즉 스프레드를 그린 것이다. 특히 패널 (c)는 스프레드가 일정한 추세를 보이지는 않는다. 따라서 각각의 시계열은 어느 정도의 추세를 가지고 있지만, 동일한 추세를 공유하는 경우, 그 차이는 더 이상 추세를 갖지 않음을 확인할 수 있다.

이러한 관계를 공적분 관계라고 한다.

```
> library(ggplot2)
> library(gridExtra)
>
> f1 <- ggplot(aes(x=date, y=tbill), data=ts) +
+   geom_area(fill =  "#023FA5" ,
+             alpha = 0.5) +
+   ggtitle("(a) 90-day T-bill")  +
+   theme(plot.title = element_text(hjust = 0.5))
>
> f2 <- ggplot(aes(x=date, y=tbond), data=ts) +
+   geom_area(fill = "#00FF4DFF",
+             alpha = 0.5) +
+   ggtitle("(b) 1-year T-bond") +
+   theme(plot.title = element_text(hjust = 0.5))
>
> f3 <- ggplot(aes(x=date, y=spread), data=ts) +
+   geom_area(fill= "#4C00FFFF",
+             alpha = 0.5) +
+   ggtitle("(c) spread") +
+   theme(plot.title = element_text(hjust = 0.5))
>
> grid.arrange(f1,f2,f3, ncol=1)
```

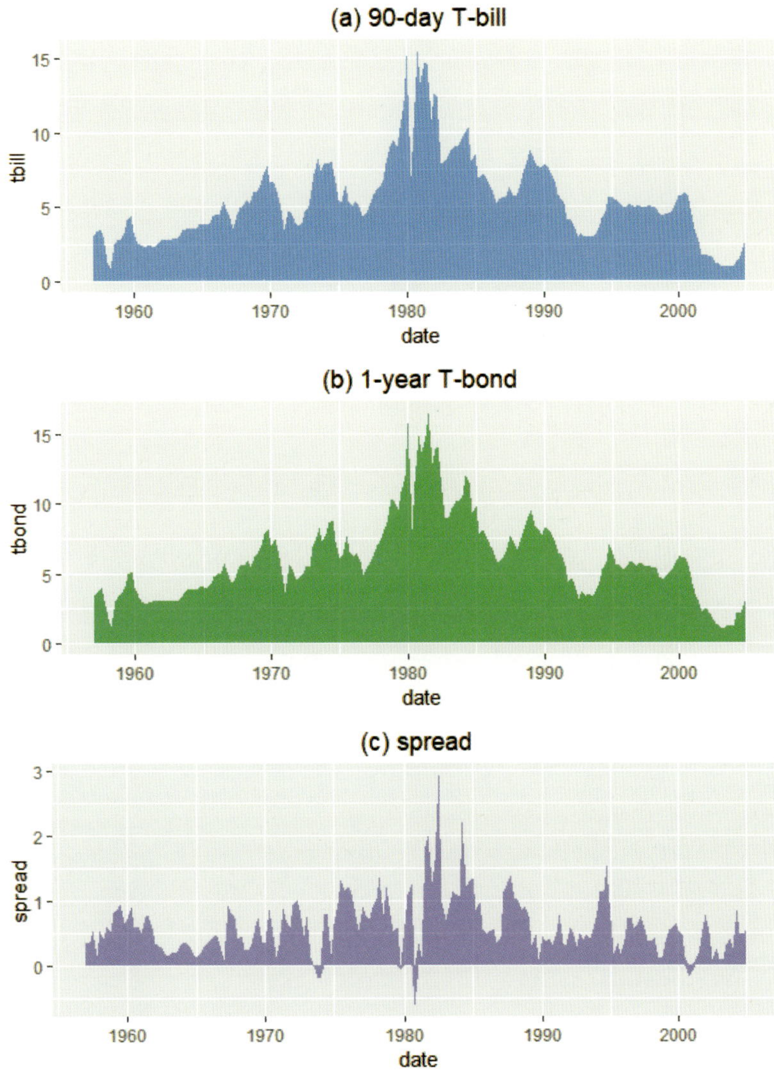

이와 같이 두 시계열이 공적분 관계를 갖고 있으면 두 변수가 장기적 균형 관계(long-run equilibrium relation)를 갖고 있다고 볼 수 있다. 공적분 관계를 이용하면 좀 더 효과적인 동적 모형을 만들 수 있다.

남은 문제는 두 변수가 공적분 관계에 있는지 어떻게 알아낼 수 있는가 하는 점이다. 문헌에서는 일반적으로 다음의 세 가지 방법을 제시한다. 첫째, 경제이론을 사용하는 것이다. 예컨대 장단기 이자율 같은 경우는 공적분 관계에 있을 가능성이 높다. 장단기 이자율의 관계를 설명하는 이자율의 기간 간 구조(term structure)에 관한 많은 이론들이 있다. 이런 이론들은 장단기 이자율이 서로 밀접한 관계를 가지고 같이 움직일 것이라 예측한다. 둘째, 시계열의 추이를 그리고 직접 눈으로 살펴보는 것이다. 위의 예에서 개별 시계열은 어느 정도 추세가 있는 것으로 보인다. 하지만 그 차이인 스프레드는 거의 추세를 보이지 않기 때문에 어느 정도 공적분 관계를 갖고 있다고 의심해볼 수 있다.

마지막으로는 Engle-Granger 검정을 해볼 수 있다. 만약, 와 가 공적분 관계에 있다면 다음과 같은 회귀식을 생각해볼 수 있다.

$$Y_t = \beta_0 + \beta_1 X_t + v_t$$

만약 실제로 Y_t와 X_t가 공적분 관계에 있다면, OLS 추정 후에 구해지는 잔차항은 어떠한 확률적 추세도 가져서는 안 된다. 따라서 $\hat{v}_t$가 단위 근을 가지는지를 검정하면, Y_t와 X_t가 공적분 관계에 있는지 여부를 검정할 수 있다.

앞에서 만들어 두었던 ts를 이용해 검정해보자.

먼저, tsbond 변수를 tbill에 회귀분석을 하자.

```
> coint <- lm(tbond ~ tbill, data=ts)
> summary(coint)

Call:
lm(formula = tbond ~ tbill, data = ts)

Residuals:
     Min       1Q   Median       3Q      Max
-1.66005 -0.24616 -0.01722  0.25362  2.21451

Coefficients:
            Estimate Std. Error t value Pr(>|t|)
(Intercept)  0.36546    0.06672   5.477 1.35e-07 ***
tbill        1.04420    0.01092  95.624  < 2e-16 ***
---
```

```
Signif. codes:  0 '***' 0.001 '**' 0.01 '*' 0.05 '.' 0.1 ' ' 1

Residual standard error: 0.4237 on 191 degrees of freedom
Multiple R-squared:  0.9795,    Adjusted R-squared:  0.9794
F-statistic:  9144 on 1 and 191 DF,  p-value: < 2.2e-16
```

회귀분석을 통해 추정된 계수를 이용해 그 잔차를 구해두자. 그리고 잔차가 어떤 모습인지 살펴보자.

```
> ts$vhat <- coint$residuals
>
> ggplot(data=ts, mapping = aes(x=date, y=vhat)) +
+   geom_line(colour = "steelblue")
```

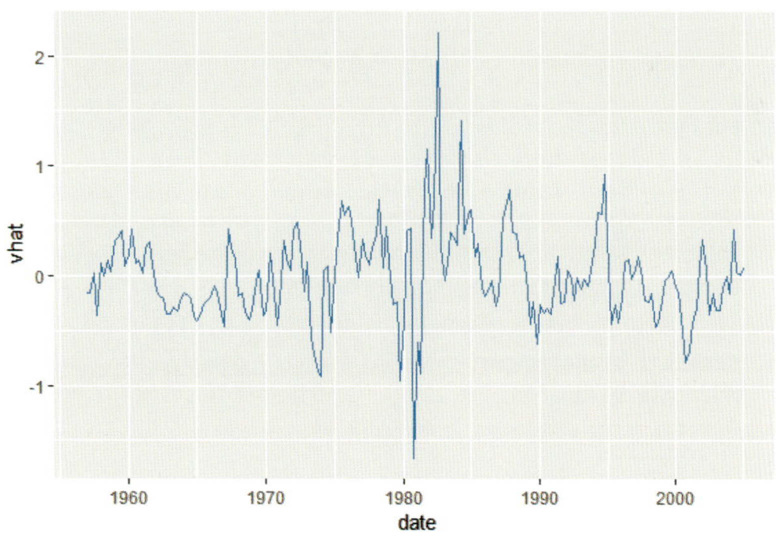

위 그림은 앞에서 추정된 회귀모형으로부터 구해진 잔차의 시간 추세를 보여준다. 눈으로 보기에 추정된 잔차가 명확한 추세를 보이지는 않는다.

이렇게 구해진 잔차항에 대해 통계적 검정인 ADF 검정을 해보자. 먼저 회귀분석을 이용해

t-값을 계산해보자.

```
> library(urca)
>
> df.v <- ur.df(ts$vhat, type="none")
> summary(df.v)

###############################################
# Augmented Dickey-Fuller Test Unit Root Test #
###############################################

Test regression none


Call:
lm(formula = z.diff ~ z.lag.1 - 1 + z.diff.lag)

Residuals:
     Min       1Q   Median       3Q      Max
-1.88981 -0.17644 -0.03093  0.17496  1.85322

Coefficients:
           Estimate Std. Error t value Pr(>|t|)
z.lag.1    -0.46603    0.07055  -6.606 3.91e-10 ***
z.diff.lag -0.01071    0.07271  -0.147    0.883
---
Signif. codes:  0 '***' 0.001 '**' 0.01 '*' 0.05 '.' 0.1 ' ' 1

Residual standard error: 0.3612 on 189 degrees of freedom
Multiple R-squared:  0.2357,    Adjusted R-squared:  0.2277
F-statistic: 29.15 on 2 and 189 DF,  p-value: 9.242e-12


Value of test-statistic is: -6.6056

Critical values for test statistics:
      1pct  5pct 10pct
tau1 -2.58 -1.95 -1.62
```

5. 벡터 자기 상관 모형

자기 상관 모형은 (AR) 변수의 동적 변화를 설명하고, 더 나아가서 주요 거시 집계 변수의 전망에 유용한 모형이다. 거시경제 변수들은 보통 서로 복잡하게 엉켜 있는 경우가 많다. 예컨대 실업률과 GDP는 밀접하게 연관되고, 서로의 값을 설명하고 예측하는 데 도움이 된다. 이자율 또한 마찬가지이다. 이러한 각각의 변수에 대해 하나씩 모형을 구성하고 추정할 수 있다. 이러한 변수들을 한 모형에 넣어서 동시에 추정하면 변수 상호 간의 관계를 고려할 수 있다는 점에서 좀 더 풍부한 모형이 된다.

벡터 자기 상관 모형(vector autoregression)은 여러 시계열의 동학적 상황하에서의 상호작용을 고려할 수 있는 모형이다.

설명의 편의를 위해 시계열 Y_t와 X_t를 고려해보자. 당연히 와 를 결정해주는 두 개의 식이 등장한다(k개의 시계열을 고려할 때 k개의 식이 등장하는 것은 당연하다). 하나의 식은 Y_t를 Y_t의 시차 변수와 X_t의 시차 변수를 이용하여 설명하는 것이다. 다른 하나의 식은 X_t를 X_t의 시차 변수와 Y_t의 시차 변수를 이용하여 설명하는 것이다. 이를 좀 더 일반적인 모형으로 쓰면 아래와 같다.

$$Y_t = \beta_{10} + \beta_{11}Y_{t-1}\beta_{12}Y_{t-2} + \cdots + \beta_{1p}Y_{t-p} + \gamma_{11}X_{t-1} + \cdots + \gamma_{1p}X_{t-p} + e_{1t}$$

$$X_t = \beta_{20} + \beta_{21}X_{t-1} + \beta_{22}X_{t-2} + \cdots + \beta_{2p}X_{t-p} + \gamma_{21}Y_{t-1} + \cdots + \gamma_{2p}Y_{t-p} + e_{2t}$$

위 모형은 SUR(Seemingly Unrelated Regression) 모형으로 추정한다. 추정된 계수에 대한 해석도 SUR 모형과 동일하다.

VAR 모형을 추정해보자. var1.csv를 불러오자. 그리고 qtr 변수를 시간 변수로 선언을 하자.

```
> rm(list=ls())
>
> ts <- read.csv("var1.csv")
>
> library(zoo)
> ts$date = as.yearqtr(ts$qtr, format="%Yq%q")
```

특별히 Y_t는 소득, X_t는 소비 변수라고 하고, 우선 자료를 정리하자. 여기에서는 dplyr의 gather() 함수를 써서 변수의 특성(type)과 값(value)으로 재배열하였다. 이렇게 자료를 변환하고 나면 나중에 type별로 그림을 그릴 때 편하다.

```
> library(ggplot2)
> library(tidyverse)
> library(lubridate)
> library(gridExtra)
>
> ts.1 <- ts %>%
+   select(date, inc, consump) %>%
+   filter(year(date) <= 1978) %>%
+   gather(type,value, -date) %>%
+   arrange(date, type)
>
> ts.2 <- ts %>%
+   select(date, ln_inc, ln_consump) %>%
+   filter(year(date) <= 1978) %>%
+   gather(type,value, -date) %>%
+   arrange(date, type)
```

예를 들면, ts.1의 경우 날짜(date)마다 변수의 종류(type)가 consump 혹은 inc 값을 갖고, value 에는 해당 값이 들어 있다.

```
> head(ts.1)
     date    type value
1 1960 Q1 consump   415
2 1960 Q1     inc   451
3 1960 Q2 consump   421
4 1960 Q2     inc   465
5 1960 Q3 consump   434
6 1960 Q3     inc   485
```

시계열이 정상성을 갖고 있는지를 살펴보자. 아래 그림을 보면 소득과 소비가 유사한 추세로 증가하고 있음을 알 수 있다(패널(a)). 각 변수의 로그를 취한 값들도 유사 패턴을 보여주고 있다(패널(b)).

```
> fig1 <- ggplot(data = ts.1, mapping = aes(x=date, y=value )) +
+   geom_line(aes(colour   = type,
+                linetype = type)) +
+   xlab("date") +
+   ylab("income & consumption") +
+   ggtitle("(a) level") +
+   theme(legend.title    = element_blank(),
+         legend.position = "bottom",
+         plot.title      = element_text(hjust = 0.5)) +
+   scale_colour_brewer(labels = c("Consumption", "Income"),
+                       palette = "Set2") +
+   guides(linetype = FALSE)
>
>
> fig2 <- ggplot(data = ts.2, mapping = aes(x = date, y = value )) +
+   geom_line(aes(colour   = type,
+                linetype = type)) +
+   xlab("date") +
+   ylab("logs of income & consumption") +
+   ggtitle("(b) log-transformed") +
+   theme(legend.title    = element_blank(),
+         legend.position =  "bottom",
+         plot.title      = element_text(hjust = 0.5)) +
+   scale_colour_brewer(labels  = c("log-consumption", "log-income"),
+                       palette = "Set1") +
+   guides(linetype = FALSE)
>
> library(gridExtra)
> grid.arrange(fig1, fig2,
+              ncol = 2)
```

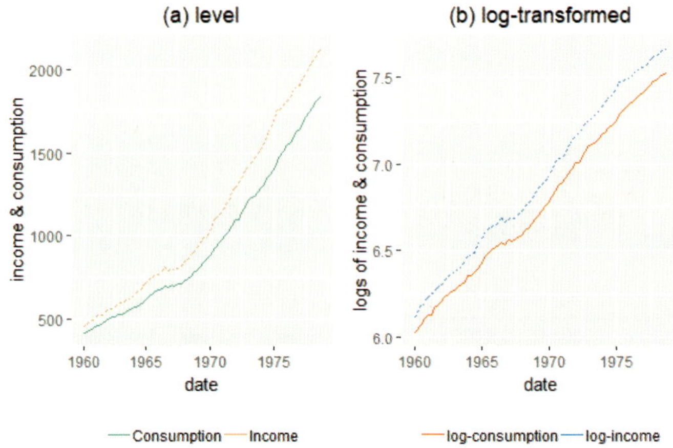

위 두 변수, 특별히 로그 변환한 변수들이 단위 근을 갖고 있는지 ADF 검정을 해보자. 아래에 제시된 추정 결과에 따르면 두 변수 모두 비정상 시계열이라는 귀무가설을 기각할 수 없었다. 즉, 소득과 소비는 단위 근을 갖고 있고, 따라서 확률적 추세를 가지고 있는 시계열로 볼 수 있다.

```
> library(urca)
>
> df.1 <- ur.df(ts$ln_inc, lags = 5, type = "none")
> summary(df.1)

###############################################
# Augmented Dickey-Fuller Test Unit Root Test #
###############################################

Test regression none


Call:
lm(formula = z.diff ~ z.lag.1 - 1 + z.diff.lag)

Residuals:
```

```
      Min        1Q    Median        3Q       Max
-0.044238 -0.005926 -0.000332  0.006264  0.032072

Coefficients:
             Estimate Std. Error t value Pr(>|t|)
z.lag.1     0.0010356  0.0005533   1.872   0.0649 .
z.diff.lag1 0.0864739  0.1113499   0.777   0.4397
z.diff.lag2 0.1006644  0.1120285   0.899   0.3716
z.diff.lag3 0.2849578  0.1114396   2.557   0.0124 *
z.diff.lag4 0.0078738  0.1133908   0.069   0.9448
z.diff.lag5 0.1017321  0.1130003   0.900   0.3707
---
Signif. codes:  0 '***' 0.001 '**' 0.01 '*' 0.05 '.' 0.1 ' ' 1

Residual standard error: 0.01172 on 80 degrees of freedom
Multiple R-squared:  0.7434,    Adjusted R-squared:  0.7241
F-statistic: 38.62 on 6 and 80 DF,  p-value: < 2.2e-16


Value of test-statistic is: 1.8716

Critical values for test statistics:
     1pct  5pct 10pct
tau1 -2.6 -1.95 -1.61
> df.2 <- ur.df(ts$ln_consump, lags=5, type="none")
> summary(df.2)

###############################################
# Augmented Dickey-Fuller Test Unit Root Test #
###############################################

Test regression none


Call:
lm(formula = z.diff ~ z.lag.1 - 1 + z.diff.lag)

Residuals:
       Min         1Q     Median         3Q        Max
-0.0282374 -0.0058167  0.0006857  0.0065538  0.0233985
```

```
Coefficients:
             Estimate Std. Error t value Pr(>|t|)
z.lag.1      0.0008311  0.0005262   1.579 0.118174
z.diff.lag1 -0.1018988  0.1072456  -0.950 0.344901
z.diff.lag2  0.2907336  0.1078813   2.695 0.008578 **
z.diff.lag3  0.3706277  0.1059989   3.497 0.000772 ***
z.diff.lag4  0.0550382  0.1106825   0.497 0.620368
z.diff.lag5  0.0523727  0.1092232   0.480 0.632890
---
Signif. codes:  0 '***' 0.001 '**' 0.01 '*' 0.05 '.' 0.1 ' ' 1

Residual standard error: 0.01014 on 80 degrees of freedom
Multiple R-squared:  0.7935,    Adjusted R-squared:  0.778
F-statistic: 51.23 on 6 and 80 DF,  p-value: < 2.2e-16


Value of test-statistic is: 1.5795

Critical values for test statistics:
     1pct  5pct 10pct
tau1 -2.6 -1.95 -1.61
```

이번에는 차분된 변수를 살펴보자. 차분된 변수들은 특별한 추세를 보이지는 않는다. 다만 시계열의 평균이 0보다는 큰 것처럼 보인다. 따라서 ADF 검정에서 상수항을 포함시킬 필요가 있다.

```
> library(urca)
>
> ts <- ts %>%
+   filter(complete.cases(ts))
>
> ts.3 <- ts %>%
+   select(date, dln_inc, dln_consump) %>%
+   filter(year(date) <= 1978) %>%
+   gather(type,value, -date)
```

```
>
>
> ggplot(data=ts.3, mapping = aes(x = date, y = value, colour=type,
linetype=type)) +
+   geom_line() +
+   theme(legend.title    = element_blank(),
+         legend.position =  "bottom",
+         plot.title      = element_text(hjust = 0.5)) +
+   scale_colour_manual(labels = c("lof-difference of consumption",
"log-difference of income"),
+                       values = c("#3BA9E0", "#E32227")) +
+   guides(linetype=FALSE)
```

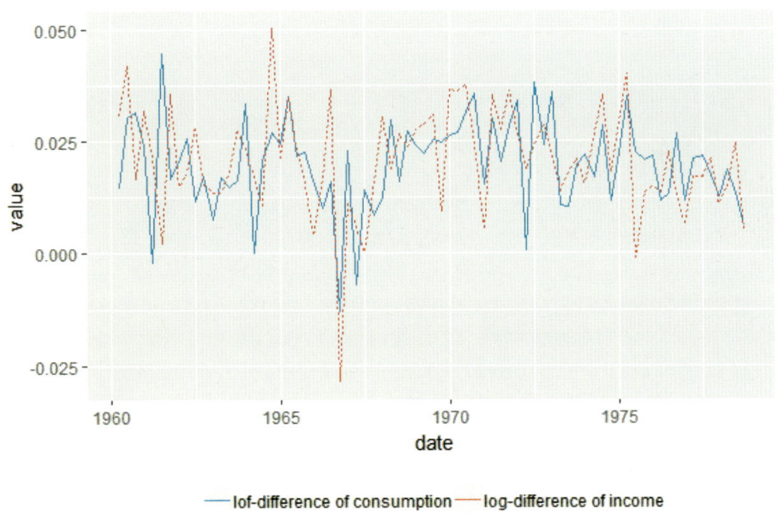

이번에는 차분된 변수들을 살펴보자. 아래 추정 결과에 따르면 로그-차분된 소비와 소득은 정상 시계열임을 알 수 있다.

```
> ts.4 <- ts %>%
+   select(date, dln_inc, dln_consump) %>%
+   filter(year(date) <= 1976)
>
> df.3 <- ur.df(ts.4$dln_inc,
+               selectlags = "AIC",
+               type="trend")
>
> summary(df.3)

###############################################
# Augmented Dickey-Fuller Test Unit Root Test #
###############################################

Test regression trend


Call:
lm(formula = z.diff ~ z.lag.1 + 1 + tt + z.diff.lag)

Residuals:
      Min        1Q    Median        3Q       Max
-0.049060 -0.006156  0.000379  0.007719  0.030133

Coefficients:
              Estimate Std. Error t value Pr(>|t|)
(Intercept)  1.810e-02  4.895e-03   3.697 0.000469 ***
z.lag.1     -9.234e-01  1.752e-01  -5.272 1.87e-06 ***
tt           3.628e-05  8.267e-05   0.439 0.662292
z.diff.lag  -8.409e-02  1.245e-01  -0.675 0.502029
---
Signif. codes:  0 '***' 0.001 '**' 0.01 '*' 0.05 '.' 0.1 ' ' 1

Residual standard error: 0.0125 on 61 degrees of freedom
Multiple R-squared:  0.5168,    Adjusted R-squared:  0.493
F-statistic: 21.74 on 3 and 61 DF,  p-value: 1.071e-09


Value of test-statistic is: -5.2718 9.3331 13.9439
```

```
Critical values for test statistics: 
      1pct  5pct 10pct
tau3 -4.04 -3.45 -3.15
phi2  6.50  4.88  4.16
phi3  8.73  6.49  5.47
> df.4 <- ur.df(ts.4$dln_consump,
+              selectlags = "AIC",
+              type="trend")
> summary(df.4)

################################################
# Augmented Dickey-Fuller Test Unit Root Test #
################################################

Test regression trend


Call:
lm(formula = z.diff ~ z.lag.1 + 1 + tt + z.diff.lag)

Residuals:
       Min         1Q     Median         3Q        Max 
-0.0306474 -0.0052113  0.0003605  0.0055082  0.0233750 

Coefficients:
             Estimate Std. Error t value Pr(>|t|)    
(Intercept)  1.479e-02  4.361e-03   3.392  0.00122 ** 
z.lag.1     -8.129e-01  1.822e-01  -4.462 3.56e-05 ***
tt           5.143e-05  7.052e-05   0.729  0.46864    
z.diff.lag  -2.577e-01  1.232e-01  -2.092  0.04063 *  
---
Signif. codes:  0 '***' 0.001 '**' 0.01 '*' 0.05 '.' 0.1 ' ' 1

Residual standard error: 0.01058 on 61 degrees of freedom
Multiple R-squared:  0.5821,	Adjusted R-squared:  0.5615 
F-statistic: 28.32 on 3 and 61 DF,  p-value: 1.354e-11
```

```
Value of test-statistic is: -4.4619 6.6449 9.966

Critical values for test statistics:
      1pct  5pct 10pct
tau3 -4.04 -3.45 -3.15
phi2  6.50  4.88  4.16
phi3  8.73  6.49  5.47
```

이상의 검정 결과를 바탕으로 정상 시계열인 차분 변수를 이용해 VAR 분석을 해보자. 필요한 패키지인 vars와 stats를 장착하고 필요한 자료를 생성하자.

```
> # install.packages("vars") if necessary
> library(vars)
> library(stats)
>
> ts.5 <- as.ts(ts.4[, 2:3 ])
```

R에서 VAR 모형을 추정할 수 있는 가장 쉬운 함수는 VAR()이다. 본 모형 추정 이전에 자기 오차항을 어디까지 포함시킬지에 대해 VARselect() 함수를 이용하여 추정해보자.

```
> vars::VARselect(ts.5, lag.max = 8, type = "both")
$selection
AIC(n)  HQ(n)  SC(n) FPE(n)
     2      2      1      2

$criteria
                  1             2             3             4
AIC(n) -1.828345e+01 -1.840735e+01 -1.835502e+01 -1.830325e+01
HQ(n)  -1.817349e+01 -1.824240e+01 -1.813509e+01 -1.802834e+01
SC(n)  -1.800175e+01 -1.798480e+01 -1.779162e+01 -1.759900e+01
FPE(n)  1.147570e-08  1.014853e-08  1.071458e-08  1.132054e-08
                  5             6             7             8
AIC(n) -1.826392e+01 -1.819003e+01 -1.808916e+01 -1.812152e+01
HQ(n)  -1.793403e+01 -1.780516e+01 -1.764931e+01 -1.762669e+01
SC(n)  -1.741882e+01 -1.720408e+01 -1.696236e+01 -1.685388e+01
FPE(n)  1.183251e-08  1.282856e-08  1.432395e-08  1.403941e-08
```

위 추정 결과에 따라서 2기까지 시차가 고려된 VAR 모형을 VAR() 함수를 이용하여 추정해보자. 추정 결과를 보면, 소비와 소비의 시차 변수들이 소득에 미치는 효과는 양(+)이지만 통계적으로 유의하지는 않았다. 반면, 소비는 소득의 시차 변수들에 양의 변화를 받고 통계적으로도 유의하였다.

```
> var <- VAR(ts.5, p = 2, type = "both")
> summary(var)

VAR Estimation Results:
=========================
Endogenous variables: dln_inc, dln_consump
Deterministic variables: both
Sample size: 65
Log Likelihood: 420.833
Roots of the characteristic polynomial:
0.5172 0.5172 0.4717 0.2136
Call:
VAR(y = ts.5, p = 2, type = "both")


Estimation results for equation dln_inc:
========================================
dln_inc = dln_inc.l1 + dln_consump.l1 + dln_inc.l2 + dln_consump.l2 +
const + trend

               Estimate Std. Error t value Pr(>|t|)
dln_inc.l1     -1.480e-01  1.483e-01  -0.998  0.32214
dln_consump.l1  3.305e-01  1.740e-01   1.899  0.06241 .
dln_inc.l2      6.155e-03  1.468e-01   0.042  0.96669
dln_consump.l2  7.067e-02  1.746e-01   0.405  0.68710
const           1.507e-02  5.291e-03   2.849  0.00604 **
trend           2.163e-05  8.253e-05   0.262  0.79419
---
Signif. codes:  0 '***' 0.001 '**' 0.01 '*' 0.05 '.' 0.1 ' ' 1


Residual standard error: 0.01233 on 59 degrees of freedom
Multiple R-Squared: 0.06873,    Adjusted R-squared: -0.0102
```

```
F-statistic: 0.8708 on 5 and 59 DF,  p-value: 0.5062


Estimation results for equation dln_consump:
==============================================
dln_consump = dln_inc.l1 + dln_consump.l1 + dln_inc.l2 + dln_consump.l2
+ const + trend

                Estimate Std. Error t value Pr(>|t|)
dln_inc.l1      2.769e-01  1.168e-01   2.372  0.02098 *
dln_consump.l1 -3.248e-01  1.370e-01  -2.370  0.02106 *
dln_inc.l2      3.789e-01  1.156e-01   3.278  0.00175 **
dln_consump.l2 -2.775e-02  1.375e-01  -0.202  0.84075
const           1.095e-02  4.167e-03   2.628  0.01094 *
trend           7.188e-05  6.499e-05   1.106  0.27321
---
Signif. codes:  0 '***' 0.001 '**' 0.01 '*' 0.05 '.' 0.1 ' ' 1


Residual standard error: 0.00971 on 59 degrees of freedom
Multiple R-Squared: 0.2557, Adjusted R-squared: 0.1927
F-statistic: 4.054 on 5 and 59 DF,  p-value: 0.003136



Covariance matrix of residuals:
             dln_inc dln_consump
dln_inc     1.520e-04   6.658e-05
dln_consump 6.658e-05   9.428e-05

Correlation matrix of residuals:
           dln_inc dln_consump
dln_inc      1.0000      0.5561
dln_consump  0.5561      1.0000
```

VAR 모형 추정 후에는 이른바 그랜저-인과 검정을 causality() 함수를 이용하여 수행할 수 있다.

```
> causality(var, cause = "dln_inc")
$Granger

    Granger causality H0: dln_inc do not Granger-cause dln_consump

data:  VAR object var
F-Test = 6.6818, df1 = 2, df2 = 118, p-value = 0.001782


$Instant

    H0: No instantaneous causality between: dln_inc and dln_consump

data:  VAR object var
Chi-squared = 15.354, df = 1, p-value = 8.913e-05
```

위 그랜저-인과 검정 결과에 따르면 소득의 변화는 소비의 변화를 그랜저-인과하지 않는다는 귀무가설을 기각하고 있다. 그러므로, 소득 변화는 소비 변화를 예측할 때 도움이 된다.

```
> causality(var, cause = "dln_consump")
$Granger

    Granger causality H0: dln_consump do not Granger-cause dln_inc

data:  VAR object var
F-Test = 1.8412, df1 = 2, df2 = 118, p-value = 0.1632


$Instant

    H0: No instantaneous causality between: dln_consump and dln_inc

data:  VAR object var
Chi-squared = 15.354, df = 1, p-value = 8.913e-05
```

그러나 소비의 변화가 소득의 변화를 그랜저-인과하지 않는다는 귀무가설은 5% 유의 수준에서 기각할 수 없다.

VAR 모형 추정 이후에는 다음과 같은 충격-반응 함수(impulse-response function)를 추정할 수 있다. 함수는 irf()를 이용하면 된다.

```
> irf <- irf(var, impulse = NULL, response = NULL, n.ahead = 10, ortho = TRUE)
> plot(irf)
```

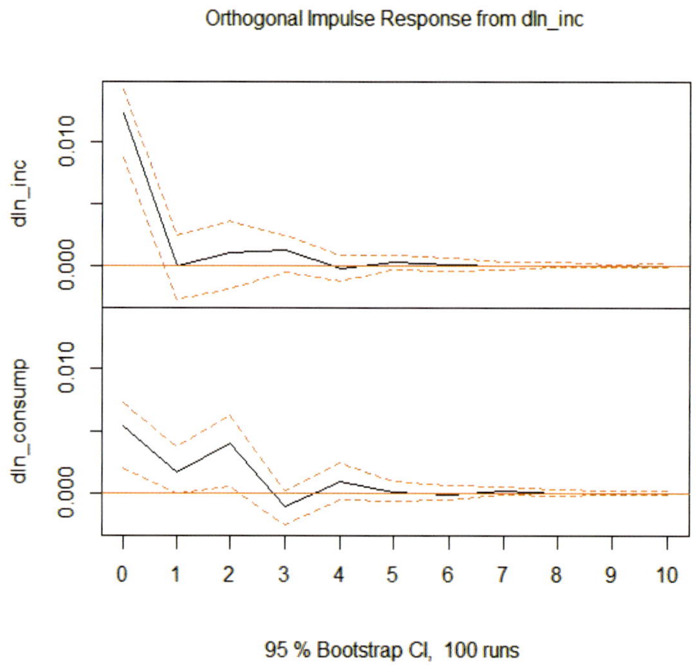

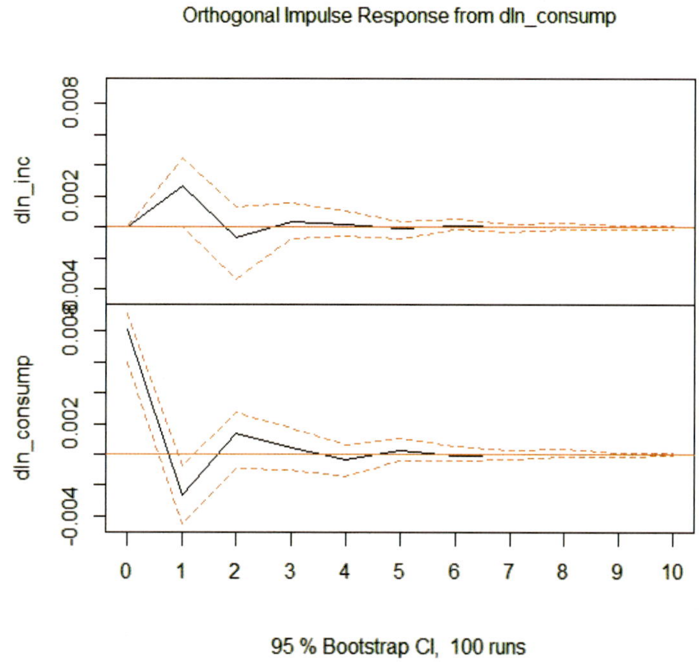
Orthogonal Impulse Response from dln_consump
dln_inc
dln_consump
0.008
0.002
-0.004
0 1 2 3 4 5 6 7 8 9 10
95 % Bootstrap CI, 100 runs

경제 빅데이터 분석을 위한 R

10

그래픽

1. 시각화

R에 내장된 그래픽 기능을 사용하는 것도 좋지만, 요즘에는 일반적으로 ggplot2 패키지를 이용한다. 따라서 중복 투자 없이 효율적으로 R을 사용하기 위해서는 ggplot2를 처음부터 사용하는 것이 좋다.

시각화는 기본적으로 우리가 가지고 있는 자료를 선, 모양, 막대, 색 등을 이용하여 표현하는 작업이다. 따라서 기본적인 구조는 다음과 같다.

먼저, 데이터가 있어야 한다. 시각화에 사용할 자료가 제공되어야 한다.

둘째, 자료 중 어떤 변수를 사용해 시각화할지 결정해야 한다. 이 과정을 mapping이라고 한다. 시각화할 변수들과 특성들을 지정해주어야 한다. 이러한 지정은 aesthetics를 통해 이루어진다. 이때 사용되는 함수는 aes()이다.

셋째, 어떤 모양을 통해 시각화할 것인지 정해주어야 한다. 이를 geom(etrics)이라고 한다. 점으로 그릴 것인지, 선으로 그릴 것인지, 아니면 막대로 할 것인지를 정해주어야 한다.

넷째, 이렇게 그려진 그림에 축, 스케일, 색 팔레트, 범례 등을 설정한다.

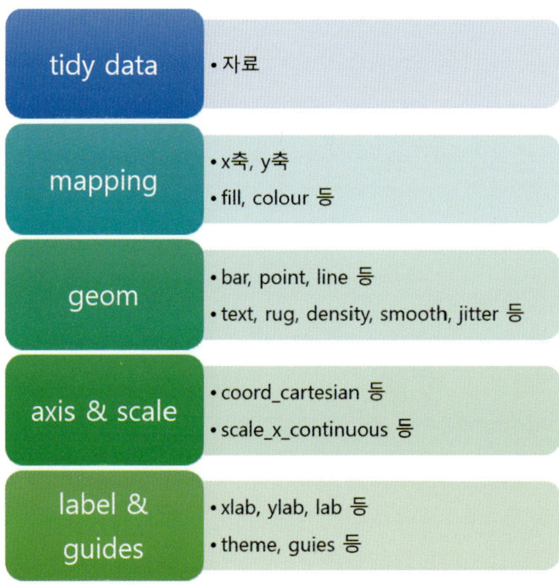

ggplot2 패키지의 그래프는 늘 ggplot()에 어떤 자료를 사용할 것인지, 어떤 변수들을 사용할 것인지에 관련된 애스섹틱(aesthetics)을 정해준다. “+” 기호로 연결하여, 어떤 형태의 그래프를 그릴 것인지 정해주는 것이다. 이러한 형태를 geom 이라고 부른다. 만약 점인 경우는 geom_point(), 선인 경우에는 geom_line(), 막대 그래프는 geom_bar(), 박스 플롯인 경우에는 geom_boxplot() 등을 사용한다.

여기까지 하면, ggplot에서 원하는 그래프가 얼추 그려진다. 나머지 단계는 좀 더 명확하게 보일 수 있도록 시각화하는 작업이다. 다음 단계를 생략해도 ggplot()은 보기에 괜찮은 그래프를 그려준다. 하지만, 해석하기 쉽고 보다 시선을 끌기 위해서는 화장의 단계를 거쳐야 할 필요가 있다. 다음과 같은 단계를 거쳐 실제 그래프를 그려보도록 하자.

① tidy data

ggplot으로 그림을 편하게 그리기 위해서는 R에서 tidy data라고 부르는 형태의 자료가 필요하다. 연구자들은 보통 자료의 형태를 wide-form 혹은 long-form 으로 부른다.

wide-form은 아래 표와 같이 가로 폭이 넓은 자료 형태이다. 아래 표는 지역별 연도별 합계 출산율에 관한 자료로 세로는 지역, 가로는 연도가 설정된 오른쪽으로 긴 wide-form 자료이다.

region	2000	2001	2002	2003	2004	2005	2006	2007	2008	2009	2010	2011	2012	2013	2014	2015	2016	2017
서울특별시	1.275	1.111	1.006	1.014	1.015	0.932	0.980	1.068	1.010	0.962	1.015	1.014	1.059	0.968	0.983	1.001	0.940	0.836
부산광역시	1.235	1.103	0.975	0.988	0.953	0.887	0.915	1.024	0.980	0.940	1.045	1.078	1.135	1.049	1.090	1.139	1.095	0.976
대구광역시	1.378	1.216	1.076	1.116	1.087	1.001	1.011	1.137	1.072	1.029	1.109	1.146	1.217	1.127	1.169	1.216	1.186	1.067
인천광역시	1.473	1.324	1.185	1.213	1.158	1.075	1.116	1.257	1.186	1.143	1.214	1.232	1.301	1.195	1.212	1.216	1.144	1.007
광주광역시	1.636	1.421	1.264	1.278	1.203	1.105	1.152	1.262	1.198	1.137	1.223	1.234	1.295	1.170	1.199	1.207	1.168	1.053
대전광역시	1.501	1.330	1.207	1.221	1.181	1.107	1.158	1.274	1.215	1.156	1.205	1.261	1.315	1.234	1.250	1.277	1.192	1.075
울산광역시	1.633	1.423	1.242	1.280	1.241	1.186	1.242	1.403	1.338	1.308	1.369	1.393	1.481	1.391	1.437	1.486	1.418	1.261
세종특별자치시													1.597	1.435	1.354	1.893	1.821	1.668
경기도	1.628	1.437	1.305	1.321	1.280	1.183	1.239	1.361	1.285	1.226	1.309	1.314	1.355	1.226	1.241	1.272	1.194	1.069
강원도	1.600	1.413	1.317	1.279	1.261	1.188	1.202	1.356	1.253	1.248	1.313	1.338	1.374	1.249	1.248	1.311	1.237	1.123
충청북도	1.583	1.426	1.294	1.270	1.272	1.195	1.233	1.398	1.319	1.317	1.402	1.428	1.485	1.365	1.363	1.414	1.358	1.235
충청남도	1.698	1.532	1.361	1.358	1.357	1.267	1.356	1.506	1.444	1.408	1.479	1.496	1.571	1.442	1.421	1.480	1.395	1.276
전라북도	1.595	1.426	1.275	1.274	1.239	1.184	1.213	1.380	1.305	1.279	1.374	1.405	1.440	1.320	1.329	1.352	1.251	1.151
전라남도	1.750	1.566	1.391	1.389	1.360	1.290	1.337	1.542	1.449	1.445	1.537	1.568	1.642	1.518	1.497	1.549	1.466	1.325
경상북도	1.578	1.402	1.232	1.253	1.203	1.173	1.208	1.369	1.313	1.274	1.377	1.434	1.489	1.379	1.408	1.464	1.396	1.256
경상남도	1.586	1.417	1.272	1.290	1.266	1.189	1.254	1.434	1.368	1.323	1.413	1.446	1.503	1.367	1.409	1.437	1.358	1.227
제주특별자치도	1.783	1.564	1.394	1.438	1.365	1.310	1.372	1.489	1.386	1.378	1.463	1.487	1.598	1.427	1.481	1.477	1.432	1.305

한편 아래 그림은 위 자료를 long-form, 이른바 tidy data로 전환한 것이다. year 변수, region 변수, 합계 출산율(fertility) 값이 들어 있다.

year	region	fertility
2000	강원도	1.600
2001	강원도	1.413
2002	강원도	1.317
2003	강원도	1.279
2004	강원도	1.261
2005	강원도	1.188
2006	강원도	1.202
2007	강원도	1.356
2008	강원도	1.253
2009	강원도	1.248
2010	강원도	1.313
2011	강원도	1.338
2012	강원도	1.374
2013	강원도	1.249
2014	강원도	1.248
2015	강원도	1.311
2016	강원도	1.237
2017	강원도	1.123
2000	경기도	1.628
2001	경기도	1.437
2002	경기도	1.305
2003	경기도	1.321
2004	경기도	1.280

이번에는 실습을 통해 tidy data를 만들어보자. 필요한 라이브러리인 tidyverse를 장착하자

```
> rm(list = ls())
> library(tidyverse)
```

그리고 Hmisc를 이용하여 엑셀 자료인 fertility.xlsx를 읽어 들이자.

```
> fertility <- readxl::read_xlsx("fertility.xlsx")
```

head() 함수를 통해 보면, fertility가 wide-form 자료임을 알 수 있다.

```
> head(fertility[,1:10])
# A tibble: 6 x 10
region       `2000` `2001` `2002` `2003` `2004` `2005` `2006` `2007` `2008`
<chr>         <dbl>  <dbl>  <dbl>  <dbl>  <dbl>  <dbl>  <dbl>  <dbl>  <dbl>
1 서울특별시   1.27   1.11   1.01   1.01   1.01   0.932  0.98   1.07   1.01
2 부산광역시   1.24   1.10   0.975  0.988  0.953  0.887  0.915  1.02   0.98
3 대구광역시   1.38   1.22   1.08   1.12   1.09   1.00   1.01   1.14   1.07
4 인천광역시   1.47   1.32   1.18   1.21   1.16   1.08   1.12   1.26   1.19
5 광주광역시   1.64   1.42   1.26   1.28   1.20   1.10   1.15   1.26   1.20
6 대전광역시   1.50   1.33   1.21   1.22   1.18   1.11   1.16   1.27   1.22
```

위와 같은 자료를 ggplot을 이용해 편하기 그리기 위해서는 자료를 tidy data로 전환해주어야 한다. dplyr패키지의 gather() 함수를 이용하면 쉽게 tidy data로 전환할 수 있다.

```
> fer.tidy <- fertility %>%
+   gather(year, fer, -region) %>%
+   arrange(region, year)
```

그러면 아래와 같이 long-form, 즉 tidy data로 전환할 수 있다.

```
> head(fer.tidy)
# A tibble: 6 x 3
  region year    fer
  <chr>  <chr> <dbl>
1 강원도 2000   1.6
2 강원도 2001   1.41
3 강원도 2002   1.32
4 강원도 2003   1.28
5 강원도 2004   1.26
6 강원도 2005   1.19
```

② ggplot()

이제 이렇게 만들어진 tidy data를 이용해 그래프를 그려보자. 실습을 위해 gapminder 라이브러리를 장착하자. 그리고 gapminder 자료를 불러들이자.

```
> library(gapminder)
> data(gapminder)
```

str() 함수를 이용해 gapminder에 어떤 자료가 담겨져 있는지 살펴보자. gapminder에는 6개의 변수에 1704개의 관측치가 포함되어 있다. 구체적으로는 국가명(country), 대륙명(continent), 연도(year), 기대 수명(lifeExp), 인구(pop), 1인당 소득(gdpPercap) 변수가 포함되어 있다.

```
> str(gapminder)
Classes 'tbl_df', 'tbl' and 'data.frame':   1704 obs. of  6 variables:
 $ country  : Factor w/ 142 levels "Afghanistan",..: 1 1 1 1 1 1 1 1 1 1
...
 $ continent: Factor w/ 5 levels "Africa","Americas",..: 3 3 3 3 3 3 3 3
3 3 ...
 $ year     : int  1952 1957 1962 1967 1972 1977 1982 1987 1992 1997 ...
 $ lifeExp  : num  28.8 30.3 32 34 36.1 ...
 $ pop      : int  8425333 9240934 10267083 11537966 13079460 14880372
12881816 13867957 16317921 22227415 ...
 $ gdpPercap: num  779 821 853 836 740 ...
```

자료는 다음과 같은 모양을 가지고 있다.

```
> head(gapminder)
# A tibble: 6 x 6
  country     continent  year lifeExp      pop gdpPercap
  <fct>       <fct>     <int>   <dbl>    <int>     <dbl>
1 Afghanistan Asia       1952    28.8  8425333      779.
2 Afghanistan Asia       1957    30.3  9240934      821.
3 Afghanistan Asia       1962    32.0 10267083      853.
```

```
4 Afghanistan Asia       1967    34.0 11537966       836.
5 Afghanistan Asia       1972    36.1 13079460       740.
6 Afghanistan Asia       1977    38.4 14880372       786.
```

이 자료를 이용해서 1인당 GDP와 수명 간의 관계를 살펴보는 산포도를 그려보자. 시작은 ggplot()으로 시작한다. data를 지정하고, 변수들을 mapping한다.

```
> ggplot(data = gapminder, mapping = aes(x = gdpPercap, y = lifeExp))
```

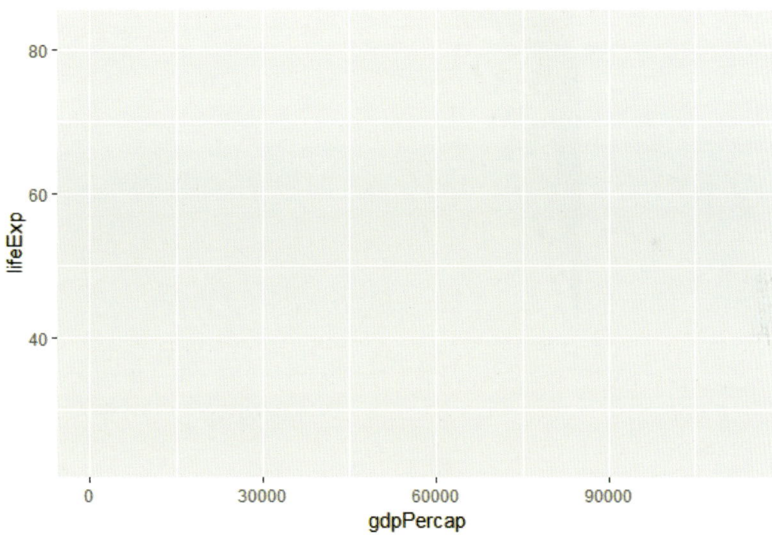

위 그림은 x축과 y축의 변수만을 보여주고 있다. aes() 함수는 어떤 변수를 그래프에 표시할 것인지를 지정해주는 역할을 한다.

aes() 함수의 인자로서 x, y 외에도 색깔(colour), 모양(shape), 크기(size), 선의 타입(line type) 등을 지정할 수 있다.

③ geom

여기에 두 번째 단계로서 geom을 이용해 어떤 그림을 그릴 것인지를 지정할 수 있다.

geom_point()는 점을 찍을 수 있게 해주는데, 기존에 있던 f에 "+"로 연결하면 된다.

```
> ggplot(data = gapminder, mapping = aes(x = gdpPercap, y = lifeExp)) +
+   geom_point()
```

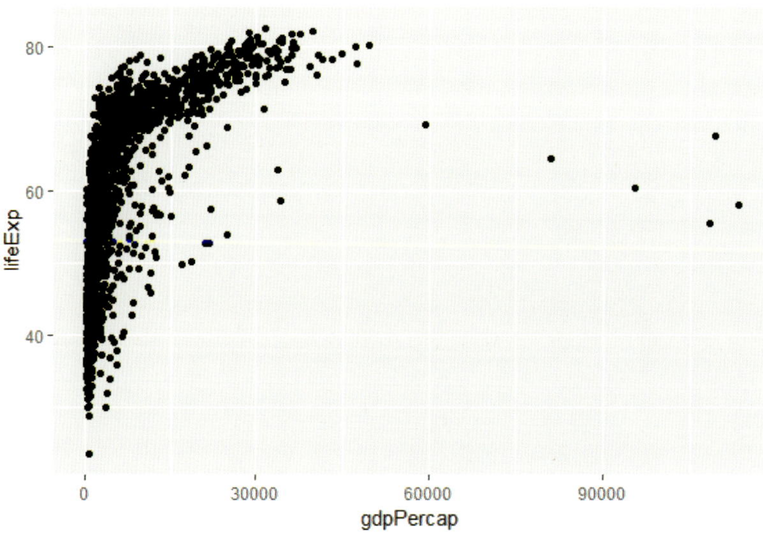

geom_smooth()를 이용하면 부드러운 회귀식을 그릴 수 있다.

```
> ggplot(data = gapminder, mapping = aes(x = gdpPercap, y = lifeExp)) +
+   geom_smooth()
```

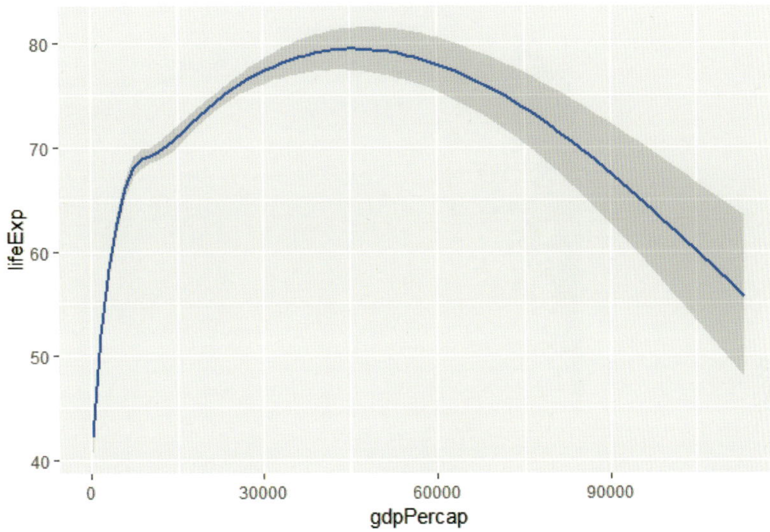

위 두 그림을 합쳐서 그릴 수도 있다. geom_point()와 geom_smooth()를 각각의 레이어(layer)로 보면 이해하기 쉽다. 산포도 레이어를 그리고, 그 위에 회귀선 레이어를 겹쳐 그리면 되기 때문이다.

```
> ggplot(data = gapminder, mapping = aes(x = gdpPercap, y = lifeExp)) +
+   geom_point() +
+   geom_smooth()
```

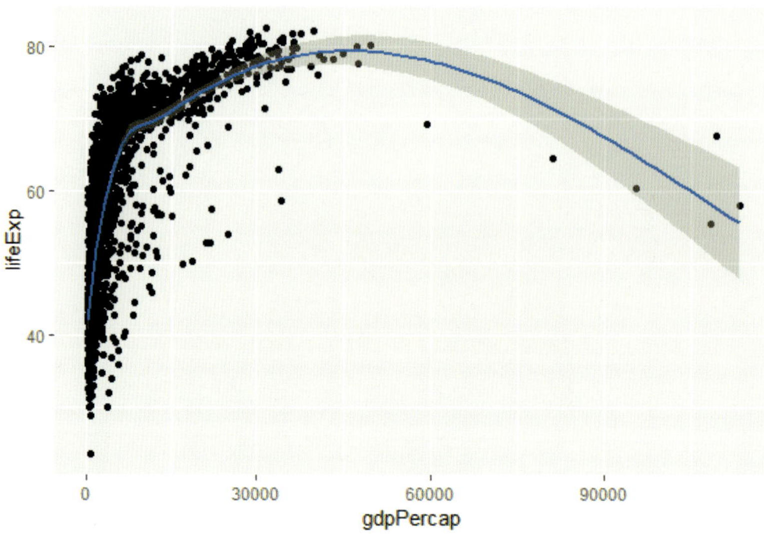

geom_smooth()함수에 몇 개의 파라미터를 조정하면 다양한 회귀선을 그릴 수 있다. 예컨대 method 파라미터를 선형 “lm”으로 지정해주면 선형 회귀식을 적합시킬 수 있다.

```
> ggplot(data = gapminder, mapping = aes(x = gdpPercap, y = lifeExp)) +
+   geom_point() +
+   geom_smooth(method = "lm")
```

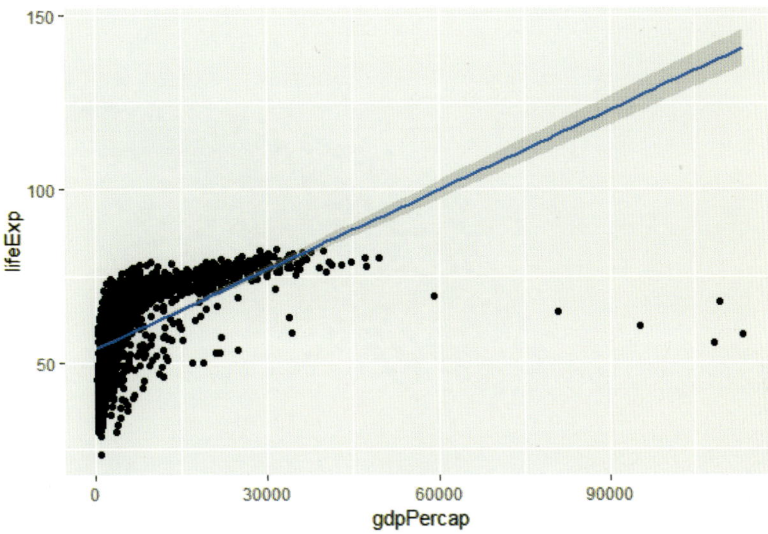

한편 x축의 경우 작은 값에 많이 모여 있고, 큰 값은 듬성듬성 있는 것을 눈으로 확인할 수 있다. 이런 경우 축의 스케일을 로그-스케일로 바꾸면 좀 더 보기 쉽고 이해하기 쉬운 그림이 된다.

```
> ggplot(data = gapminder, mapping = aes(x = gdpPercap, y = lifeExp)) +
+   geom_point() +
+   geom_smooth(method = "lm") +
+   scale_x_log10()
```

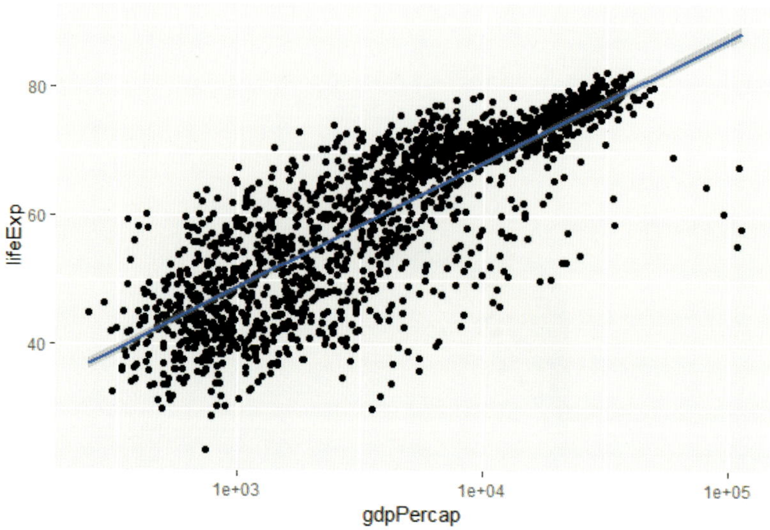

④ scale

여기에 scale 패키지를 이용해 축의 스케일을 정할 수 있다. 아래에서는 단위를 달러로 표시하였다.

```
> ggplot(data = gapminder, mapping = aes(x = gdpPercap, y = lifeExp)) +
+   geom_point() +
+   geom_smooth(method = "lm") +
+   scale_x_log10(labels = scales::dollar)
```

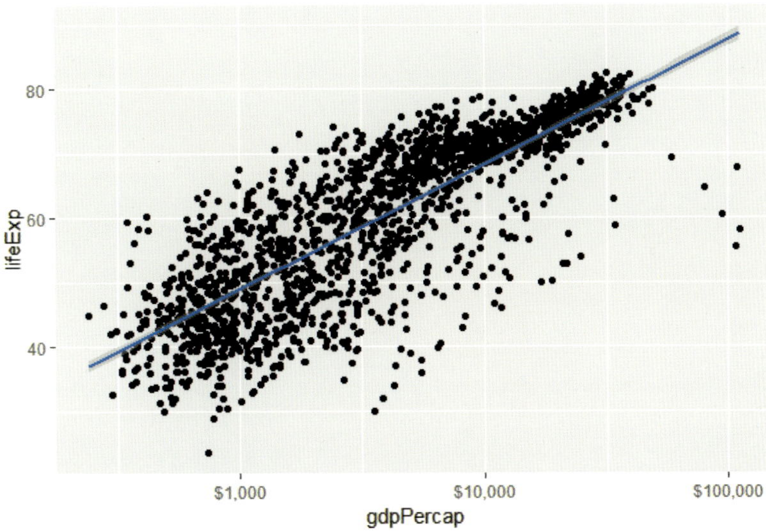

aesthetics에 다양한 정보를 추가적으로 넣을 수 있다. 예컨대, 점의 색을 다른 색으로 칠할 수 있다. 이 경우 두 가지 방법이 있는데, mapping aesthetics와 setting으로 구분할 수 있다. aesthetics 안에 color = "purple" 이라고 넣으면 데이터에 새로운 범주형 변수를 만든다. 그리고 매 관측치에 동일한 값 "purple"이 들어가고 "purple" 값을 갖는 관측치를 플롯팅한다. 모든 자료가 "purple" 값을 갖기 때문에 모든 관측치가 플롯팅된다.

```
> ggplot(data = gapminder, mapping = aes(x = gdpPercap, y = lifeExp,
  color = "purple")) +
+   geom_point() +
+   geom_smooth(method = "lm") +
+   scale_x_log10(labels = scales::dollar)
```

이번에는 aes() 대신에 geom_point()안에 color = "purple"을 넣어보자. 이러한 작업을 색을 셋팅(setting)한다고 하는데, 점이 보라색으로 칠해진다.

```
> ggplot(data = gapminder, mapping = aes(x = gdpPercap, y = lifeExp)) +
+   geom_point(color = "purple") +
+   geom_smooth(method = "lm") +
+   scale_x_log10(labels = scales::dollar)
```

geom_point() 안에 alpha라는 파라미터를 넣을 수 있다. alapha는 0에서 1까지의 값을 갖는데, 투명도를 정하게 된다.

다음 그림에서 alpha = 0.2의 값을 갖도록 셋팅했다.

```
> ggplot(data = gapminder, mapping = aes(x = gdpPercap, y = lifeExp)) +
+   geom_point(color = "purple",
+              alpha = 0.2) +
+   geom_smooth(method = "lm") +
+   scale_x_log10(labels = scales::dollar)
```

이번에는 대륙(continent)별로 서로 다른 색깔을 가지도록 셋팅해보자. geom_point() 안에 다시 aes()를 정해주고 color = continent라고 지정했다. 그러면 아래 그림과 같이 산포도는 대륙별로는 서로 색깔이 다르게 표시되지만, 추세선은 전체를 나타낸다.

```
> ggplot(data = gapminder, mapping = aes(x = gdpPercap, y = lifeExp)) +
+   geom_point(mapping = aes(color = continent),
+              alpha   = 0.2) +
+   geom_smooth(method = "lm") +
+   scale_x_log10(labels = scales::dollar)
```

만약 대륙별로 서로 다른 추세선을 그리고 싶다면 어떻게 해야 할까? 대륙별로 서로 다른 산포도와 추세선을 그려야 하므로 애초에 aesthetics 설정 시 서로 다른 색을 갖도록 정할 필요가 있다.

```
> ggplot(data = gapminder, mapping = aes(x = gdpPercap, y = lifeExp,
color = continent)) +
+   geom_point(alpha  = 0.2) +
+   geom_smooth(method = "lm") +
+   scale_x_log10(labels = scales::dollar)
```

⑤ ggsave

이렇게 만들어진 그래프는 ggsave() 함수를 이용해 다양한 형태로 저장할 수 있다. 다양한 형식에는 png, pdf, svg 등이 포함된다. 그림 파일 형식과 관련해 한 가지 알아두어야 할 것이 있다. 그림 파일은 크게 보면 벡터(vector) 형식과 레스터(raster) 형식으로 구분된다. 벡터 형식은 pdf가 대표적이다. 이렇게 저장되면 문서로 보든 웹페이지로 보든 그림의 사이즈가 왜곡 없이 조정된다. 레스터 형식의 경우 미리 정해진 픽셀의 집합을 저장한 것이다. jpg나 png와 같이 정보 손실 없이 압축된 파일을 저장하는 방법이다. png는 웹 포스팅에 적절한 포맷이다. 최근에는 svg 같이 벡터 형식이면서도 웹 브라우저에서도 지원되는 포맷이 자주 사용된다.

예를 들어, 위 그림을 다음과 같이 png 형식으로 저장하자.

```
> ggsave(filename = "fig1.png")
```

pdf 형식으로도 저장해보자.

```
> ggsave(filename = "fig.pdf")
```

사실 fig1 같은 파일명은 좋은 이름은 아니다. 그림의 내용을 간명하게 나타낼 수 있는 이름으로 정해주는 것이 좋다. 그리고 그림만 모아두는 하위 폴더를 생성하여 그림 파일은 해당 폴더에 함께 모아두는 것이 좋다.

2. 추가 작업

지금까지 간단한 ggplot 그래프를 그리는 방법에 대해서 설명하였다. 여기에서는 간단한 그래프에 좀 더 많은 정보를 추가할 수 있는 방법에 대해 설명한다.

① group

이번에는 출산율과 여성의 경제 활동 참가율을 나타내는 자료인 tfr_lfp.xlsx 자료를 불러들이자.

```
> tfr <- readxl::read_excel("tfr_lfp.xlsx")
```

tfr 자료는 네 개의 변수와 271개의 관측치로 구성되어 있다. 연도(year), 시도(region), 여성의 경제 활동 참가율(lfp), 출산율(tfr) 변수로 구성되어 있다.

```
> str(tfr)
Classes 'tbl_df', 'tbl' and 'data.frame':   270 obs. of  4 variables:
 $ year  : num  2000 2001 2002 2003 2004 ...
 $ region: chr  "강원도" "강원도" "강원도" "강원도" ...
 $ lfp   : num  58.8 58 59.7 58.4 59.2 58.6 59.1 58.7 58.6 58.8 ...
 $ tfr   : num  1.6 1.41 1.32 1.28 1.26 ...
```

처음 6개의 관측치는 다음과 같다.

```
> head(tfr)
# A tibble: 6 x 4
   year region   lfp   tfr
  <dbl> <chr>  <dbl> <dbl>
```

```
1  2000 강원도  58.8  1.6
2  2001 강원도  58    1.41
3  2002 강원도  59.7  1.32
4  2003 강원도  58.4  1.28
5  2004 강원도  59.2  1.26
6  2005 강원도  58.6  1.19
```

먼저, 앞에서 했던 것과 마찬가지로 ggplot을 이용해 아래와 같이 그림을 그려보자. 애초에 x축에는 연도, y축에는 합계출산율을 나타내려고 했지만, 결과물은 우리가 상상했던 결과가 아니다. 한 해에 많은 지역이 대응되고 있기 때문에 애초에 생각한 그림이 나오지 않은 것이다.

```
> p <- ggplot(data = tfr, mapping = aes(x = year, y = tfr))
> p + geom_line()
```

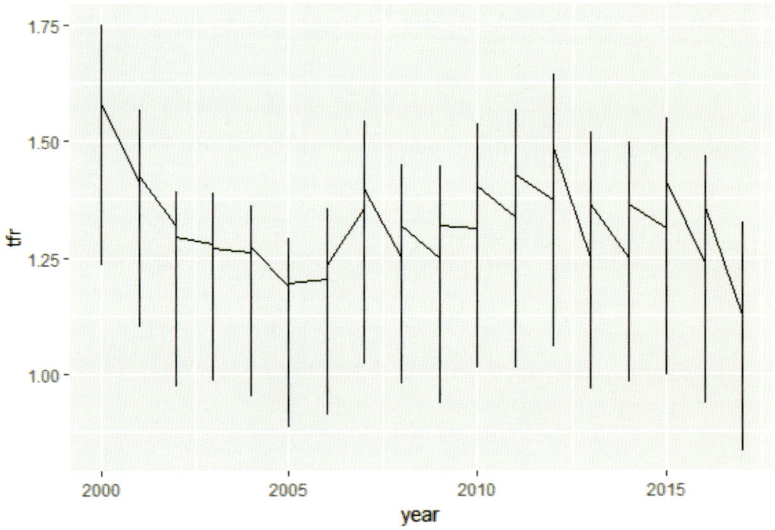

이런 경우 지역별로 그룹을 묶어 그리면 해결할 수 있다.

```
> p <- ggplot(data = tfr, mapping = aes(x = year, y = tfr))
> p + geom_line(aes(group = region))
```

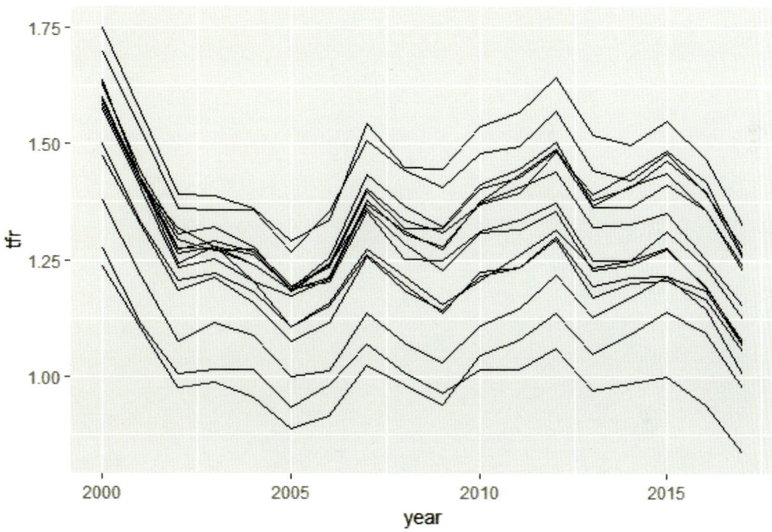

color를 집어 넣을 수도 있다.

```
> p <- ggplot(data = tfr, mapping = aes(x = year, y = tfr))
> p + geom_line(aes(group = region, color = region))
```

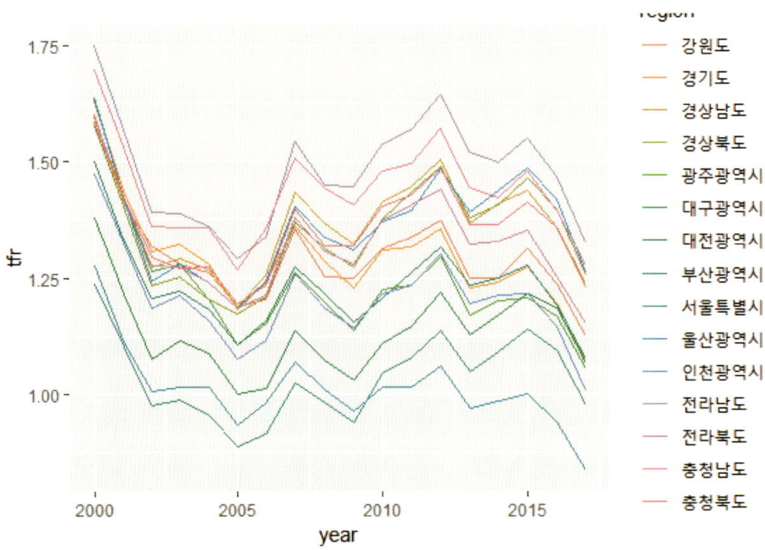

② facet

위 그래프의 경우 집단으로서의 경향성은 살펴볼 수 있지만, 개별 지역의 변동을 살펴보기에는 다소 지저분하게 느껴진다.

대안으로서 작지만 개별 지역의 그림을 여러 장 그려 붙여서 볼 수 있다. ggplot에서는 facet을 사용할 수 있다. facet은 geom의 한 종류는 아니며, 그래프를 어떤 차원에서 몇 개로 나누고, 어떻게 붙일 것인지를 알려주는 기능을 한다. 함수 형태는 facet_wrap()이다.

다음의 예를 살펴보자.

```
> p +
+   geom_line(aes(color = region)) +
+   facet_wrap(~region, ncol = 3) +
+   theme(legend.position = "none")
```

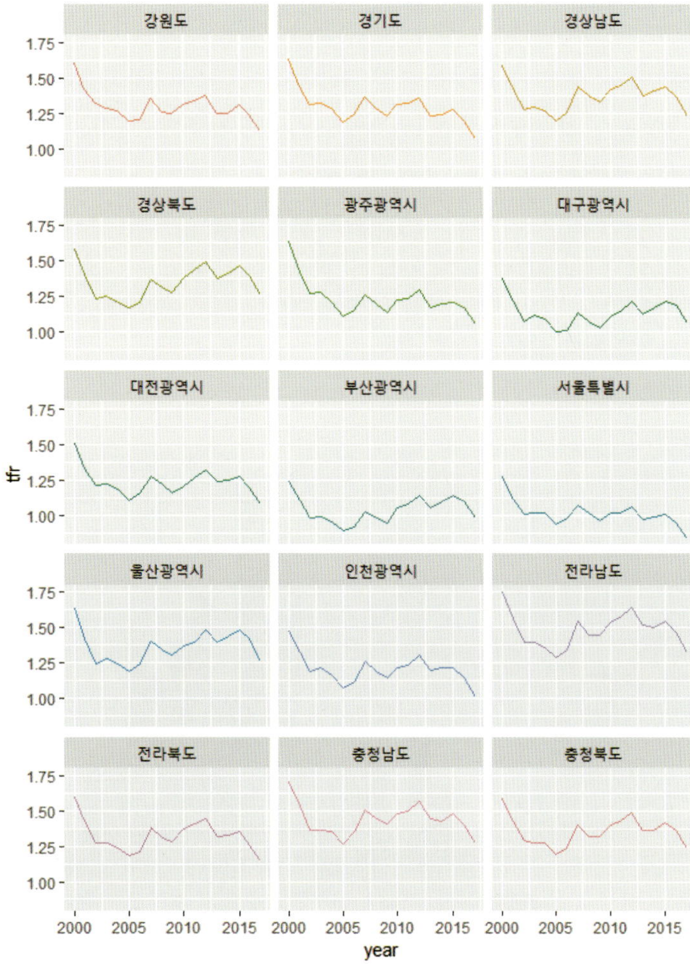
강원도
경기도
경상남도
경상북도
광주광역시
대구광역시
대전광역시
부산광역시
서울특별시
울산광역시
인천광역시
전라남도
전라북도
충청남도
충청북도
1.75
1.50
1.25
1.00
tfr
2000
2005
2010
2015
year

3. 히스토그램

확률 변수의 분포를 살펴보는 가장 편한 방법이 히스토그램이다. ggplot에서는 geom_histogram을 사용한다. 분포를 분석할 x변수를 aes()에서 정해주고, geom_histogram() 함수를 이용하면 아래와 같은 히스토그램을 얻을 수 있다.

```
> hist <- ggplot(data = tfr, mapping = aes(x = tfr))
> hist +
+   geom_histogram()
```

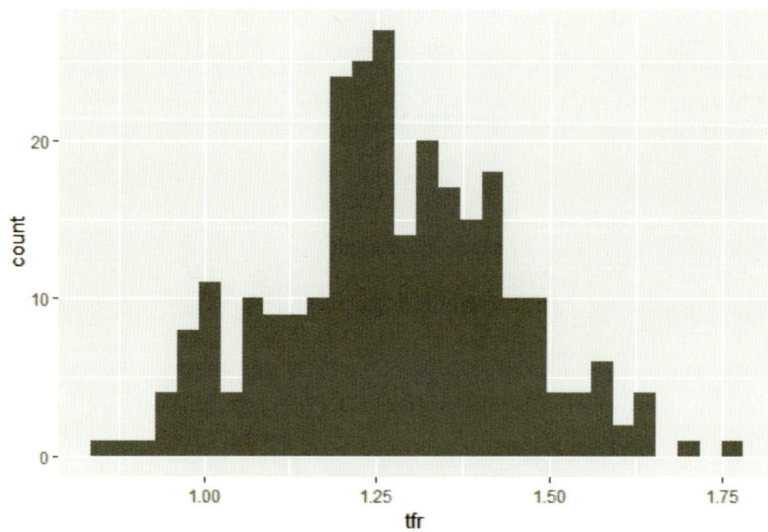

bin의 숫자를 10개로 조정할 수 있다.

```
> hist +
+   geom_histogram(bins = 10)
```

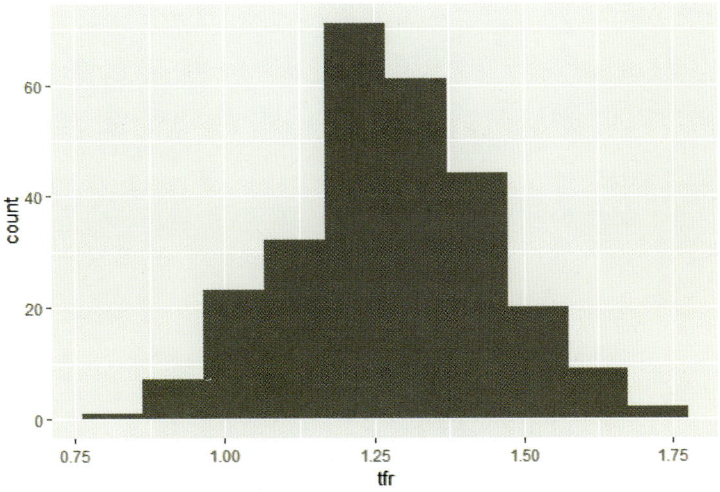

bin의 크기를 지정해줄 수도 있다.

```
> hist +
+   geom_histogram(binwidth = 0.025)
```

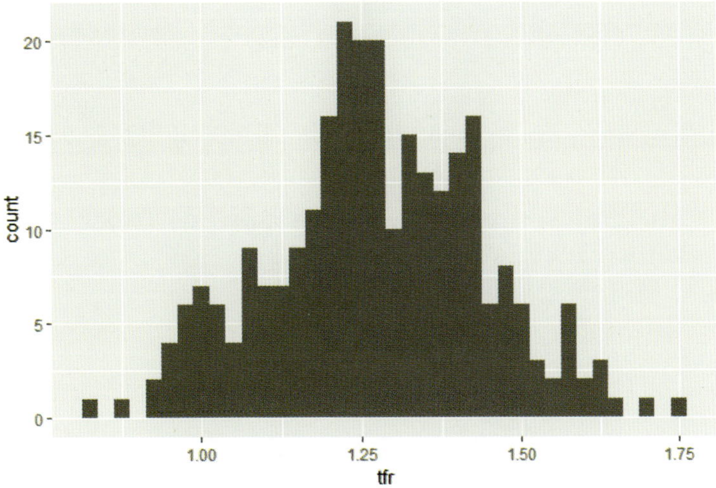

```
> metro <- c("서울특별시","경기도")
>
> p <- ggplot(data = subset(tfr, subset = region %in% metro),
+             mapping = aes(x = tfr, fill = region))
>
> p + geom_histogram(alpha = 0.4, bins = 15)
```

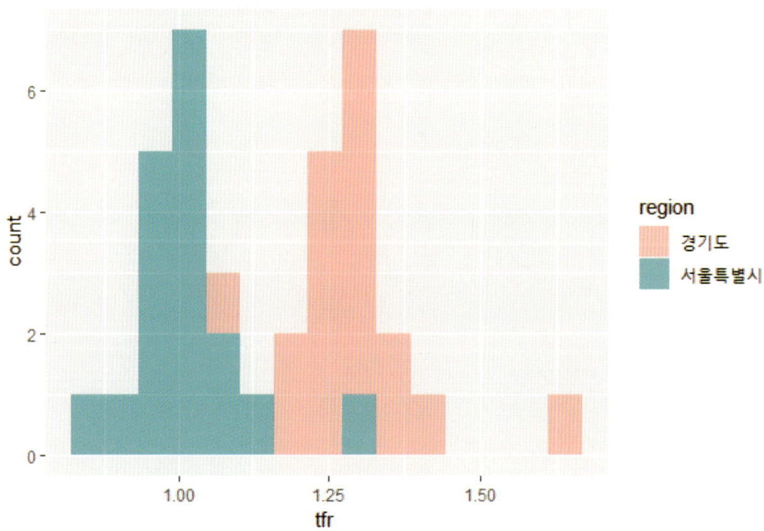

밀도 함수의 경우는 geom_density를 이용하여 표시할 수 있다.

```
> p <- ggplot(data = tfr, mapping = aes(x = lfp))
> p +
+   geom_density()
```

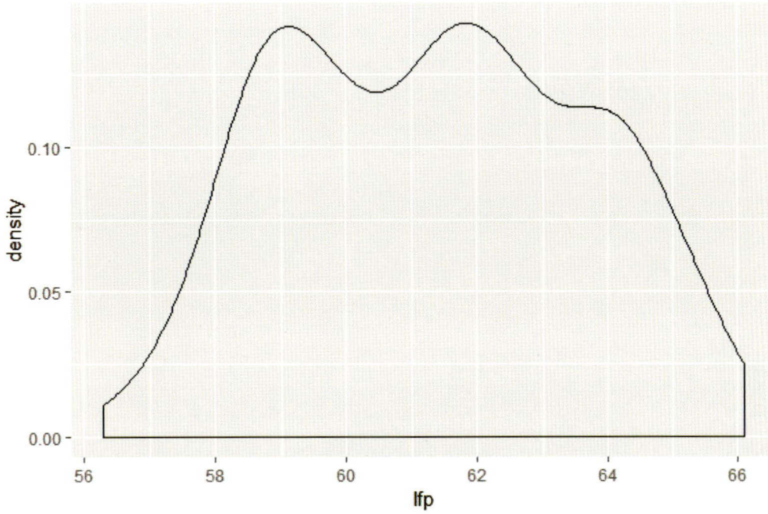

혹은 geom_line()을 이용할 수 있다.

```
> p + geom_line(stat = "density")
```

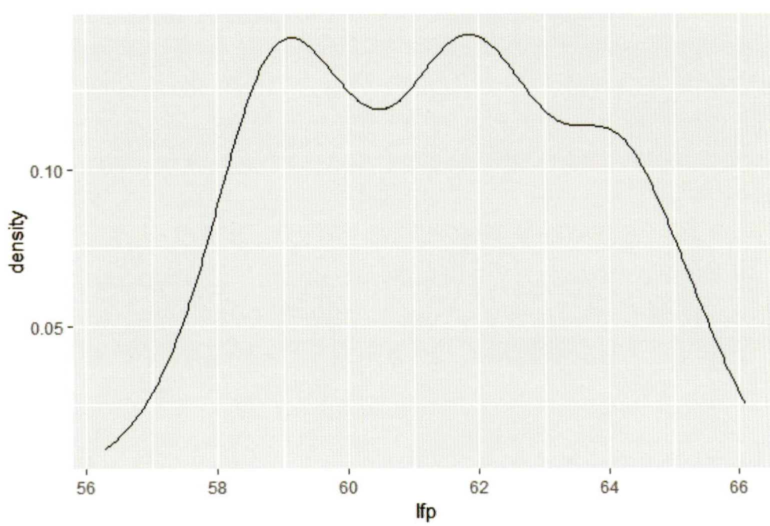

몇 개의 지역을 동시에 그릴 수도 있다.

```
> p <- ggplot(data = subset(tfr, subset = region %in% metro),
+             mapping = aes(x     = lfp,
+                           fill  = region,
+                           color = region ))
>
> p + geom_density(alpha = 0.3)
```

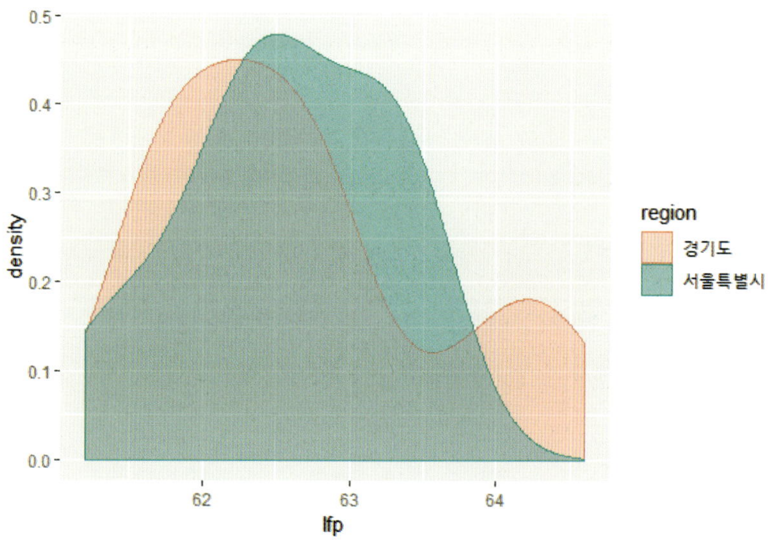

4. 요약 통계량

ggplot의 편리한 점 중에 하나는 dplyr 패키지의 pipe 연산과 연계해서 요약 통계량을 그릴 수 있다는 점이다. 실습을 위해 AER 패키지의 CPSSW8 자료를 불러들이자.

```
> library(dplyr)
> library(AER)
>
> data("CPSSW8")
```

CPSSW8 자료에는 다섯 개의 변수 61,395개의 관측치가 들어가 있다. 변수로는 소득(earnings), 성별(gender), 연령(age), 지역(region), 교육 수준(education)이 포함되어 있다.

```
> str(CPSSW8)
'data.frame' :   61395 obs. of  5 variables:
 $ earnings  : num  20.67 24.28 10.15 8.89 6.41 ...
 $ gender    : Factor w/ 2 levels "male","female": 1 1 1 2 2 2 1 1 1 2
...
 $ age       : int  31 50 36 33 56 52 30 41 37 44 ...
 $ region    : Factor w/ 4 levels "Northeast","Midwest",..: 3 3 3 3 3 3 4
3 3 3 ...
 $ education : int  14 12 12 10 10 12 16 12 13 13 ...
```

먼저 지역(region) 별 소득 수준을 살펴보자. dplyr 패키지를 이용하여 요약 통계량을 만들어보자.

```
> earning.region <- CPSSW8 %>%
+   group_by(region) %>%
+   summarise(N = n(),
+             mean.earning = mean(earnings),
+             sd.earning = sd(earnings))
>
> earning.region
# A tibble: 4 x 4
  region       N mean.earning sd.earning
```

```
  <fct>     <int>      <dbl>     <dbl>
1 Northeast 12371       19.8      10.6
2 Midwest   15136       18.1       9.59
3 South     18963       17.6      10.0
4 West      14925       18.6      10.3
```

이렇게 만들어진 요약 통계량을 ggplot으로 이어 그릴 수 있다.

```
> CPSSW8 %>%
+   group_by(region) %>%
+   summarise(N = n(),
+             mean.earning = mean(earnings),
+             sd.earning = sd(earnings)) %>%
+   ggplot(aes(x = region, y = mean.earning, fill = region)) +
+   geom_bar(stat = "identity")
```

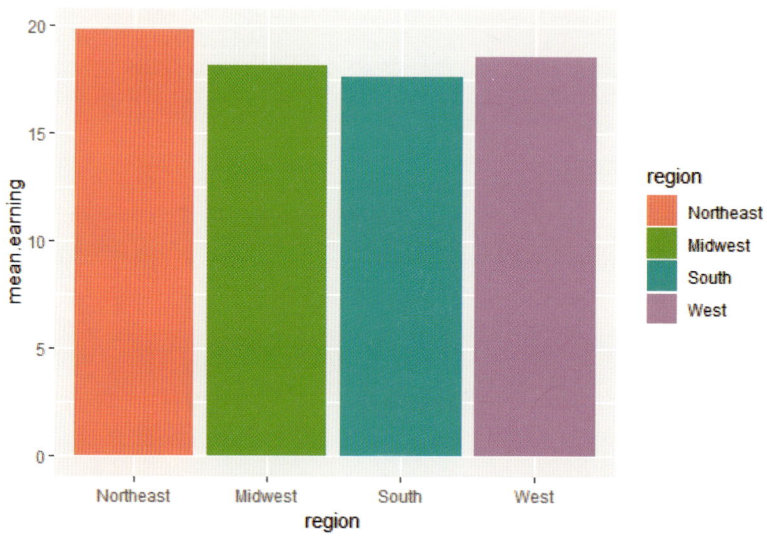

이번에는 지역X성별로 아래와 같이 그래프를 그려보자.

```
> CPSSW8 %>%
+   group_by(region, gender) %>%
+   summarise(N = n(),
+             mean.earning = mean(earnings),
+             sd.earning = sd(earnings)) %>%
+   ggplot(aes(x = region, y = mean.earning, fill = gender)) +
+   geom_col(position = "dodge2")
```

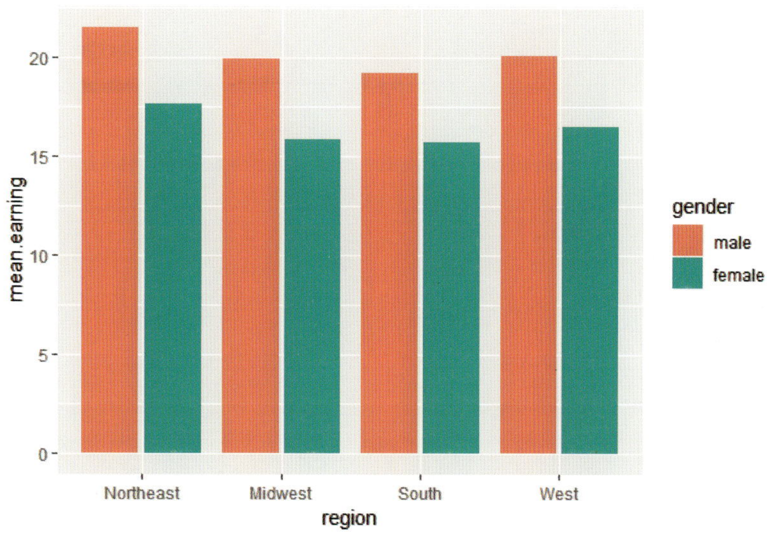

위 그림을 facet_grid()를 이용하여 다음과 같이 그릴 수도 있다.

```
> CPSSW8 %>%
+   group_by(region, gender) %>%
+   summarise(N = n(),
+             mean.earning = mean(earnings),
+             sd.earning = sd(earnings)) %>%
+   ggplot(aes(x = gender, y = mean.earning, fill = gender)) +
+   geom_col(position = "dodge2") +
+   coord_flip() +
+   facet_wrap(~region)
```

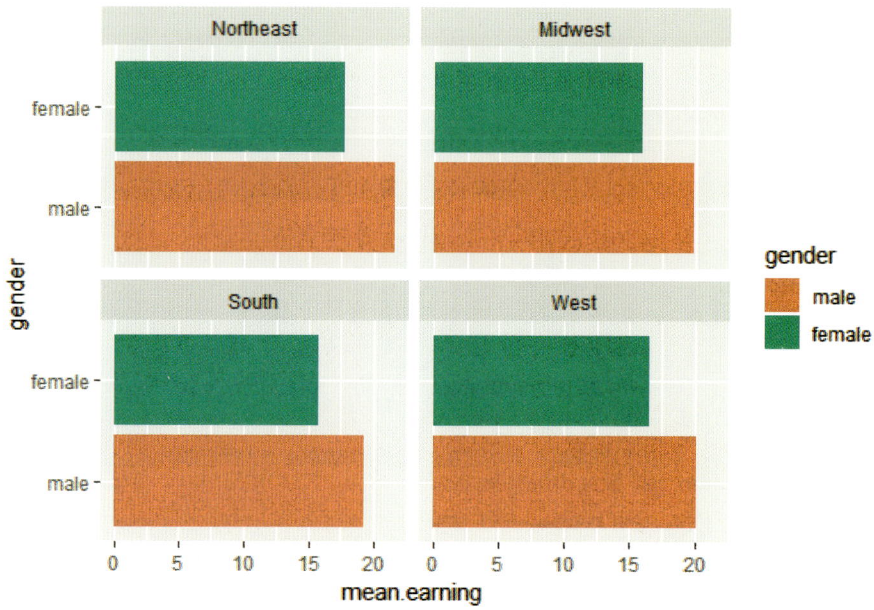

찾아보기